女性劳动时间投入的家庭福利效应研究

NÜXING LAODONG

SHIJIAN TOURU DE

JIATING FULI XIAOYING YANJIU

初立明　著

天津社会科学院出版社

图书在版编目（CIP）数据

女性劳动时间投入的家庭福利效应研究 / 初立明著.
天津 ： 天津社会科学院出版社，2024. 12. -- ISBN 978-
7-5563-1056-2

Ⅰ. F249.25；C913.3

中国国家版本馆 CIP 数据核字第 20254JM720 号

女性劳动时间投入的家庭福利效应研究
NÜXING LAODONG SHIJIAN TOURU DE JIATING FULI XIAOYING YANJIU

责任编辑：付聿炜
装帧设计：高馨月
出版发行：天津社会科学院出版社
地　　址：天津市南开区迎水道 7 号
邮　　编：300191
电　　话：（022）23360165
印　　刷：天津新华印务有限公司
开　　本：710×1000　　1/16
印　　张：16.5
字　　数：223 千字
版　　次：2024 年 12 月第 1 版　　2024 年 12 月第 1 次印刷
定　　价：78.00 元

目　录

前　言 ………………………………………………………………… 1

第一章　绪　论 ……………………………………………………… 6

　　第一节　研究问题的提出 ……………………………………… 6

　　第二节　研究的理论与实践意义 …………………………… 14

　　第三节　核心概念界定 ……………………………………… 17

　　第四节　研究内容与方法 …………………………………… 21

第二章　理论与文献综述 ………………………………………… 28

　　第一节　关于劳动时间与家庭福利的相关理论梳理 ……… 28

　　第二节　关于女性劳动时间与家庭福利的相关文献梳理 … 39

　　第三节　理论归纳和文献评述 ……………………………… 51

第三章　我国劳动时间与居民福利的现实分析 ………………… 55

　　第一节　我国劳动时间的现状及特点 ……………………… 55

　　第二节　我国居民福利的现状及特点 ……………………… 65

　　第三节　本章小结 …………………………………………… 75

第四章　劳动时间投入的家庭福利效应理论模型及形成机制 … 78

　　第一节　家庭福利的内容与层次 …………………………… 78

　　第二节　劳动时间投入的家庭福利模型 ……………………………… 85

　　第三节　劳动时间投入对家庭福利的影响分析 ………………………… 96

　　第四节　本章小结 ………………………………………………………… 107

第五章　女性劳动时间投入的家庭福利效应的实证研究 ……………… 109

　　第一节　理论假设与实证基础 …………………………………………… 109

　　第二节　女性劳动时间投入与家庭福利的描述性分析 ………………… 124

　　第三节　女性劳动时间投入的家庭福利效应的分项分析 ……………… 132

　　第四节　女性劳动时间投入的家庭福利效应的综合分析 ……………… 152

　　第五节　研究发现 ………………………………………………………… 162

第六章　女性劳动时间投入的家庭福利效应的异质性分析 …………… 166

　　第一节　劳动时间投入的家庭福利效应的性别差异分析 ……………… 166

　　第二节　不同家庭类别女性劳动时间投入的家庭福利效应的异质性分析 …

　　　　　　………………………………………………………………………… 184

　　第三节　研究发现 ………………………………………………………… 191

第七章　女性劳动时间投入的家庭福利效应再审视与应对措施 ……… 193

　　第一节　女性劳动时间的家庭福利效应的总结论 ……………………… 194

　　第二节　女性劳动时间投入的家庭福利效应的总判定与反思 ………… 201

　　第三节　基于女性劳动时间的家庭福利效应的相关建议和措施 ……… 206

　　第四节　本章小结 ………………………………………………………… 211

第八章　结论与展望 ………………………………………………………… 212

　　第一节　主要结论 ………………………………………………………… 212

　　第二节　不足及展望 ……………………………………………………… 216

参考文献 ……………………………………………………………………… 219

附　录 ………………………………………………………………………… 233

前　言

　　我国女性的劳动参与率、劳动时间长度一直居于世界前列,表明我国女性积极投入经济社会发展的各个领域,通过劳动力市场实现了自我发展与自身价值。与此同时,我国20—34岁的女性的结婚率近七成,女性在家庭中承担母亲和妻子的责任。但目前的研究更多关注于个体特征、家庭特征、制度等因素对女性劳动供给的影响,而忽视了女性劳动供给的效果,尤其是缺乏女性劳动供给的家庭效应研究,这就无法准确地解释为什么我国双职工家庭比较普遍,也无法准确判定我国女性劳动对家庭的价值贡献。因此,研究女性的劳动投入到底对家庭有什么样的影响变得非常必要。如何在理论上推导出和在实证上验证出女性劳动时间与家庭福利之间的关系、如何界定家庭福利这一内涵的丰富概念、如何区分男性劳动时间投入的家庭福利效应与女性劳动时间投入的差别,是本书希望在理论上和实践中探究劳动力价值体现、保障女性就业权益、促进家庭可持续发展、推动社会和谐的目的所在。

　　为此,本书以女性劳动力为研究对象,以劳动时间投入对家庭福利的影响为研究范畴,采用理论推理和实证检验两个途径,分析女性劳动时间投入的家庭福利效应。本书的研究将劳动时间和家庭福利进行细化,具体将劳动时间分为劳动时间长短、劳动时间最优、劳动时间分类;将家庭福利分为经济福利、居住福利、社交福利、心理福利和家庭综合福利等多个方面。对该问题进行深入地系统化地研究有利于聚焦女性劳动投入对家庭发展的贡献,构建女性劳动时间投入的家庭福利效应机理,测量女性劳动时间投入的家庭福利效应,探寻女性劳动时间投入的家庭综合福利效应规律。

本书在理论分析和文献梳理的基础上,主要做了以下五部分工作:一是从宏观层面,客观描述我国劳动供给行为与居民福利的现状,总结其特点,为后续研究奠定现实基础;二是从理论层面,探讨劳动时间与家庭福利的内在逻辑关系,分析两者关系的理论模型和形成机制;三是从实证层面,选取中国家庭追踪调查(CFPS)数据库中 2014—2018 年三期数据为研究样本,基于 OLS 模型、工具变量法、Oprobit 模型等计量模型,采用模糊综合评价法构建家庭综合福利,从分项和综合分别探究女性劳动时间投入对家庭福利分项和综合的影响;四是从性别视角和异质性层面,比较男女两性劳动时间投入对家庭福利的影响,考察了婚姻状况和家庭规模不同条件下,女性劳动时间投入对家庭福利的影响;五是从政策层面,判定和再审视女性劳动时间投入的家庭福利效应的现实意义和政策价值,为我国劳动力市场和家庭的健康发展提供参考建议。

具体研究和发现如下:

第一,从宏观层面,客观描述我国劳动供给行为与居民福利的现状,总结其特点,为后续研究奠定现实基础。本书从劳动供给行为的基础入手,运用宏观数据与调查数据,从法定劳动时间、实际劳动时间、家庭经济状况和家庭非经济状况四方面展开,反映劳动时间投入和居民福利状况,总结其特点,为进一步分析女性劳动时间投入的家庭福利效应提供客观的现实依据。研究发现:一、从 1979 年以来,我国的法定劳动时间从每周 48 小时缩短到 40 小时,但实际劳动时间高于法定劳动工时 6 小时,劳动时间过长仍然是我国现阶段劳动力市场的主要特点;二、我国居民收入和劳动收入逐年增加,居民储蓄率和人均消费支出总体呈上升趋势;三、我国居民的居住条件和质量极大改善,生活水平不断提高,家庭幸福感、居民生活质量主观满意度趋稳,表明居民福利水平总体稳步提高。

第二,从理论层面,探讨劳动时间与家庭福利的内在逻辑关系,分析两者关系的理论模型和形成机制。本部分主要基于需求层次理论和家庭经济学理论等成熟理论,推导和分析现阶段我国家庭福利的内涵和可行性,构建劳动时间投入对家庭福利影响的理论模型和影响机制,为本书的理论研究提供重要的理论支撑。研究发现:一、在家庭功能和需求层次理论分析基础上,结合研究主题和我国实际,可以选取家庭经济状况、家庭居住环境、家庭社会关系和主观心理状态四个维度,构建家庭福利测度的理论框架,力图界定家庭福利这一内涵的丰富概念;二、基于效用主义和社会福利函数构建家庭福利函数,并将贝克尔及拓展的时间配置模型引入家庭福利函数当中,建立劳动时间投入对家庭福利影响的理论模型,奠定实证分析的基础模型;三、从整体和微观两个视角,分析职业状态与家庭福利的关系,建立劳动时间投入对家庭福利影响的形成机制和影响因素,为计量模型中控制变量选择提供参考。

第三,从实证角度看,对女性而言,劳动时间投入对家庭福利具有显著影响。利用 CFPS 微观数据,采用模糊综合评价法测度家庭综合福利,综合运用 OLS 模型、Oprobit 模型、工具变量法、稳健性检验等计量分析方法,从影响趋势、影响关系和影响程度三个方面细化女性劳动时间投入对家庭福利分项和综合的影响。研究发现:一、从女性劳动时间投入对家庭福利分项和综合的影响趋势来看,女性劳动时间投入对家庭福利分项和综合均有正向影响,即女性劳动时间投入的经济效应、居住效应、社交效应和心理效应和家庭福利效应;二、从女性劳动时间投入对家庭福利分项和综合的影响关系来看,女性劳动时间投入分别对家庭经济状况、家庭居住环境和家庭福利的影响关系为倒"U"型;对家庭社会关系的影响关系为"U"型;三、从女性劳动时间投入对家庭福利分项和综合的影响程度来看,女性劳动时间投入分别对家庭经济状况、家庭居住环境和家庭综合福利存在阶段性影响,对家庭社会关系和主观心理状态没有阶段性影响;四、上述发现表明,女性劳动时间投入体现了其家庭福利效应的影响方向和程度,证明了女性劳动对家庭的价值贡献。同时,也解释了我国女性的劳动参与率高的部分原因,但职场责任与妻职母职存在边界冲突和时间矛盾,在劳动力市场竞争压力和生育政策调整等一系列因素的作用下,女性的自身发展、家庭发展和社会和谐面临一定的挑战。

第四,从实证角度看,分性别而言,劳动时间投入对家庭福利的影响存在明显的性别差异,利用 CFPS 微观数据,综合运用 OLS 模型、Oprobit 模型、工具变量法等计量分析方法,从影响趋势、影响关系和影响程度三个方面比较劳动时间投入对家庭福利分项和综合的影响的性别差异。研究发现:一、总体来说,女性劳动时间投入的家庭福利边际效应高于男性,女性劳动时间投入的经济效应为男性的 1.49 倍,女性劳动时间投入的居住效应、社交效应和心理效应均大于男性,但女性劳动时间投入对家庭收入的影响低于男性。二、在家庭福利最大化视角下,男性和女性劳动时间投入分别为 73.06 小时和 68.26 小时,均超过实际劳动时间。三、上述发现表明,双职工家庭之所以成为一种普遍趋势,是因为女性对家庭福利的边际贡献具有增值作用,这或许是重要考量之一。一般认为,家庭成员中由男性充当家庭经济支柱,相应地对家庭边际贡献可能更具有优势,根据本研究结论,女性劳动对家庭边际贡献高于男性,这在一定程度上体现出男性承担家庭收入的主要来源,满足家庭基本生存需求,而女性劳动对家庭来说具有增值作用,边际贡献更大。四、上述发现也反映出,女性的收入效应低于男性,男女收入有现实差距,同时目前的劳动回报率偏低,无法达成家庭福利的最大化目标。应该注重劳动回报问题,尤其注重缩小收入差距,这样才有助于扩大中等收入群体,实现共同富裕。

第五,本书还从异质性层面,考察了婚姻状况和家庭规模不同条件下,女性劳动时间投入对家庭福利的影响。研究发现:一、从婚姻状况角度,已婚女性劳动时间投入的家庭福利效应更明显。已婚女性劳动时间每增加一个单位,家庭福利增进约 0.05%,也与家庭福利之间存在倒"U"型关系,分区间来看也对家庭福利的影响更显著，未婚女性劳动时间与家庭福利之间存在"U"型关系，意味着家庭福利效应随劳动时间投入增加先减少后增加。二、从家庭规模角度，家庭规模小的女性劳动时间投入的家庭福利效应突出。家庭规模较小的女性劳动时间每增加一个单位，家庭福利增进约0.06%，也与家庭福利之间存在倒"U"型关系，分区间来看也对家庭福利的影响更显著。三、上述发现表明，已婚女性的家庭福利贡献大于未婚女性，意味着家庭责任促进了女性的成长和担当，这或许就是老话说的"为母则刚"吧，即婚姻和家庭提升了女性的责任感。四、上述发现表明，养育责任大小也对家庭福利带来影响，无论是儿童养育和老人的赡养，对家庭而言不仅包括直接的经济成本，还包括间接的时间成本、机会成本等，如何通过公共政策助力家庭、助力女性，协调好女性的工作和家庭关系，这应该是家庭，尤其是女性最期盼的社会政策取向。

第六，从政策层面，本书在总结主要研究结论的基础上，对女性劳动时间的家庭福利效应作出总体判定，通过联系现实问题，解释女性劳动时间投入的家庭福利效应的内在机理，判定和再审视女性劳动时间投入的家庭福利效应的现实意义和政策价值，为我国劳动力市场和家庭健康发展提供参考建议。研究发现：一、基于理论和实证分析，本书给出如下判定：从劳动价值看，女性劳动投入对家庭的贡献验证了马克思理论；从性别视角看，女性劳动投入对家庭的边际贡献大于男性；从福利效应看，劳动回报状况无法满足最大化要求。二、通过联系现实问题，尝试解释女性劳动时间投入家庭福利效应的内在原因，在此基础上分别从劳动价值、性别角色和家庭福利三个方面，提出扩大中等收入群体、增加低收入群体工资收入水平、推进就业家庭支持性政策和正确引导青年人的婚育观等建议和对策。

第一章 绪 论

第一节 研究问题的提出

劳动时间反映劳动供给深度,是反映劳动经济现象的重要内容。随着经济发展、社会进步和人民生活水平的不断提高,"福利"已成为衡量社会生活质量的一个重要指标,福利效应研究已经成为当前社会发展研究的重要课题。当今社会,越来越多的女性参与到劳动力市场中,这不仅会影响她们自身的福利和发展,也会影响家庭资源配置。因此,研究女性劳动时间投入的家庭效果,尤其是结合我国实践,量化家庭福利效应,对于探索理论上和实践中劳动力价值体现,优化合理分配收入格局,保障女性就业权益,促进家庭可持续发展,推动经济高质量发展都有一定的帮助作用。

一、研究女性劳动时间投入的目的

第一,劳动时间投入一直是劳动经济学领域所探讨的重要范畴,也是理解劳动力市场的关键切入点。劳动时间是劳动投入量的计量尺度,是准确把握劳动经济现象的一个关键。劳动时间的长度及其分配模式,是衡量劳动投入量的核心标尺,也是深入剖析劳动经济现象、揭示其内在规律与动态变化的不可或缺之钥。它不仅直接关联到对劳动生产率的评估,还深刻影响着劳动市场的供需平衡、劳动力的有效配置以及家庭经济生活的多个面向。因此,精确把握劳动时间的概念、度量方法及其影响因素,对于理解劳动经济体系的运作机制、预测经济发展趋势、制定科学合理的劳动政策具有至关重要的意义。在劳动经济学的理论框架下,劳动时间不仅是劳动力供给的直接体现,也是衡量劳动者努力程度与贡献大小的关键指标。它反映了劳动力资源在特定时间段内的利用效率与效果,是评价劳动生产绩效、确定劳动报酬水平的重要依据。同时,劳动时间的合理安排与调整,还直接关系到劳动者的身心健康、工作满意度及生活质量,对于促进劳动力市场的可持续发展、构建和谐社会具有重要意义。深入研究劳动时间的内涵、特征、变化趋势及其与劳动经济现象之间的内在联系,对于准确把握劳动市场的运行规律、优化劳动力资源配置、提升劳动生产效率具有深远影响。这要求在研究过程中,不仅要关注劳动时间的绝对数量,更要关注其背后的社会经济背景、政策法规环境、技术进步因素以及劳动者个体的主观意愿与行为选择等多方面的综合影响。通过多维度、多视角的分析与探讨,为制定更加符合实际、更具针对性的劳动政策提供坚实的理论基础与实证支持。在经典劳动经济学研究中,关于劳动时间的研究有很多,主要有工作时间制度及有效实行、劳动供给研究、时间配置决策研究、劳动时间与小时工资率关系等内容。劳动时间作为一个国家或地区重要的劳动条件之一,其研究既可以直接反映我国劳动力市场的供求状况,也可以从宏观和微观两个层次上对我国的经济后果开拓新的视角。

第二,女性进入劳动力市场,不仅关系到个人发展,也在很大程度上影响到家庭效用和社会发展。根据世界银行数据,2023 年,全世界女性的劳动参与率约为48.68%,而同时期男性劳动参与率为 73.13%,女性劳动参与率低于男性。我国女性劳动参与率为60.54%,仍保持在一个较高的水平。① 从宏观层面来看,女性劳动力是劳动力群体的重要组成部分,对生产力提高和推动经济发展有积极作用。根据国际货币基金组织的数据,如果妇女的劳动参与率达到男性水平,那么GDP将会有很大的提高,美国和日本的经济增长率将分别达到5%和9%②。从微观上讲,妇女就业是妇女获取社会经济资源、提高社会地位、维护人格独立和尊严的主要途径。从家庭角度来看,妇女在劳动市场的深度和广度上具有广泛而深刻的影响,不但可以提高个人的收入、改善生活品质、增加家庭收入、减少贫穷,而且可以有效地增强她们在家庭决策中的主动权(Kalwij,2000;Gleason,2003)③④。女性通过参与市场工作担负着家庭以外的社会责任,实现自我发展与自身价值,投身于经济社会发展的各个领域中,改善劳动力资源配置效率、促进经济快速健康发展。

第三,女性劳动供给的价值,对个人及家庭的生存和发展具有重要作用。在当代社会,劳动不仅是个人获取经济报酬、维持生计的基石,更是塑造个体社会身份、融入社会结构的重要途径。这一观点深刻揭示了劳动在现代社会中的多维价值,超越了单纯的经济层面,触及了个人身份认同与社会归属感的构建。劳动作为人们获取收入的主要渠道,其重要性不言而喻。通过辛勤工作,个体能够积累物质财富,满足自身及家庭成员的基本生活需求,进而追求更高层次的生活品质。这一过程不仅体现了个人能力并实现了个人价值,也为社会经济的繁荣与发展贡献了力量。劳动者参与劳动更是个人在社会中定位自我、确立身份的关键。在劳动过程中,个体通过展现专业技能、承担社会责任、参与社会分工,逐渐形成了独特的社会角色与身份认同。

---

① 数据来源:世界银行:http://data. worldbank. org. cn/indicator。

② Aguirre D,Hoteit L,Christine R,etal. "Empowering the Third Billion:Women and the World of Work in 2012. "*Booz and Company*,2012:5 - 11.

③ Kalwij A. "The Effects of Female Employment Status on the Presence and Number of children. "*Journal of population Economics*,2000,13(2):221 - 239.

④ Gleason,Suzanne M. "Publicly Provided Goods and Intrafamily Resource Allocation:Famale Child Survival in India. "*Review of Development Economics*,2003(1):71 - 85.

这种身份认同不仅是个体自我认知的重要组成部分,也是其融入社会、建立人际关系、实现社会价值的桥梁。因此,在当代社会背景下,应当高度重视劳动的价值与意义,鼓励劳动力积极参与劳动的同时,也要关注劳动对个人价值与社会价值的双重提升。社会各界也应为劳动者提供更加公平、合理的劳动环境与待遇,保障其合法权益,激发其劳动热情与创造力,共同推动社会的和谐与进步。

在时间维度上,适度的劳动时间是衡量体面劳动的指标之一,对个人工作需求、组织可持续竞争优势和社会的协调发展都有重要意义。我国女性的劳动参与、劳动时间长度一直居于世界的前列,表明我国女性积极投入经济社会发展的各个领域,通过劳动力市场实现了自我发展与自身价值。我国20—34岁的女性的结婚率近七成,这些女性们承担了妻子和母亲的责任。提高妇女的劳动供给,可以提高妇女收入、提高妇女的生活质量、提高家庭收入、减少贫困、提高妇女在家庭决策中的话语权,并对家庭成员的生存与发展产生积极作用。

二、研究劳动时间投入的家庭福利效应的目的

第一,福利效应是经济学研究的重要议题之一,也是深刻认识现实问题的工具。福利经济学是经济学的一个重要分支,是评判国家政府社会经济及政治制度的道德标准。福利效应是福利经济学的一个重要专题,是衡量政策、经济现象等效果的有效工具。在福利经济学的研究中,研究重心聚焦于公平、效率与可持续发展,这三者相互交织,共同构成了福利效应分析的核心维度。福利效应的研究议题展现出高度的多样性和复杂性,它不仅局限于理论探讨,更广泛应用于实践领域,旨在精准量化并评估各类社会经济活动对居民福利的潜在影响与提升空间。具体而言,福利效应的研究广泛涉猎了经济结构与制度的转型变革、宏观经济政策的深远影响,以及经济发展进程中的福利动态变化等多个层面。在经济改革与发展的背景下,学者致力于分析改革措施如何作用于收入分配结构,评估其对弱势群体福利水平的潜在冲击与提升路径,从而为实现更加公平、包容的经济增长提供策略支持。宏观政策方面,福利效应研究深入剖析了财政、货币、贸易等政策工具的实施效果,考察它们如何在促进经济增长的同时缓解社会不平等,增进全民福祉。这一分析框架有助于政策制定者权衡政策目标的多元性,制定出既高效又兼顾公平的政策组合。对于经济发展的福利效应,研究聚焦于长期经济增长过程中福利分配的动态变化,探讨经济增长的可持续性及其对社会各阶层福利水平的差异化影响。通过构建精细化的福利度量模型,研究者能够识别出经济增长中的各项因素,为制定旨在促进共享繁荣的发展战略提供实证依据。福利经济学关于公平、效率与发展的研究,通过广泛而深入的福利效应分析,不仅能深化对社会经济现象的理解,也为政策制定与实践提供了强有力的理论支撑与实践指导,旨在推动构建一个更加公正、高效、可持续的社会发展模式。福利最大化是国家、公民的追求,福利效应所涉及的许多问题都直接关系到国家和社会成员的福利水平评价,相关主题的研究为政策制度、经济现象的效果提供一个基本的分析框架,以正确反映宏观和微观层面的福利变化。

第二,家庭福利是家庭生活质量的有力支撑,是社会福利的基础,是国家福利的缩影。家庭福利是社会、政府等各种利益主体之间的互动关系的效果,政府的福利不仅为社会成员提供了最基本的社会保障,而且还承担着加强家庭自身社会保障的职能。国家的社会福利制度能够有效地弥补我国目前存在的不足。随着国民经济的迅速发展,财政收入的大幅增长,社会福利的发展已经有了雄厚的财力基础。我国加强对社会福利的投入和政策扶持,使社会力量更加积极地参与到社会保障的建设中来。GDP 可以在一定程度上反映国家福利水平,据国际货币基金组织(International Monetary Fund,IMF)统计,2018 年中国的人均 GDP 为 9608 美元,世界排名第 72 位,相比 2009 年排名上升 27 位,为家庭福利水平增进创造有利条件。2021 年,全国人民人均可支配收入 35128 元,同比增长 9.1%,除去价格因素,实现了 8.1% 的增幅,总体上与人均 GDP 保持不变,实现了全年居民收入和经济发展的同步。我国居民的人均消费水平在 24100 元左右,消费水平的上升趋势更加明显①。居民的衣食住行得到保障、外出旅游等娱乐性消费增多,体现出居民的生活质量提高、家庭福利不断增进。

第三,劳动回报是多数家庭福利的来源,女性的劳动价值是家庭福利的重要力量。劳动在家庭中起着非常关键的作用,即家庭成员必须参与市场劳动,才能从社会的生产和分配中获得利益,从而保证家庭成员的生存和发展。从微观层面看,家庭成员劳动时间投入会带来经济与非经济方面的影响,可以看做家庭主动调节整体福利效应的一种手段,最直接的体现就是获得回报。妇女是家庭福利的重要主体,在现代社会中,家庭妇女不仅要参加劳动,而且还要承担起家务和照料工作。从时间配置来看,女性的时间主要配置在市场劳动时间和无酬劳动时间,女性市场劳动时间占男性市场劳动时间 95%②,无酬劳动时间男女差异十分巨大③。可以看出,对于女性来说,除自我照料之外,经济活动和家庭生产占据了女性生活中的大部分时间。从劳动回报看,家庭成员的劳动回报是家庭支出的主要来源,大多数家庭靠劳动报酬来支撑消费支出、安排家庭住房等。虽然男性相比女性有一定的薪酬优势,但女性在劳动力市场整体表现为就业率、参与率较高,女性劳动回报也是家庭经济的重要来源,支撑家庭代际供养、居住环境改善、支持正常人际交往消费以及家庭整体满足感。因此,无论是时间投入和劳动回报,女性的劳动价值都是家庭福利的重要力量。

家庭福利贡献研究的一个焦点是女性,现代社会的家庭女性既要参与劳动力市场,又是家务和照料活动的主要承担者。数据显示,2018 年,就业参与者平均工作时间为 7 小时 41 分钟。其中,男性为 7 小时 52 分钟,女性为 7 小时 24 分钟。家务时间平均时间为 2 小时 42 分钟,男性平均为 1 小时 32 分钟,女性平均为 3 小时

---

① 数据来源:《中华人民共和国 2021 年国民经济和社会发展统计公报》,http://www.stats.gov.cn/sj/zxfb/20230203_1901393.html。

② 数据来源:《中国统计年鉴 2020》,http://www.stats.gov.cn/sj/ndsj/2020/indexch.htm。

③ 数据来源:2018 年全国时间利用调查公报,http://www.stats.gov.cn/sj/zxfb/202302/20230203_1900224.html。

48 分钟,女性比男性在时间上更为"贫困",照顾自己的时间更少。

三、研究问题

基于上述的介绍,本书将劳动经济学与福利经济学相结合,采用性别视角专门研究女性劳动者议题,结合我国现实,研究女性劳动时间投入所带来的家庭福利效应情况,力图回答下列四个主要问题:

第一,从研究范畴看,女性劳动供给的价值如何? 对家庭来说福利效应有哪些? 如何测量家庭福利效应? 劳动力的工作与家庭生活是密不可分的,女性通过劳动时间投入实现社会角色,获得资源回报,来提升家庭系统的运作能力,在维系家庭的稳定及促进家庭的和睦幸福等方面发挥重要作用,使得女性劳动价值和对家庭生存、发展和精神层面得以量化和显性化。女性参与社会经济活动,其社会的边际价值从无到有的同时,可以为家庭带来更多的经济贡献,也直接关系到家庭生活的质量,女性参与社会经济活动所带来的压力,也可能会传递到家庭生活中。因而女性的劳动时间投入对家庭福利分项和综合的具体影响情况,以及如何测量这些福利效应需要进一步探讨。基于此,本研究思考:借鉴劳动经济学和福利经济学的理论,劳动对人的价值有哪些? 从劳动价值看家庭福利效应包含什么内容? 试图回答:我国目前的女性劳动供给的价值如何? 两性的劳动价值有什么差异? 对家庭来说福利效应有哪些? 基于我国微观调查数据,如何测量家庭福利效应? 对以上问题的分析,有助于厘清女性劳动价值和家庭福利内涵。

第二,从理论上看,女性劳动时间投入的家庭福利效应的作用机制是怎样的? 分析劳动供给时,人们的时间禀赋分为劳动时间和其他时间,在过去的几十年中,从工作—闲暇理论到时间配置理论等,无论是关于理论还是经验研究方面都取得了很大的进展。已有的理论研究解释了时间配置与家庭效用函数的关系,但市场劳动时间作为家庭成员时间配置的重要组成部分,也应是家庭福利研究关注的议题,从劳动时间投入角度分析家庭福利效应尚需进一步挖掘。基于此,本研究思考:基于已有劳动时间和福利经济学的成熟理论,女性劳动时间投入的家庭福利效应的理论模型和机制应该如何构建。试图回答:女性劳动时间投入的家庭福利效应产生的逻辑和机制是什么?如何构建劳动时间投入对家庭福利影响的理论模型和计量方法?对两者关系的理论探讨,有利于量化劳动供给行为的经济后果和检验劳动供给行为福利效应问题,这一系列问题值得我们进行进一步理论分析和论证。

第三,从实证上看,如何量化女性劳动时间投入的家庭福利效应大小?计量经济学是以经济理论为指导,以统计资料和经济统计、数理统计等数学手段为基础,建立经济计量模型,利用计算机技术,对各经济变量的关系和演化规律进行了分析。贝克尔首次将劳动力供给、生产和消费三个决定纳入到家庭领域中,社会福利函数是构建家庭福利函数的基础。本研究在已有理论基础上,借助相关计量方法,深化女性劳动时间投入和家庭福利之间关系,延伸劳动供给行为的效应。基于此,本研究思考:基于我国微观调查数据,女性劳动时间投入的家庭福利效应大小。基于性别视角,男性和女性分别对家庭福利的影响程度如何。试图回答:我国女性劳动时间投入的家庭福利效应到底有多大?以及两性之间是否有差异?家庭特征之间是否有差异?对以上问题的探讨,并根据女性劳动时间投入的家庭福利效应的实证分析结果展开延展性思考。

第四,从政策上看,如何有效增进家庭福利效应?综合协调家庭福利和劳动力市场的关系?本研究结合经典理论和已有研究,通过厘清女性劳动时间投入的家庭福利效应内在逻辑关系,实证分析女性劳动时间投入对家庭福利的影响效应,利用规范分析与实证分析相结合的研究方式,从政策价值方面揭示女性劳动时间投入的家庭福利效应。基于此,本研究思考:女性劳动时间投入的家庭福利效应研究的价值和政策意义。试图回答:如何看待该研究的价值?如何从劳动时间、家庭福利、两性关系的角度,提升研究的政策效用?这些问题是经济社会发展所必然要面对的问题,也对落实家庭友好政策具有较强的现实意义和政策价值。

第二节　研究的理论与实践意义

一、理论意义

第一,通过构建女性劳动时间投入的家庭福利效应模型和影响机制,厘清二者内在关联,细化女性劳动时间投入的家庭福利效应的形成机制。女性就业作为她们实现自我、持续进步的基石,其劳动参与度的提升与深化,是一个多维度交织的复杂过程。这一过程不仅深深植根于女性自身的综合能力与素养之中,同时还与经济地位的提升紧密相连,展现了女性在社会经济结构中地位变迁的显著标志。此外,家庭环境作为不可忽视的外部因素,其动态变化亦对女性的劳动供给决策产生着深远的影响,家庭责任、角色分配以及支持系统的构建均在其中扮演着关键角色。进一步而言,女性就业状况的优化不仅关乎个体层面的福祉增进与潜能释放,更是对整个社会稳定与和谐发展有重大贡献。它促进了性别平等的进程,增强了社会经济的多元化与活力,有助于构建一个更加包容与可持续的发展模式。在这一框架下,女性的劳动参与不仅丰富了劳动力市场的多样性,也通过其独特的贡献方式,推动了社会经济的全面进步与繁荣。因此,深入探讨女性就业的影响因素,积极构建支持女性平衡工作与家庭责任的机制,以及倡导社会各界对女性就业权益的尊重与保障,对于促进女性个人成长、实现性别平等目标以及推动社会整体稳定与发展,均具有不可估量的价值。这不仅是对女性自身价值的肯定,更是对社会进步与发展趋势的深刻把握与积极回应。本书在经典时间配置理论基础之上,深入探讨女性劳动时间投入的家庭福利效应二者之间的内在联系,利用模糊综合评价方法,构建女性劳动时间投入的家庭福利效应理论模型,细化时间配置理论,为深入研究和量化女性劳动时间投入的家庭福利效应提供理论支持。

第二,通过量化女性劳动时间投入的家庭福利效应,揭示女性时间投入的效果,量化家庭福利和女性不同劳动时间投入的家庭福利效应。基于中国微观调查数据,本研究旨在系统剖析并阐明女性在不同劳动时间配置下对家庭福利产生的多维度影响。通过细致的实证分析路径,本研究致力于实证验证女性劳动时间投入与家庭福利之间的内在关联,进而科学量化这一效应的具体程度与方向。在量化计算的过程中,不仅考虑了直接的经济贡献,还纳入了非经济福利的提升,如家庭整体生活质量的提升等,以全面捕捉女性劳动时间投入对家庭福利的深远影响。基于上述量化分析所得的数据支撑,本研究进一步审视女性劳动时间投入所影响的家庭福利效应的实际状况。这一考察不仅揭示了当前中国女性在平衡工作与家庭角色中面临的挑战与机遇,也为理解中国家庭的结构与动态变化提供了新的视角。通过对比不同区域、不同社会经济地位的家庭,本研究力求展现女性劳动时间投入家庭福利效应的多样性与复杂性,为政策制定者和社会各界提供有价值的参考。本研究期望能够为我国劳动经济领域关于女性劳动时间投入与家庭福利效应的研究开辟新的思路与方向。本研究提倡在探讨女性劳动参与问题时,不仅要关注其经济贡献,更要重视其对家庭福祉的促进作用,从而构建更加全面、包容的女性劳动参与支持体系,促进性别平等与社会整体福祉的和谐共生。

二、实践意义

第一,基于实证分析结论,对女性劳动价值给予判定,反思数据背后的现实状况,试图将统计结果社会化,将研究问题与现实呼应。提高女性劳动时间投入效率,满足女性发展需求,这将有助于政府在短期内通过政策来激活现有的女性劳动力,从而使其在短期内更有效地增加劳动供给。为了优化女性劳动时间的管理与运用,提升女性在劳动力市场中的参与效率与贡献度,本书聚焦于如何更有效地配置女性时间资源,以满足其个人成长与职业发展的多元化需求。这一举措不仅是对女性潜能的深度挖掘,也是响应社会进步与经济发展的必然要求。通过此举,政府能够在短期内借助精准施策,激发女性劳动力的潜在活力,促进女性劳动力资源的快速释放与高效利用,进而在短期内显著增强劳动市场的供给能力。具体而言,政府可以制定一系列旨在提高女性劳动时间投入效率的政策措施,包括但不限于优化工作时间安排、加强职业培训以提升工作效率、提供灵活的工作模式以适应家庭与工作的双重需求等。这些政策将助力女性更好地平衡职业与家庭责任,减少因家庭责任而牺牲职业发展的现象,从而激发女性的工作热情与创造力,促进劳动供给的稳步增长。同时,满足女性发展需求也是实现上述目标的关键所在。政府应关注女性在职业发展、教育提升、健康保障等方面的多元化需求,通过提供政策支持与资源倾斜,为女性创造一个更加公平、包容的发展环境。这将有助于女性实现自我价值的最大化,提升其在社会经济生活中的地位与影响力,进一步推动劳动市场的繁荣与发展。提高女性劳动时间投入效率与满足女性发展需求是相辅相成的两个方面,它们共同构成了促进女性劳动力有效增长与劳动市场供给增加的重要路径。政府应在此方面发挥积极作用,通过科学规划与有效施策,为女性劳动力资源的充分开发与利用创造有利条件。从劳动价值看,通过对女性劳动时间投入的具体分析,发现女性劳动时间投入对家庭福利分项和综合的影响,有利于判定女性劳动价值。从性别视角看,通过比较分析劳动时间投入对家庭福利分项和综合的影响,判定男性和女性劳动力对家庭的边际贡献。从福利效应看,通过分析女性劳动时间投入与家庭福利的影响关系,判定劳动回报是否可以满足家庭福利最大化。

第二,基于实证分析结论,分析女性劳动时间投入的家庭福利效应的内在原因,针对统计结果提出建议措施和政策启示。通过研究,明确女性劳动时间投入的家庭福利效应,基于对女性劳动价值、男女劳动力对家庭的边际贡献以及劳动回报与家庭福利最大化关系的判定,反思女性劳动时间投入的家庭福利效应的内在原因,针对统计结果的判定和反思提出建议措施和政策启示,有利于女性在市场劳动和家庭之间的理性权衡,为正确认知量化家庭福利、改善家庭整体福利水平提供帮助,促进环境友好型社会的建设。

在深入探讨女性劳动时间投入对其家庭福利产生的广泛效应时,本研究旨在清晰界定这一效应的多维内涵,并依据对女性劳动价值的深刻认知、男女劳动力在家庭福利中边际贡献的对比分析,以及劳动回报与家庭福利最大化之间复杂关系的精细剖析,来透视女性劳动时间投入影响家庭福利的内在逻辑与根源。这一过程不仅是对传统性别角色分工的重新审视,也是对社会经济变迁下家庭结构动态调整的敏锐捕捉。通过系统的统计分析与深刻的理论反思,本研究力图揭示女性劳动时间投入在家庭福利形成中的关键作用及其背后的社会经济动因。基于这些深入考察,本研究提出一系列具有针对性的建议措施与政策导向,旨在促进女性在劳动力市场与家庭责任之间实现更加理性、和谐的平衡。这些措施包括但不限于优化工作制度以支持女性灵活就业、加强家庭支持体系以减少女性工作家庭冲突、提升社会对女性劳动价值的认可与尊重等,旨在从根本上改善女性劳动条件,提升家庭整体福利水平。本研究强调了对家庭福利进行量化评估的重要性,这不仅有助于更加准确地把握家庭福利的现状与变化趋势,也为制定更加精准有效的家庭政策提供了科学依据。通过推动社会各界对家庭福利的正确认知与关注,本研究期望能够激发更广泛的社会共识与行动,共同建设一个更加和谐、友好的社会环境。在这一过程中,女性劳动时间投入的合理化与高效化将扮演至关重要的角色,成为推动家庭福祉提升与社会可持续发展的重要力量。

第三节　核心概念界定

一、女性劳动力内涵的界定

不同国家、不同学科、不同研究目的对劳动力内涵的界定略有差异。美国劳工统计局(Bureau of Labor Statistics)对劳动力有明确的统计口径,具体是指被雇用者加上失业的正在找工作的人,劳动力储备不包括没有找工作的失业者①,全职妈妈、退休人员和学生不属于劳动力。《中国统计年鉴》和《劳动力调查制度》均以16岁及以上的人群作为调查对象。在经济学中,"劳动力"一词通常有三种含义:一是指人的劳动能力;二是指有劳动能力、从事劳动活动的人也就是劳动者;三是指一个国家、一个地区或者一个部门的劳动者的总数(孙月平,2004)。其中,第一个含义是指劳动的本义,而第二个和第三个含义则是指劳动的主体。实际生活中,劳动者常常被视为劳动力,两者在数量上也是完全相同的。

在本研究中,将劳动力内涵界定为:年龄范围在16岁以上的劳动年龄人口,有劳动能力并参加劳动的人口统称为劳动力。本书研究对象为非农就业女性劳动力,即能够从事一定社会劳动并取得劳动报酬,且不含失业的正在找工作的非农就业的女性。

二、劳动时间内涵的界定

劳动时间,也称工作时间,最早由马克思将劳动时间概念化,即劳动的持续的时间,这为后续劳动时间概念理解及研究提供了依据,便于不同领域结合学科特点对劳动时间概念进行解释。从管理学角度看,工作时间是指雇员在工作中完成工作所花的时间(Ng and Feldman,2008)。从劳动经济学角度看,对于企业来说,劳动时间是职工根据企业的规定或劳动合同,遵照企业领导者或雇佣者的指挥和命令从事劳动操作的时间(苑茜等,2000);对于劳动力而言,劳动时间是指劳动者为履行其劳动责任而进行的有报酬的社会劳动所改变自然物形态或性质的时间(曾湘泉,卢亮,2006),以日工作时间、周工作时间、月工作时间和年工作时间为统计周期(杨河清,2015),是有酬劳动的量化手段②。此外,也有学者将劳动时间根据是否

---

① https://www.bls.gov/bls/glossary.htm。
② 马克思:《工资,价格利润》,北京:人民出版社,1972。

得到工资分为有酬劳动时间和无酬劳动时间①。综上,本书将劳动时间界定为在一定市场工资率下劳动者实际提供的劳动量,即有酬劳动时间。将无酬劳动时间作为影响因素,以统筹考虑时间配置的价值和效果。

在现实中,工作时间可以分为法定工作时间和实际工作时间,有的情况下还存在集体合同工作时间。法定工作时间是国家法律规定的工作时间标准,即法律规定了劳动者每日、每周或每月工作时间的最长限度;实际工作时间是劳动者真实的工作时间时数或天数;集体合同工作时间则是"某行业或企业的劳资双方通过集体谈判签订集体合同加以确定的行业或企业执行的工作时间"。目前世界上绝大多数国家都已实行了每周5天工作制,许多发达国家还实行了每日7小时工作制。我国自1995年5月1日起开始实行了每周5天工作40小时的制度。

关于劳动时间测量,根据劳动力市场关键指标(KILM7),主要包含两种测量方法:一是依据每周工作时间,二是依据每个人实际上工作的年平均时间。每周工作时间是中国健康与营养调查(CHNS)、中国家庭追踪调查(CFPS)、中国劳动力动态调查(CLDS)等微观数据库调查工作时间使用的统计口径,也是目前许多学者研究使用的主流测量方法。借鉴已有的研究并且考虑到数据可得性和量化可行性,本书对于劳动时间的测量指标采用的是"每周工作时长"为替代指标。

三、家庭福利内涵的界定

对福利的定义一直都是福利经济学的核心问题。福利是一个不断演变的概念,经历了从福利经济学倡导的经济增长、物质资源、效率、财富到更加注重精神文化、社会机会、政治参与、自由发展等(庇古,2017)。社会福利是福利的基础层次概念,所包含的范围非常广,其对象、功能或目标等属性往往不确定、不清晰,并且常处于变化之中。广义概念是指政府或社会团体为提高社会成员的物质和精神生活水平而采取的各种措施,涉及医疗卫生服务、住房服务、劳动就业服务等诸多民生

---

① 马克思,恩格斯:《马克思恩格斯文集:第3卷》,北京:人民出版社,2009。

议题(尼尔,2003)。根据《新大不列颠百科全书》,狭义的社会福利指福利服务,其对象是"弱势群体",仅仅针对特殊群体所提供的带有福利性的社会服务与保障。按福利提供的主体可分为国家福利、单位福利、社区福利、家庭福利和个人福利等(郭士征,2009)。因此,家庭福利属于非规范性的概念,是福利在家庭层面的表现。

家庭福利具有和社会福利共性的特点,即内涵丰富、包容性强,表现为福利内涵和指标选择都有不同的倾向和侧重。有部分学者将家庭经济福利指标定义为家庭福利,家庭经济状况被认为是生活质量的重要决定因素,也可以反映家庭成员的社会地位和生活舒适度(邵兴全、林艳,2011;丁冬等,2013;陈治国等,2017)。更多学者基于研究主题和重点,建立多维度指标的分析框架,尽管学者对家庭福利的测量有差别,但总体来看,都是围绕经济情况、居住环境、生活保障、就业情况、社交水平、生活环境等方面定义家庭福利(Sara,2001;Hunter and Smith,2005;高进云,2007;李雅宁、何广文,2011;朱洪革等,2020)。

从学术研究和政策指引上来看,家庭福利的内涵需要基于研究主题和目的进行判定,本研究对家庭福利的定义是:家庭福利是通过家庭成员之间的协作或外部途径,帮助家庭成员适应社会,提高家庭生活的幸福指数,增进家庭成员人格的健康健全发展,并相互支付获得物质和精神生活的回报。依照此定义,家庭福利有以下三层意思:一是家庭福利与家庭生存和发展有密切联系,只有影响到家庭生存和发展的问题才能算作家庭福利;二是家庭福利应当与家庭成员相联系;三是家庭福利可以按照经济和非经济因素、主观和客观因素等分为不同的类型。

对于家庭福利的测量,由于其概念和内容的不确定性,并未有明确的测量方法,一般依托于社会福利效应等测量指标,并基于不同理论基础与研究重点进行指标选取。笔者从家庭生存和发展的视角,基于家庭需求和家庭功能,试图将家庭福利细分为家庭经济福利和非经济福利两大方面,至于家庭经济福利和非经济福利的具体内涵和指标如何选择,要考虑现实、数据可得性等多种因素,在后续进行详细分析,力图在本书中提出与研究主题有关、可解释、有理论支撑、能测量的家庭福利内涵。

第四节 研究内容与方法

一、研究内容

本书的研究对象是女性劳动力,以女性劳动时间投入为研究切入点,选取经济福利、非经济福利两个方面,根据家庭福利内涵丰富概念的可行性分析对其细化,探讨女性劳动时间投入的家庭福利效应状况,包括理论机制、具体影响程度和方向。尝试验证几个主要问题:我国目前的女性劳动供给的价值如何? 女性劳动时间投入的家庭福利效应产生的逻辑和机制是什么? 我国女性劳动时间投入的家庭福利效应到底有多大? 两性之间是否有差异? 家庭特征值之间是否有差异? 根据实证分析研究发现,结合现实问题,从劳动政策、家庭政策及福利政策等方面寻求解决政策和建议。

研究整体结构由五大部分组成,共分为八章,各部分的内容安排如下:

第一部分为基础研究,包含第一章和第二章。主要内容为阐明研究来源、研究意义以及可能的边际贡献,确定研究方向,明确研究价值,尽可能从各层面梳理国内外有关女性劳动力的劳动时间、社会福利与家庭福利效应、劳动时间与福利效应的关系三个方面的文献,整理劳动供给理论、时间配置理论和福利经济学等经典理论,并进行相应的文献评述和理论借鉴,为本书的研究提供前期的基础支持。

第二部分为现状研究,包含第三章。从我国经济社会发展现状角度出发,结合当前我国经济发展背景和相关的宏观、微观数据,概括出当前我国劳动力劳动时间状况,把握我国福利状况的基本现状。

第三部分为理论研究,包含第四章。根据代表性、针对性和可行性原则选取家庭功能活动指标,具体选择家庭经济状况、家庭居住环境、家庭社会关系和主观心理状态四大功能性活动,构建家庭福利的理论框架。根据本书的研究主题,以福利函数和时间配置模型为基础,将理论模型和研究问题相结合,细致分析女性劳动时间投入的家庭福利效应,从不同层面和视角剖析女性劳动时间投入家庭福利效应的影响机制,构建女性劳动时间投入的家庭福利效应模型与形成机制,从家庭效用角度解释女性劳动时间投入,为实证分析提供针对性铺垫和理论支撑。

第四部分为实证研究,包含第五章和第六章。依据 CFPS 微观数据库,通过模糊综合评价法测度家庭福利,采取包括工具变量(或 2SLS)、Oprobit 模型、OLS模型、分组回归模型、稳健性检验等在内的多种计量方法,从劳动时间细分视角,分别探讨劳动时间投入对家庭福利分项和综合的影响。具体将劳动时间细分为劳动时间长短、劳动时间最优、劳动时间分类三个方面,将家庭福利分为经济福利、居住福利、社交福利、心理福利和家庭综合福利多个方面。对该问题的细致和系统化研究有利于聚焦女性劳动投入对家庭发展的贡献,进一步分析劳动时间投入的家庭福利效应、性别差异以及不同家庭类别的女性劳动时间的家庭福利效应。

第五部分为结论,包含第七章和第八章。在理论和实证分析基础上,归纳实证研究结论,并进一步对女性劳动时间投入的家庭福利效应进行综合判定和再反思,从政策、社会、个人及等角度透过现象揭示背后深层次原因,并结合研究结论提出一定政策建议,高度提炼归纳本书研究结论,提出研究不足、反思及展望。

基于上述分析,本书的技术路线图如图 1－1 所示。

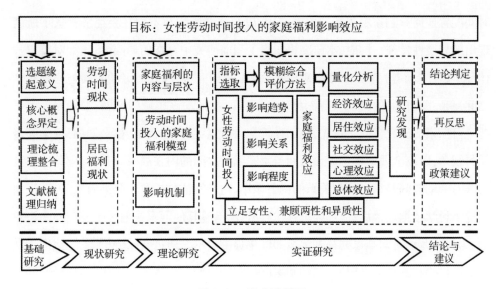

图 1-1 技术路线图

二、研究方法

本研究主要综合运用规范分析和实证分析两大类研究方法,两种方法相结合有助于更加全面、深刻地对经济活动或社会现象进行观察和分析。在综合国内外研究成果和相关理论的基础上,利用规范分析方法从理论角度分析家庭福利的内容与层次,构建劳动时间投入的家庭福利模型,据此开展分析劳动时间投入对家庭福利的影响。基于理论分析,在对女性劳动时间投入与家庭福利的描述性统计基础上,运用实证分析方法展开分析女性劳动时间投入对家庭福利分项和综合的影响。具体包括的研究方法如下:

第一,文献分析法。笔者在系统性地梳理政策文献与学术资料的基础上,追溯了劳动时间与福利效应研究主题,旨在全面呈现该领域从萌芽至成熟的发展脉络。通过细致分析政策文本中的导向性表述与学术文献中的理论探讨,本书深入阐明了当前劳动时间与家庭福利研究领域的现状,不仅涵盖了研究成果的广度与深度,还揭示了研究方法与视角的多样性。在现状阐述中,本研究强调了研究成果对于理解劳动时间配置如何影响家庭福利的关键作用,以及这些影响在不同社会经济背景下所展现出的异质性特征。同时,本研究也指出了当前研究中存在的局限性,比如对特定群体(如女性劳动者)劳动时间模式的深入挖掘有待完善,以及对劳动时间与家庭福利之间复杂互动机制的理解尚待深化。为了进一步推动该领域的发展,本研究提出了几个可探索的研究方向。首先,应加强跨学科研究,融合经济学、社会学、心理学等多学科视角,以更全面地揭示劳动时间与家庭福利之间的内在联系。其次,应关注政策实践对劳动时间与家庭福利关系的调节作用,通过实证分析评估政策效果,为政策制定提供科学依据。最后,应加强国际比较研究,借鉴其他国家或地区的成功经验与教训,为我国劳动时间与家庭福利政策的优化提供启示。通过文献分析,系统梳理了女性劳动供给和女性劳动时间、福利和家庭福利的内涵和测量方法等相关研究的进展,回顾和界定劳动时间和家庭福利等核心概念,归纳总结了本研究所依据相关理论,并由此分析家庭福利的内容与层次,并由此构建劳动时间投入的家庭福利模型,分析劳动时间投入对家庭福利的影响,为实证分析的开展夯实理论基础。

第二,描述性统计分析法。在正式开展实证分析前,为了详尽且精确地描绘劳动时间与家庭福利两大领域的本质特征,进而精准把握二者之间的复杂互动关系,本书深入融合了宏观统计数据的广泛视野与微观调查数据的细腻洞察,对我国劳动时间分配格局及居民福利状态进行了系统性归纳与深刻剖析。此过程旨在全面勾勒出劳动时间的分配模式、变化趋势,以及家庭经济状况、家庭居住环境、家庭社会关系和主观心理状态等方面所呈现出的特点。具体而言,通过对劳动时间的数据解析,本书揭示了劳动时间随行业、性别、年龄等因素变化而展现出的差异化特征,为理解劳动力市场的动态调整提供了实证依据。同时,在居民福利状况的探讨中,笔者不仅关注物质层面的家庭经济安全与健康保障,还深入探究了家庭居住环境对居民生活质量的影响,以及家庭内部情感交流、社会支持网络等非物质因素对提升居民主观幸福感的重要作用。本书不仅丰富了对劳动时间与家庭福利内涵的理解,更为后续深入探究女性劳动时间投入如何作用于家庭福利、以及这种影响背后的机制与路径提供了坚实的数据支撑与理论铺垫。本书致力于构建一个更加全面、深入的分析框架,以期为推动女性劳动力资源合理配置、促进家庭福祉优化与社会和谐发展贡献智慧与力量。

第三,计量分析方法。本研究数据依据微观调查数据库,主要采取包括工具变量(或 2SLS)、Oprobit 模型、OLS 模型、分组回归模型等在内的多种计量方法来分析女性劳动时间投入的家庭福利效应。在家庭福利的综合测度方面,笔者采用模糊综合评价法对家庭福利综合水平进行测算,实证检验了女性劳动时间投入对家庭福利的影响效应,并采用分组回归探讨了家庭福利效应的异质性。在女性劳动时间投入对家庭经济状况的影响分析方面,笔者综合运用 OLS 模型、工具变量法(或 2SLS),对女性劳动时间投入的经济效应进行基准结果估计,并进行稳健性检验。在女性劳动时间投入对家庭居住环境和主观心理状态的影响分析方面,笔者综合运用 OLS 模型、Oprobit 模型,对女性劳动时间投入的居住效应和心理效应进行基准结果估计。在女性劳动时间投入对家庭社会关系的影响分析方面,笔者采用 OLS 模型对女性劳动时间投入的社交效应进行基准结果估计。

三、研究创新

选题方面,本书聚焦劳动时间投入的家庭效果,从劳动价值视角分析女性劳动对家庭的贡献,选题视角比较新颖。现有研究较少涉及劳动时间与家庭的互动关系,尤其是对劳动时间投入的家庭效果缺乏系统认识。现有研究中对于劳动时间与家庭福利之间的关系尚缺乏深入而系统的探讨,尤其是在劳动时间投入如何具体作用于家庭福祉与生活质量这一关键领域,有待进一步挖掘。多数研究关注于劳动时间本身的度量与管理,却鲜少将视角聚焦至家庭这一微观社会单元,探究劳动时间分配与调整对家庭结构、功能及成员福祉产生的多维度、深层次影响。具体而言,对于劳动时间投入如何促进或制约家庭成员间的情感交流、教育支持、健康照顾等关键家庭功能,以及这些功能又如何反过来影响劳动者的劳动效率与满意度,目前尚缺乏全面而系统的认识。此外,劳动时间在不同家庭生命周期阶段、社会经济背景下的差异化表现及其对家庭福祉的不同影响机制,也亟待进一步的研究与揭示。笔者通过综合运用定量分析与定性研究的方法,深入剖析劳动时间与家庭之间的互动机理,全面评估劳动时间投入对家庭效果的多方面影响,以期为促进家庭福祉、优化劳动时间管理策略提供科学依据与决策参考。本书将劳动时间投入与家庭福利相结合,从微观角度剖析了女性劳动时间投入对家庭福利分项和综合的影响,与以往的研究有很大区别,一定程度上填补了该领域研究的不足和空白。从劳动价值视角分析女性劳动时间投入对家庭福利的影响,论证提出了女性劳动时间投入对家庭的价值,拓展了劳动价值论的现实意义。

理论方面,本书尝试界定家庭福利这一概念,构建劳动时间投入的家庭福利效应作用机制,丰富了劳动投入与家庭福利研究的理论框架。学术界在家庭福利领域的研究仍显薄弱,这一领域作为社会福利的重要组成部分,其复杂性与多维度性尚未得到充分揭示。具体而言,对于家庭福利这一涵盖广泛、意蕴深远的概念,学界在精准界定其内涵与外延方面尚存不足,导致研究框架的构建缺乏足够的理论深度与广度。此外,在探讨劳动时间投入与家庭福利之间关系的层面上,更是鲜见系统性、针对性的理论探索,这在一定程度上制约了我们对两者互动机制及影响路径的深入理解。基于此,亟须加强家庭福利领域的理论建设,深化对家庭福利多维度的认识,明确其构成要素与衡量标准。同时,应着重开展劳动时间投入与家庭福利相互关系的专项研究,通过构建理论模型、实证分析等手段,揭示劳动时间在不同情境下对家庭福利产生的具体影响及其背后的作用机制。这不仅有助于丰富家庭福利与劳动经济学的理论体系,还能为政策制定者提供科学依据,指导实践中的家庭福利政策与劳动时间管理制度的优化设计。本书基于相关理论,根据代表性、针对性和可行性原则选取功能活动指标,将家庭福利这一概念,给予与研究主题有关、可解释、有理论支撑、能测量的家庭福利内涵,并以此构建家庭福利的理论框架。从福利函数出发,依据时间配置模型等理论构建家庭福利函数,并绘制女性劳动时间对家庭福利影响的形成机制图,为探讨和分析女性劳动时间投入的影响提供了较完整的理论分析框架,丰富了从微观层面理解女性劳动时间投入的家庭福利效应产生机制。

实证方面,本书详细测算了女性劳动时间投入对家庭福利分项和综合的影响,揭示了女性劳动的价值和贡献,弥补了劳动时间效果研究的不足。在家庭福利的研究和实践中,往往强调家庭经济问题,对非经济层面则关注不足,在家庭福利的广泛研究与实际应用中,普遍存在着一种倾向,即过度聚焦于家庭经济状况的评估与改善,而忽视了非经济因素在家庭福利构建中的同等重要性。这种不平衡的关注点,往往导致对家庭福利内涵理解的片面化,未能全面捕捉到家庭作为一个复杂社会单元所蕴含的多元价值与需求。虽然家庭经济安全是支撑家庭稳定与成员福祉的基础,但家庭居住环境、家庭内部的情感联系、社交网络以及成员间的相互尊重与理解等非经济因素,同样对家庭福利的整体水平产生着深远影响。这些非经济层面的因素,不仅直接关系到家庭成员的幸福感与生活质量,还是衡量家庭福祉是否全面、可持续的重要标尺。为了促进家庭福利研究的全面性与实践的有效性,需要重新审视并调整研究与实践的焦点,将非经济层面的因素纳入家庭福利评估与优化的核心框架之中。通过综合运用多种研究方法与工具,深入剖析非经济因素与家庭经济状况之间的相互作用机制,为制定更加科学、合理的家庭福利政策与干预措施提供坚实的理论基础与实践指导。本书采用模糊综合评价方法对家庭综合福利进行量化,从实证上细化了劳动时间投入的经济效应、居住效应、社交效应、心理效应和家庭综合福利效应的方向和程度,较综合地检验女性劳动时间投入的家庭福利效应,并从性别视角、婚姻状况和家庭规模方面检验了家庭福利效应的异质性,填补了学界对劳动时间投入后续研究的不足。

第二章　理论与文献综述

本章围绕女性劳动时间家庭福利效应的主题,梳理相关理论和研究文献。从理论方面看,主要涉及劳动经济学和福利经济学领域的经典理论;从文献方面看,主要涉及女性劳动时间、社会福利与家庭福利,以及两者之间的关系等重点内容。本书对劳动时间与家庭福利的相关理论进行了梳理,这是本书的逻辑起点,为后面的进一步研究提供了理论依据。

第一节　关于劳动时间与家庭福利的相关理论梳理

对劳动时间及家庭福利效应的研究主要有劳动供给理论、时间配置理论、福利经济学理论和家庭经济学理论。在这些理论中,劳动供给理论揭示了劳动力参与时间程度的内涵,时间配置理论显示了劳动时间投入的决策。福利经济学理论和家庭经济学理论阐释了家庭成员如何对家庭产生影响以及福利测度依据,其中福利经济学的发展经历了福利内涵丰富化、逐渐重视主观因素的过程,在这个过程中福利经济学的基本观念发生变化。

一、关于劳动时间的理论梳理

(一)劳动价值论与劳动对人的价值

劳动价值论的发展经历了认识价值本质和创造价值以及结合其他学科的过程。威廉·配第是第一个提出劳动创造价值的人,他认为不同商品的使用价值是交换的基础,但是并没有明确区分两者的关系。亚当·斯密辨析了价值的使用和交换的含义,认为劳动是所有商品的交换价值的标准,但未发现是哪种劳动创造的价值,以及如何创造价值。基于此观点,大卫·李嘉图认识到劳动时间对商品价值的重要性,坚持一元劳动价值论,受研究方法和阶级立场所限,未提出科学的劳动价值论。马克思基于以往对劳动和价值的分析,进一步科学系统地分析了劳动和价值的区别与联系以及劳动二重性等问题,并提出了辩证唯物主义的劳动价值论。

马克思的劳动价值论的核心内容主要包括:第一,劳动创造价值。该理论表明,生产商品所需的社会必要劳动投入,决定了商品价值,最本质的特征在于"是否投入社会劳动",马克思在其劳动二重性理论中,提出商品价值的实体源于抽象劳动,商品具有价值,其价值通过人的活劳动创造的[1];第二,劳动对人的价值。该理论揭示了资本主义生产方式与劳动者的关系,强调了劳动对人的价值,两者是一体性关系。从经济学角度,马克思的劳动观主要关注人的物质需求的满足,劳动是人获得解放和发展的动力和源泉,劳动创造人,并成为人赖以生存和发展的决定性力量。从发展的阶段来看,在社会主体的情况下,生产力还没有满足社会主义社会的需求,劳动是维持生存的工具[2]。

该理论对本书研究的启示和借鉴是:第一,劳动价值论充分揭示了在价值生产和创造中,不仅涉及物质生产领域,也肯定了人在其中的重要作用。劳动创造商

---

[1]　中共中央马克思恩格斯列宁斯大林编译局编译:《马克思恩格斯文集.第三卷》,北京:人民出版社,2009。

[2]　中共中央马克思恩格斯列宁斯大林编译局译:《资本论第一卷》,北京:人民出版社,2004。

品,商品具有价值的属性,价值通过交换才能体现,商品价值是劳动投入创造出来的。第二,劳动对人的价值体现为谋生手段、发展之需和自我实现。马克思劳动观充分肯定了劳动在人的产生及自我实现中的基础性地位,劳动是维持人的生存与发展的基本需要,更是自我价值得以实现的重要体现,即劳动首先满足生存需要,在此基础上以主体能力的发展和自我实现为最终目的。第三,女性劳动对自身和家庭均有价值。劳动价值理论充分肯定了劳动对社会和个体发展的必要性,并认为女性进入劳动力市场、投入劳动是必要的,这不仅是女性追求自由而全面发展的要求,而且也是实现家庭美好生活的要求。

(二)劳动供给理论与劳动时间

劳动供给理论的发展可以从两方面来总结:从决策时期来看,按未来环境因素可以分为静态和动态劳动供给模型。决策时期只考虑当期的劳动供给决策构成静态模型,在此基础上,考虑生命周期,引入未来环境因素的劳动供给决策构成动态模型。从决策单位来看,个人劳动供给理论进行的是静态或比较静态分析,在此基础上,将家庭生产纳入劳动供给理论,决策单位扩大到家庭,分析家庭成员相互依赖关系。这两类模型又从效用函数和预算约束条件两个方面,结合研究主题拓展为具体的劳动供给模型。

劳动供给理论的核心内容包括:第一,劳动供给模型以效用最大化目标。在分析劳动供给时,无论是个人还是家庭行为决策,目的都在于用最优的方式从有限的资源中达成目标。如何在市场劳动和其他用途中配置时间是研究者主要考虑的问题,通过提供有效的劳动供给使得效用最大化,劳动者对于劳动供给的决策受主观和客观因素影响,即闲暇偏好、工资率和收入共同作用,见图2-1。第二,劳动者提供劳动影响自身效用水平。时间配置或者劳动时间投入取决于收入效应和替代效应的考量。不同的个人对可自由支配时间在工作时间和闲暇时间上的分配比例不尽相同,在劳动力供给理论中,效用是指个人从劳动时间和闲暇时间组合中得到的满足程度,劳动者进行劳动或闲暇时间的选择,从经济学的角度看,是因为劳动者从劳动或闲暇中能得到一定的效用。劳动时间的增加还是减少取决于收入效应和替代效应的差额,当收入效应小于替代效应时,劳动供给时间就会增加,闲暇时间就会减少。劳动力供给与工资变动对劳动供给曲线有一定的影响,在工资水平提高的情况下,会出现两种不同的作用。一是收入效应,即在休闲价格和机会成本相同的情况下,工资增长导致了收入水平的上升,而工人更倾向于休闲时间。二是替代效应,在其他收入相同的情况下,市场工资水平的提高会使闲暇的机会成本上升,而劳动者对工作时间的投入倾向较大。劳动供给曲线在劳动者收入增长到一定程度后,其作用比替代效应更大,劳动供给曲线会向后弯曲。

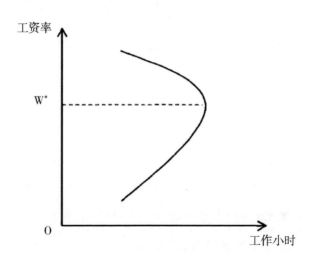

图 2-1　劳动供给曲线

资料来源:杨河清.劳动经济学[M].北京:中国人民大学出版社,2018.

该理论对本书研究的启示和借鉴是:第一,劳动供给决策在于追求效用最大化,而效用的构成包含收入、闲暇等多因素。劳动者通过劳动时间投入以达到效用最大化的目的。不同的个体对可自由支配之间在工作时间和闲暇时间上的分配比例不尽相同,根据劳动供给理论,效用是指个人从劳动时间和闲暇时间组合中得到的满足程度,劳动者进行劳动或闲暇时间的选择,从经济学的角度看,是因为劳动者从劳动或闲暇中能得到一定的效用。第二,劳动供给理论与马克思劳动价值论具有共性特点,均承认劳动带给人的价值和效用。劳动者处于劳动时间投入满足基本生存阶段,对闲暇的偏好程度不高,所以在劳动力供给的过程中,替代效应会大于收入效应,表现为劳动时间延长。

(三)时间配置理论与家庭时间配置

探讨时间因素在市场经济中如何发挥最大效用,是在西方微观经济学生产要素配置理论的基础上发展起来的。贝克尔(Gary S. Becker)[1]和舒尔茨(Schultz)[2]在时间配置理论的建立和发展中起到重大作用(Becker,1965;Schultz,1984)。他们将生产要素最佳配置研究的方法推广到一般性的资源配置分析,将劳动供给理论置于家庭决策背景下,结合非市场家庭行为与市场行为,给经济学家分析个人消费活动的方法开辟了新的途径。时间配置理论经历时间配置从二分法到三分法的拓展,研究领域从社会学到经济学,研究对象从个人到家庭,研究内容从闲暇的价值及对生活的影响,到关注时间配置的性别差异,再到家庭成员的时间配置的博弈过程。从时间配置的分类看,在最初的时间配置研究中采用罗宾斯(Robbins,1930)的分类方法,从市场工作时间和闲暇时间拓展到关注家务劳动时间,在此基础上,将时间配置问题转移到家庭领域,关注性别差异,研究家庭分工和家庭成员根据各自所占有的资源对家庭各项活动进行决策。

时间配置理论的核心内容主要包括:第一,时间是有限资源,需要优化配置。该理论提出人的决策行为是在有限资源中追求最优配置,以期获得最大的效用。其中,时间配置是对工作和家庭领域的时间配置划分,家庭生产函数是时间配置模型的核心,可支配时间如何在闲暇和劳动之间配置是决策的一部分,分配到劳动的

---

[1] Becker,G S. "A Theory of the Allocation of Time." *The Economic Journal*,1965,75(299):493–517.

[2] Schultz. T P. "Studying the Impact of Household Economic and Community Variableson Child Matality." *Population and Development Review*,1984(10):215–235.

时间,劳动投入获取工资,再将其用于商品消费,获取商品带来的效用。第二,家庭成员行为、家庭偏好等影响时间配置。该理论将理性选择假设延伸到家庭生活中的劳动性别分工中,结合家庭和市场两个维度分析女性在家庭中的时间配置。明瑟(Mincer,1962)认为男性主要从事市场工作,家庭劳动时间少,女性的时间分配集中于市场劳动和家务劳动。贝克尔(Becker,1974)提出的时间配置模型,将时间要素纳入家庭内部分析,从家庭效用最大化角度分析,男性和女性在劳动力市场和家庭领域的回报率有不同的性别优势,因此时间分配体现出明显的性别差异。格罗诺(Gronau,1977)也进一步验证了家庭时间配置三分法的必要性。

该理论对本书的启示和借鉴是:第一,劳动时间投入的多少既要考虑个体的因素,也要考虑整个家庭的效用最大化。时间要素对家庭生产的价值体现在,分配到家庭外部即劳动力市场获取报酬,分配在家庭内部即家庭生产产品,两部分构成家庭生产函数。劳动者作为个体要考虑时间的有限性和闲暇偏好,作为家庭成员要考虑家庭的效用。第二,男女的劳动时间配置是有差异的,专门研究女性劳动时间投入是有价值的。时间分配理论主要是从社会性别的角度来分析时间分配问题,探讨了社会经济中的时间分配问题,着重分析了社会经济中的性别差别与比较优势的影响,对研究家庭的福利的性别差异提供指导方向。

二、关于家庭福利的理论梳理

(一)需求层次理论与家庭需求

需求层次理论的核心内容主要包括:第一,人的需求包括物质性价值需求和精神性价值需求。根据马斯洛的需求层次理论(图2-2),人的需求按照等级由低到高依次包括五种需求:生理需求、安全需求、社会需求、尊重需求、自我实现需求。人的生理需求包括呼吸、饮水、食物、睡眠等,这是最基本的需求。安全需求是指人们对人身安全、健康、资产、工作、家庭安全等方面的需要。社会需求包含对自己的需要、被别人的尊敬、对别人的尊敬等。尊重需求是指人有被别人认可的需求。自我实现需求,包括道德,创造力,解决问题的能力等。只有基本的生理需求可以达到维持生存所必须的程度后,更高层次的需求才有激励作用,即人的低层次需求被满足以后,便开始追求更高层次的需要,直到实现自我价值。

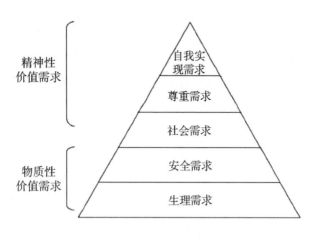

图 2-2　马斯洛需求理论

第二,需求层次理论具有层次性和顺序性。基于马斯洛的需求层次理论,克雷顿·奥尔德弗对其进一步补充和分析,提出"ERG"理论。这个理论强调了不同的需求是互相影响和同步的,因为一个人在一个时期可以有多个需求,当一个人的需求被压制的时候,他就会对低层次的需求产生更大的兴趣,而各类需求都可以同时满足。而马斯洛更强调顺序性,各类需要之间有严格的层次,两个理论的相同点在于满足低层次需求之后会引起满足更高层次需求的想法。

该理论对本书研究的启示和借鉴是:第一,家庭需求并不是简单的个人需求的结合,而是要考虑家庭的整体功能。从家庭角度分析,家庭结构、家庭经济状况、相互关系等构成家庭整体需求,家庭功能是各个家庭成员的需求表现。第二,家庭需求也应该有层次划分,家庭福利状况具有阶段性。马斯洛的需求层次理论认为,家庭需要的功能包括基本生活、社会保障、教育程度、财产状况、就业状况、家庭安全、情感归属、受尊重程度和自我满足程度。家庭成员提供资源,满足家庭所有成员日常所需,家庭基本生存得到满足后,会追求更高层次的需求。

（二）家庭经济学理论与家庭效用

加里·贝克尔认为可以将经济学中研究人类物质行为的工具应用到各种家庭经济行为的分析中。该理论基于微观视角,结合人力资本理论等经典理论,探讨家庭消费和婚姻生育等家庭行为,科学地解释了很多家庭经济生活问题,开辟了家庭地位及其经济功能的新视角。家庭经济学是一定社会生产方式和家庭形式制约下家庭经济活动的现象与规律的科学。《家庭、私有制和国家的起源》的发表开拓了家庭社会学研究发展的新领域(恩格斯,1884),随后主要是以家庭社会和家庭史研究为主,《家庭经济分析》的发表是现代新家庭经济学诞生的标志,使家庭成为经济研究的重要范畴(Becker,1981)。在家庭生活中,家庭的每一成员都是追求效用最大化的理性者,他们的经济行为均要受到家庭收入和时间的双重限制,并在这两种限制条件下使家庭资源效用实现最大化。实际上,贝克尔教授将经济学中研究人类物质行为的工具应用到了各种家庭经济行为的分析中,并将人力资本理论、最大化行为理论、稳定偏好理论和市场均衡理论贯彻其中,科学地解释了很多家庭经济生活问题。

家庭经济学理论的核心内容包括:第一,家庭决策是出于家庭效用最大化。家庭经济学作为微观经济学的一个独立分支,分析家庭经济活动、家庭经济关系以及社会其他活动的关系。家庭经济学将家庭视为追求效用最大化的主体,基于家庭福利最大化的假设,采用家庭效用函数,构建研究家庭经济规律的理论框架。第二,基于家庭生存和发展,家庭功能包括多个层面。家庭作为社会系统中的一个子系统,在与社会环境进行物质与能量的交换过程中,具有不断满足其家庭成员的各种需求以及适应与改变社会环境的功用和效能,即家庭功能。对家庭功能的定义有两大分支:一是以比弗斯(Beavers)和奥尔森(Olson)为代表,认为家庭功能是家庭成员情感、家庭规则、家庭沟通、家庭成员的亲疏和处理外部事件的能力的结构取向;另一是以爱泼斯坦(Epstein)和斯金纳(Skinner)为代表的执行过程方向定义方式,认为家庭功能要从家庭成员的生理、心理、社会性等方面来认识具体功能。

综合来看,家庭功能就是家庭在社会生活中所起到的作用,根据家庭经济学理论,家庭首先要生产消费品,生产包括消费在内的"满足",生产和消费功能是最基本的家庭功能。家庭是个体和社会之间的中间单位,家庭成员从出生到步入社会、适应社会,以及在社会中生存和发展的过程中,家庭发挥了生产、消费、生育、赡养、教育、娱乐等重要作用。

该理论对本书研究的启示和借鉴是:第一,家庭作为社会的基础单位,具有经济、情感、保障和社会化等功能。根据新家庭经济学,家庭具有经济功能,包括生产功能和消费功能,以此为基础拓展出社会化功能和各种家庭功能。第二,家庭以分工协作为基础,期望达到家庭效用的最大化。家庭为多人组成的生产单位,以明确、细致的分工协作为基础,是一个有效率的经济单位,家庭成员通过提供自身的资源投入到家庭中,进而构成家庭效用。无论是市场还是非市场劳动,都是基本的商品生产,它们都能产生效用,而家庭成员则通过投入产出使家庭资源得到最大程度的利用。

(三)福利经济学理论与家庭福利

福利经济学是以研究资源的配置效率和国民收入分配的公平等问题为主题,以社会福利最大化为宗旨,分析社会经济现象和评价经济活动,属于规范经济学范畴。它的任务是对经济体系的运行作出社会评价,回答"好"与"不好"的问题。福利经济学是由英国经济学家霍布斯和庇古于20世纪20年代创立的,是研究社会经济福利的一种经济学理论体系。作为一门独立的学科体系,其发展主要经历了三个阶段:以庇古为代表的旧福利经济学阶段,以帕累托为代表的新福利经济学阶段和以阿罗为代表的现代福利经济学阶段。

第一个阶段是旧福利经济学,代表人物是庇古。1920年,庇古《福利经济学》的出版标志着福利经济学的诞生。该理论以完全市场竞争为前提,资源最优配置论、收入最优分配以及内部不经济性、外部经济性和外部不经济性是该理论的主要观点,并基于基数效应理论和边际效用论展开研究。第二阶段是新福利经济学,1939 年卡尔多将帕累托的系数边际效用价值论引入福利经济学,并把帕累托提出的社会经济最大化的新标准、帕累托最佳准则作为福利经济学的出发点。之后,卡尔多、希克斯、伯格森和萨缪尔森等经济学家对帕累托最佳准则作了多方面的修正和完善,并提出了补偿原则论和社会福利函数论,创立了新福利经济学。第三个阶段是现代福利经济学,阿罗的不可能性定理提出是该阶段开始的标志。该理论认为社会不是由同质的个人所组成,由于个人偏好的差异,在序数效用论分析基础上,很难使个人利益与社会整体利益达成一致,福利主义的发展和选择受到了质疑。现代福利经济学代表人物阿玛蒂亚·森针对已有理论作出改善,指出阿罗不可能性定理的不足,认为该理论无法体现人际效用的比较信息,缺少这些重要的信息。在他提出的可行性理论中,森考察了经济条件、社会机会、政治自由、防护性保障和透明性保障等因素,分析一系列功能性活动可行能力。

福利经济学是判断社会福利在某种经济状态下是高于还是低于其他经济状态的学科。福利经济学的发展经历了庇古的旧福利经济,后因罗宾斯的批判而出现了新的福利经济,其中包含了"补偿标准""社会福利"等概念,以及阿罗不可能和森的可行能力理论,见表 2－1。庇古在边际效用技术论的基础上,采用物质福利度量个人福利,个人福利的加总是整个的社会福利。新的福利经济学把"效用"的含义发展到"偏好顺序",并把帕累托最优原则和序列效用理论结合起来,并以此为基础改进,社会决策规划中的社会福利函数由偏好顺序决定,新福利经济学区分经济学和伦理学,在资源分配中不考虑道德因素,追求经济利益。阿玛蒂亚·森以人的发展作为发展的关注点,从自由、能力、功能等方面对社会福利进行了再阐释,即能力决定了行动和价值。因此,人们把生活中的各种功能活动看成是相互联系的,并对其进行评价。可行能力理论被广泛应用于福利经济学领域的研究,如经济不平等、福利测量等。

表 2 - 1   福利经济学的发展演变

福利经济学起源	旧福利经济学	新福利经济学	现代福利经济学
提出时间	1920 年	20 世纪 30 年代	1951 年
代表人物	庇古	帕累托、卡尔多、希克斯等	阿罗、阿玛蒂亚·森
效用理论	基数效用理论	序数效用理论	基数效用理论、序数效用理论
福利大小的可比性	人际间可比	人际间不可比	人际间可比
收入分配均等的重要性	重要	不重要	重要
非经济福利内容	不关注	关注	重视
主观因素对福利的影响	小	一般	大

福利经济学的核心内容包括:第一,福利的概念是功能和能力概念的集合。现代福利经济学理论通过用功能、能力与自由等概念的集合来界定福利,其中核心概念是功能和能力,森对其进行详细解读,两者所形成的反馈机制如图 2 - 3 所示。功能的内涵包括教育的可及性、投票的易用性、身体的健康状况、生活环境、国民的社会保障程度等。功能是由于自尊心、参与社会活动等几个要素的变化而产生的变化。上述功能的可行选择集就是可行能力,可行能力的高低是实现功能多少的前提与基础,一个人只有具备必要的可行能力才可能实现他想要拥有的功能。第二,福利衡量建立在功能性活动基础上。这一理论从经济利益的角度出发,对社会的非经济要素、对人的关心等诸多因素进行了全面的分析,并认为福利是一种功能或能力的综合,认为以个人的实际能力来衡量个人的生活品质和幸福,从而使社会福利问题的研究更加深入。由于通过直接观测很难获得能力,因此,根据功能活动的评价,可以对社会福利程度进行评价。总的来说,可行能力理论认为,人的发展是一个具有实质自由的过程,其本质是一种可以实现的能力。

该理论对本书研究的启示和借鉴是:第一,为家庭福利分析提供更为完整的理论框架。根据森的可行能力理论,个人福利不仅看重物质、精神与社会福利间的内在联系,而且注重围绕着经济、政治、自然、社会生活与文化诸多维度,这为家庭福利的内涵和外延提供参考。第二,对家庭福利衡量提供参考。根据森的可行能力理论,福利定量化的基本思路是将人类的生命按不同的职能分为若干个向量,而这些向量就是各种功能的集合体。在运用该理论分析方法的基础上,结合家庭福利内涵,为分析家庭福利的测度、研究家庭福利效应等提供了直接借鉴。

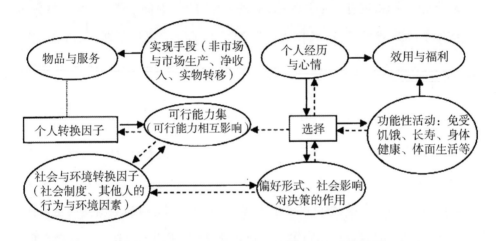

图 2 - 3 可行能力、功能性活动的实现与反馈机制

资料来源:康晓虹.草原生态补奖视阈下牧户福利差异问题研究[D].内蒙古农业大学,2018.

第二节 关于女性劳动时间与
家庭福利的相关文献梳理

本节试图按照劳动时间、福利效应的分类方式对相关研究成果进行回顾和综述,劳动时间与家庭福利是劳动经济学和福利经济学领域所探讨的重要范畴。根据本研究的主要框架,从女性劳动供给和女性劳动时间投入、社会福利和家庭福利、劳动时间投入与家庭福利的关系三方面梳理了主要研究的议题。对女性就劳动供给和劳动时间影响因素和经济后果进行梳理,明确女性劳动时间投入效果的内容指向。构建一个合适的家庭福利指标之前需要了解福利测度、影响家庭福利效应的关键因素,梳理已有研究为本研究的深入提供了一定的理论与实证基础。

一、关于女性劳动供给与女性劳动时间的研究

从劳动供给看,现有研究主要关注劳动参与和劳动时间。劳动供给广度方面,在经济体制改革背景下,市场作为资源配置的手段重要性不断提升(潘锦棠,2002),就业制度日臻完善。但与此同时,妇女的劳动参与率也在迅速下降(姚先国和谭岚,2005),这是因为在经济体制改革后,国家实行了劳动力市场化,社会对弱势妇女的公平保护越来越少,家庭结构的变化也会影响妇女在劳动力市场中的参与(李春玲、李实,2008;沈可等 2012)。在工业经济向服务业转化与升级、供给侧改革政策、生育政策调整等背景下,我国女性就业总量整体呈现较为稳定的发展态势,女性进入劳动力市场、积极追求经济独立已经成为其确立社会身份的重要构成要素,女性劳动力的就业结构向第三产业调整转变,流通部门就业比重增长最快(高春雷,2017)。人力资本因素、婚姻状况、子女数量、产业及职业结构等均是女性劳动参与的影响因素(Contreras and Plaza,2010)。劳动供给深度方面,女性市场劳动时间不断增加,城市女性在有报酬工作上花费的时间已基本和男性相当,但面临生育负担与经济负担双重挤压,职业女性处于事业和家庭难两全的困境(张海峰,2018;莫玮俏、史晋川,2020)。

从劳动时间前因研究看,相关主题研究众多,已有研究主要从时间配置和劳动时间的影响因素角度分析,时间配置多为群体差异研究,影响因素总体上包括宏观和微观因素研究。从时间分布上来看,男性和城镇女性将时间更多地分配在劳动力市场领域和闲暇时间,农村女性将时间更多地分配在家庭领域中,睡眠时间不存在性别差异,可以得出时间配置存在性别和城乡差异(Cardia and Gomme,2018;杨菊华,2014;杨玉静,2015)。从劳动时间的影响因素看,博尔哈斯最初关注到,按照传统的新古典模型,劳动时间的变化要受到工资以及影响工资的其他变量因素影响(Borjas,1980)。非劳动收入也会对劳动时间变化产生影响,此外,家庭中孩子的数量、工作经历、预期工作生命、婚姻状况、健康状况、教育年限、工作获取的难易程度、合约的长度都会影响个体对工作时间的选择。对于劳动者来说,非劳动收入增加会减少劳动供给。但对于中国大多数家庭而言,家庭收入的主要来源是工资收入,基于家庭基本开支和生活质量的需求,家庭中劳动力会逐步增加工作时数获得更多报酬。在劳动收入、年龄、子女等因素的作用下,个人的时间分布会随着年龄的增长而改变。工资收入会影响家务劳动投入和市场劳动供给,对夫妻而言,如果妻子的时间更有市场价值,丈夫会在家务劳动上投入更多的时间(舍特曼,2005)。总体而言,影响时间分配的因素很多,宏观上有生产力水平、居住环境、社会技术进步等因素,而在微观层面上,生命周期、婚姻状况、子女数量、家庭收入、受教育程度等代表的人力资本水平等都会影响居民的时间分配(王琪延,2000;石红梅,2006),对个体时间分配的影响主要以理性人假设和效用最大化假设为切入点,经济因素、家庭劳动分工、夫妻资源差异、人力资本因素等来分析。

从劳动时间后续看,相关主题研究较少,研究主要集中于劳动时间投入对个人的影响,如健康、工作和家庭的平衡和幸福感等。从健康角度来看,当劳动时间投入到一定程度时,可支配时间受限,劳动者身体健康和心理情绪等表现为疲倦、消极工作(王丹,2010),"过劳"不仅对合理开发人力资源、企业发展有负面影响,还对整体社会、经济发展有负面影响,对就业和消费造成挤压从而导致经济损失(王艾青,2006)。因此,有学者关注到体面劳动时间,体面劳动时间(decent hours)是国际劳工组织界定"体面劳动"包括的要素之一,其应具备五个维度:能够提升劳动者的健康和安全、"家庭友好的"、提升性别平等、提升企业生产率和竞争力、便于劳动者对工作时间进行选择和施加影响。体面劳动对个人工作需求、组织可持续竞争优势和社会的协调发展都有重要意义。数据显示,在40个国家所有行业的生产和任务完成情况中,中国的工作效率高,完成一项任务平均需要13.4天,位列全球第四[1],不过中国人在工作中表现出突出能力的同时,也承担着长时间工作和相对较低的工作报酬。相关统计数据显示,在所有20个行业中,有12个行业的周工作时间超过了44小时的一般工时限制[2],每周工作时间在50或50小时以上分别为43.9%、42.57%,比例均超过四成[3]。在注重劳动效率和提升工资水平时,也要考虑到"体面劳动时间"有效投入与劳动者健康、家庭和谐密切相关,这也与"体面劳动"保证广大劳动者在自由、公正、安全和有尊严的条件下工作的初衷相辅相成。

从工作和家庭平衡来看,劳动时间投入可能会导致劳动力角色冲突,进而家庭和工作无法平衡,从我国现实看,工作与家庭矛盾是一种十分常见的社会问题,对个体劳动者、家庭、工作单位产生重要影响(Jacobs and Gerson,2004;Nomaguchi,2009)。角色冲突感更多表现在女性群体中,尤其是已婚已育女性,在中国城镇地区,其他因素保持不变,职业女性每周做家务劳动的时间比男性多20个小时(Zhang et al,2008)。另一项研究也发现,职业女性承担着更多的社会和家庭责任,劳动时间与男性相等条件下,女性从事家务劳动的时间显著高于男性(佟新、周旅军,2013)。妇女在劳动市场上的收入越高,她们的时间价值越高,而由于生育而中断职业生涯所造成的经济损失也越大,因此,生育的机会成本越高,收入高的妇女的生育意愿也就越低。因此,关于就业及其投入的时间与生育、养育孩子和维持一个家庭的投入时间,已经成为妇女时间配置的一个关键因素(吴愈晓等,2015)。如

---

① 数据来源:redbooth。

② 赖德胜,孟大虎,李长安,等.2014中国劳动力市场发展报告:《迈向高收入国家进程中的工作时间》,北京:北京师范大学出版社,2014。

③ 蔡禾.《中国劳动力动态调查:2017年报告》,北京:社会科学文献出版社,2017。

果社会普遍理解并鼓励妇女参与劳动力市场,那么她们的家务劳动时间就会减少,工作时间也会增多,这对她们的生活也有积极作用(许琪,2018)。可以发现,劳动时间后续相关研究多关注劳动时间投入对个人的影响。

二、关于社会福利与家庭福利的研究

从福利内涵看,不同学者对福利含义理解虽不完全相同,如庇古认为个人福利可以用效用表示,森通过评价功能性活动大小和自由程度来解释福利,但内涵基本一致,侧重点是幸福、身心健康和繁荣,实现美好幸福生活的的各种条件、设施、制度体系(谢琼,2013;秦永超,2015)。福利按提供的主体、享受对象、参与主体性质、待遇的享受等可以分为不同类型(夏艳玲,2015)。根据福利的分类可以看出,福利是一种由政府、市场、家庭、社区和社会组织等多种社会资源提供的社会保障体系。家庭福利是从家庭的角度来思考和解决怎样才能让人们有一个美好的人生。在家庭福利这个概念上,不同的人对其所处的位置、目标有不同的解读。目前,社会各界对家庭福利的认识,多以政府工作实践和经验为基础,而不是以家庭福利的原意为基础,将其理论与实践相结合。家庭福利一般是指在生活、教育、医疗等领域中,由政府或社会共同承担或增进家庭职能的行为和措施(刘中一,2011)。由此可以看出,诸多研究表明社会福利和家庭福利内涵的丰富性。

从福利指标看,已有研究通过对各种功能性活动的评价来衡量福利状况,但如何确定功能性活动,学术界未达成一致。基于福利内涵本身,可以概括为从生活、身体健康、知识、闲暇情况、生存、教育、情感和社会交往等方面构建(Nussbaum,2003;Tommaso,2006);基于森的可行能力理论,测度某一群体福利水平,研究对象和重点不同,福利指标选择存在差异,可以概括为从经济资源、防护性保障、教育和能力、健康状况、心理条件、社会资本和工作环境等方面测度(徐玮等,2009;袁方、史清华,2013;叶静怡、王琼,2014;张广胜等,2016)。可以看出,福利指标选取总体上呈现内容丰富、类型多样的特点。

从福利测量方法看,学者从福利研究组织、福利及社会发展进程指标、GDP扩展等角度分析测量福利的方法(Nick Donovan et al,2002;Stefan,2006)。目前关于福利测度方法主要有三种类型,从单一指标测度看,以GNP或GDP指标为代表但其测度范围要小于真实福利,而且经济增长也不能全部转化为经济福利(Corwin,2017),学者们又对指标进行改进,考虑收入分配和环境因素,提出经济福利测度指标、可持续经济福利指数、经济净福利等,但无法清楚界定影响当前福利和可持续发展的因素,学者们又对其进一步改进,如可持续净福利指数,以更准确表达经济福利的内涵(Lawn,2003;金玉国,1995)。不难看出,单一指标测度特征是基于国民经济核算体系及其扩展,多基于宏观数据,其局限性体现在以货币为统一测度。从主观福利测度看,该类指标的测量方法包括直接询问法、经验取样法、昨日重组法、U指数法和脑成像法等(何强,2012),其特征涉及对福利内涵的主观判定,可能更能反映偏好,但不能直接给出受访者回答幸福或不幸福、满意或不满意的原因。

从综合指数指标看,该类指标包括加权的社会发展指数、物质生活质量指数、社会进步指数、人类发展指数、环境友好型幸福国家指数(ERHNI)和社会发展指标体系、国家小康生活指标体系等(United Nations,et al,2003;杨缅昆,2009),其特征是基于生活质量和社会发展,优点是构建全方位的指标体系,从更宽泛的角度测度福利。但由于该方法一般使用较多类型指标,可能使得整体意义不明确。部分综合指标存在局限性,只适用于发达国家(如经济福利指数)或贫困国家(如物质生活质量指数),降低了时间意义和决策作用,也加大了指标数据采集和处理的困难。通过梳理福利指标和测量方法,可以发现,对福利测度经历从单一指标到复合指数指标,从经济因素到经济因素与非经济因素综合考虑的过程,使得福利测度相对准确、可靠。前两类采用相对客观指标,后一种采用相对主观指标;单一指标选取多偏于宏观指标,有效性问题还需进一步探讨,但为后续综合指数构建、微观指标选取提供借鉴。由于研究目的、选取样本特征不同等原因,难以构建标准的指标体系来评价福利效应。

从福利的影响因素看,纵观国内外关于社会福利的研究,可以看出福利效应是福利水平的变化,在福利经济学中,对于福利水平的测度主要由福利函数来实现,除了对福利测度的探讨,学者也将福利函数应用于各项经济活动分析,在考察福利效应等方面也进行了尝试。

社会福利效应的影响因素包括多个方面,宏观政策、经济发展水平及模式、人口结构、环境问题等都会对社会福利水平产生影响,如税收政策通过消费资本比率、财政支出资本比率和经济增长速度等因素对社会福利产生了一定的影响。纵观国内外关于社会福利的研究,可以看出其中存在这样一条发展脉络:旧福利经济学→新福利经济学→社会福利函数→社会福利测度→社会福利与社会、经济、人类的可持续发展。福利效应是福利水平的变化,在福利经济学中,对于福利水平的测度主要由福利函数来实现,除了对福利测度的探讨,学者也在将福利函数应用于各项经济活动分析方面,考察福利效应等方面也进行了尝试。在我国,省级政府的规模与财政分权、转移支付、经济增长之间的互动关系,呈现出 N 型、倒"U"型、N 型的特征(文雁兵,2016)。经济增长与社会福利水平存在负相关关系,有研究认为,粗放型经济增长方式下,资源浪费、环境污染日益严重、贫富差距不断扩大、地区差别日益突出、相关法律法规空白下的社会保障缺失、信任危机爆发等,均弱化了经济增长向社会福利的有效转化,抑制了社会福利水平的提高(Howarth and Kennedy,2016;周兴、王芳,2010;逯进等,2012;陈寿红、李小建,2013)。少儿抚养比、总抚养比与社会福利水平呈显著负相关,而老人抚养比则与社会福利水平呈显著的正相关。按区域划分,东部和中部地区的绩效指标导致生态环境的恶化,居民在健康环境下的生活权益很难保障,会阻碍社会福利的提升,因此,在总结东部和中部"以污染换发展"的经验教训后,西部开发战略制定上也更加重视结构的调整和生态保护,会促进社会福利水平提高(贺俊等,2018)。可以发现,由于社会福利是指消费者剩余和生产者剩余之和,可以从物质消费领域、社会道德和政治领域等多方面因素反映福利水平,国内外对于社会福利效应的研究更多基于宏观层面分析。

家庭福利是社会福利按提供主体分类所包含的内容,属于社会福利下位概念。家庭福利的测度可以按照家庭能力及其子项来构建指标,学者基于研究目的与研究重点,对家庭福利有不同的测度指标,总结已有研究,家庭福利可以包括家庭经济状况、社会保障状况、家庭居住条件、社区生活、生活环境以及心理状态等若干方面(Bullinger,2006;彭大松,2012;李雅宁、何广文,2011;关江华,2014)。

从家庭福利的宏观影响因素看,人口政策、就业政策等都会对家庭福利产生影响(Kuklys,2003)。人口福利政策的实施必将带来作为家庭成员的儿童、妇女、老年人等人口群体福利的提高,致使家庭福利增长。保证女性劳动力在工作单位享有与男性同工同酬的权利、平等就业培训和晋升机会、实行劳动力的劳动保险、劳动保护等就业保障措施,可以实现女性的平等和自由,充分享受工作的福利,实现经济独立,促进女性的福祉。女性得到了劳动报酬,她们就能更好地照顾子女、老人等家庭成员,同时也能提高家庭的整体福利(Korpi,2000;Blundell,2017)。在理论的研究中,亦有学者建议,应在某些基础的社会服务方面,采取适当的支持措施,以减少儿童养育的费用。例如,在教育、医疗等方面加大投入,或在有关体制改革方面投入更多的资金,或提供相应的福利补助或优惠券(教育、医疗等),分担家庭的抚养费用。教育、社会保障、公共服务等方面的发展使家庭的一些功能由社会专业机构替代,提高了家庭发展效率和福利水平。

从家庭福利的微观影响因素看,主要从个人特征、家庭特征角度分析。健康水平对于家庭的收入、稳定起到了非常重要的作用。对农户健康水平的研究发现,在达到基本健康的前提下,一般能够开展农业生产活动,保证农户维持基本的生活水平;在健康水平较好时,才具有进行非农经营、外出务工的能力,进而提升农户的经济福利;而健康状况出现问题时,会使得农户较低的收入水平雪上加霜,降低农户的经济福利,进而影响家庭整体生活质量等非经济福利(施雯,2015)。受教育水平是构成人力资本水平的最核心因素,教育水平对劳动力素质的提升起到了最为关键的作用。一方面,从经济福利来看,劳动力教育水平在提高生产效率、增加收入水平方面的正向作用已被学术界广泛认可。随着劳动力受教育水平的提高,其非农就业能力也得到了提升,这样可以增加家庭的非农业收入,改善家庭的生活质量。另一方面,由于职工文化程度的提高,其自身的素质与修养也会随之提高,因此,他们更加重视营造家庭的和谐氛围,具备更强的与家庭成员之间的沟通与协调能力,家庭成员之间的关系更为民主、平等,家庭成员在家庭之中能够获得更高的安全感,对于家庭的归属感更加强烈,这些都会提高家庭成员的生活满意度,最终提高家庭整体的非经济福利(王志章、韩佳丽,2017)。此外,收入差别仅仅是影响家庭福利水平的因素之一,最主要的因素是家庭中受有劳动回报成员赡养的家庭成员的人数(丁冬等,2013)。也有学者从风险角度分析其影响家庭福利水平,认为只有当风险暴露后才会影响家庭的福利水平。不难看出,总结福利测度方法和宏观政策和微观领域的家庭福利效应,得出通过家庭成员不同角度分析对家庭福利的影响,就研究对象而言,多考察农户与家庭福利效应之间关系,对于家庭成员个体层面的劳动力市场表现与家庭福利关系还需进一步研究。

三、关于劳动时间与家庭福利的关系研究

尽管关于劳动时间投入的家庭福利效应专门性研究并不多见,但对家庭收入、家庭支出、居住环境和主观心理状态的影响等,可散见于一些理论性和实证性的文献之中。

从劳动时间与家庭福利的关系看,家庭福利不仅受限于经济收入的单一因素,更深刻地受到个体可支配时间资源的制约。在探讨家庭效用最大化的过程中,不应仅仅局限于家庭生产功能优化与预算约束的考量,而应同样重视时间资源的稀缺性及其约束作用。首先,随着职场压力的持续攀升,个人闲暇时间被大幅压缩,这一现象不仅阻碍了人们享受休闲、促进身心健康及实现个人发展,还可能间接影响到家庭的整体福祉状态(畅红琴等,2009)。其次,工作时间在不同职业及工作任务间的分配格局,微妙地塑造着家庭成员间的权力结构与角色定位。个体若将大量时间投入到低报酬或无偿的家务劳动之中,不仅可能削弱其经济独立性,还可能削弱其在家庭决策中的影响力与控制权,进而影响其在家庭中的地位与满足感。最后,家务时间的分配策略对家庭福利的影响尤为深远,这一点在资源匮乏、需通过劳动换取生活必需品的发展中国家表现得尤为突出。在这些环境下,家务时间的有效管理与优化,成为提升家庭整体生活质量与幸福感的关键因素。居民如何合理规划并灵活调整其在各类活动上的时间投入,不仅是衡量其时间管理能力与资源利用效率的重要指标,更是评估其福祉水平与生活质量的不可或缺维度。因此,在制定家庭政策、促进家庭福利时,应充分考虑到时间资源的宝贵性与时间管理的复杂性,以构建更加全面、科学的家庭福利框架。

从劳动时间与家庭经济状况看,关于劳动时间对家庭收入、支出的影响,有学者认为提高家庭收入水平、实现家庭收入最大化是每个家庭所共同追求的目标,因为只有提高家庭收入水平,才能更好地满足成员的消费、提高家庭生活水平和生活质量。要想改善我国的经济状况,必须大力发展生产力。在探讨劳动时间与家庭财务状况之间的复杂关联时,诸多学者强调,追求家庭收入的增长与最大化是众多家庭普遍且核心的经济目标。这一共识基于一个深刻的认知:唯有通过提升家庭的整体收入水平,方能有效支撑家庭成员的多样化消费需求,进而推动家庭生活水准与生活品质的双重飞跃。此外,这一经济目标的达成,对于我国宏观经济状况的改善亦具有不可小觑的推动作用,它要求我们在国家层面积极采取措施,大力促进生产活动的蓬勃发展,以此作为增强家庭经济实力、优化收入分配结构的坚实基石。具体而言,劳动时间的合理安排与有效利用被视为影响家庭收入与支出模式的关键因素之一。通过优化劳动资源配置,提升劳动效率,家庭能够在既定的时间框架内实现更高的产出价值,从而直接促进家庭收入的增加。这种收入的增长不仅为家庭提供了更充裕的资金来源以满足日常开销与长期规划,还增强了家庭应对经济波动与不确定性风险的能力,确保了家庭生活的稳定与可持续发展。

从政策制定与实践应用的角度来看,要切实改善我国的经济生态,促进家庭福利的全面提升,就必须将发展生产置于战略高度,通过技术创新、产业升级、劳动力技能培训等多种途径,激发社会生产的活力与创造力,为家庭创造更多增收机会,最终实现家庭收入与国民经济同步增长的良性循环。而发展生产有两个途径:一是增加劳动的数量,二是提高生产力。劳动时间的增长,包括劳动时间的延长、强度的提高以及劳动数量的增加,但延长劳动时间和提高劳动强度有极限约束。已有研究发现劳动参与时间是决定农村家庭经济收入的关键因素,劳动力非农就业对农户福利变化呈显著正向影响(Alkire et al,2015;范红忠等,2013;王春超、叶琴,2014;文洪星、韩青,2018)。从家庭角度来看,学者们对家庭成员的劳动参与进行了深入的探讨,结果表明,家庭成员的劳动参与程度取决于家庭结构以及其他成员的劳动参与情况,而不同的家庭成员投入的时间和经济成本也会因此有所不同(张世伟等,2010;聂伟,2019)。研究表明,劳动时间的延长对获得感的产生存在不利影响,根据空间失配理论,一些学者认为,就业空间失配会造成其家庭的福利损失(周义、李梦玄,2014)。

从劳动时间与家庭非经济状况看,关于劳动时间对家庭居住环境和主观心理状态的影响,居住条件和居住面积是保障家庭生活、衣食住行等各项活动的基础,居住条件越好、居住面积越大,不仅可以更好地满足基本生活需要,保障家庭成员的独立空间和私密性,而且还有很多扩展功能,比如学习、健身、休闲等,劳动力参与劳动力市场一方面提高家庭经济收入,改善家庭居住条件和环境;另一方面也会因减少家务时间投入使得居住环境变差(Clark,2008;毛小平,2013)。一般来说,家庭成员增加劳动时间投入,是为了更好的生活,一定程度上劳动时间投入为居民家庭带来了明显压力,会降低其福利水平;工资收入和社会地位相对较低,无法满足其多元消费需求和更多的心理诉求(朱洪革等,2020)。学者在对农户的家庭福利影响的探讨中,重点关注家庭的儿童和老人的抚养和照料。赡养老人,不论是在时间上的投入,或是在物质上的消耗,或是在社会和家庭的支持,都可以被视为是一种代际支持的资源(杨华磊等,2018)。因此,学者们认为,通过降低家庭成员市场投入或提供社会服务来照顾老年人，可以增加家庭的福祉。从总体上看，妇女既需要照顾家庭又要从事社会劳动，她们的工作行为也会对家庭的投入时间和家庭福利产生一定的影响（程瑷等，2017）。虽然儿童养育的压力逐步趋于平稳，但是，随着劳动力、劳动时间的匮乏，儿童养育模式也会逐步转向集中式养育模式。其实，这种现象在当今社会已有不少，可以说市场"外包"了儿童的养育时间，让父母们把更多的时间安排在工作上，从而使家庭获得最大的利益。可以预见的是，随着劳动力资源由富余向稀缺转变，未来的劳动成本和工作报酬将呈长期增长趋势，这就导致了劳动力在分配个人时间时更倾向于集中模式。这样，家庭成员可以把更多的时间和精力投入到市场经济活动中去（赵春燕，2018）。

也有学者认为，健康状况会对家庭的福祉产生一定的影响，如身高、体重指数、卫生保健状况、营养摄入及疾病等，这些都会对家庭的福利产生一定的影响（张车伟，2003；魏众，2004；高文书，2009；鲍莹莹，2020）。随着人口老龄化的不断加深，健康风险的冲击会使劳动力人数下降，从而对提高我国居民的社会福利和国民经济发展产生不利影响（周祝平等，2016）。然而，从短期来看，营养与卫生状况对劳动者的劳动生产率、薪酬水平没有明显的影响（Deolalikar，2018）。从总体上来看，有关劳动时间投资对家庭福利影响的研究多集中在工作时间对家庭收入和支出、家庭非经济因素上，而这些都是家庭职能的重要组成部分。

从与主题研究相关的文献看，与本书相似的研究主题是关注留守妇女劳动供给模式及其家庭福利效应，从农村留守妇女的劳动供给方式出发，从工资性收入、农业生产收入、留守妇女健康、儿童家庭教育以及老人赡养几个方面，对于留守妇女、非留守妇女家庭的短期收益和长期收益进行了研究。留守妇女的家庭分工和劳动供给模式有利于家庭短期经济状况的改善，但同时也使得女性的家庭事务、工资性工作和农业劳动负担加重，不利于家庭和家庭成员的长期利益（张原，2011）。从既有研究文献可知，对于劳动时间带来的影响，多从健康、工作和家庭平衡等视角切入，研究指出劳动时间对个人和家庭产生影响，但是并没有综合设计计量模型运用理论分析和实证验证该影响以及影响程度如何。

第三节 理论归纳和文献评述

本章是研究的理论支撑,厘清了劳动时间和家庭福利的理论内涵,为后文的理论模型构建和实证研究提供充足的理论基础。劳动价值论、劳动供给理论、时间配置理论、需求层次理论、家庭经济学理论和福利经济学理论为劳动时间与家庭福利两者关系研究提供理论基础,相关理论核心内容和对本书的借鉴归纳如表2-2所示。

表2-2 劳动时间和家庭福利的理论梳理

理论名称	理论核心内容	对本书的借鉴
劳动价值论	1. 劳动创造价值 2. 劳动对人的价值	1. 劳动价值不仅包含物质创造价值,也包含人的价值 2. 劳动对人的价值体现为谋生手段、发展之需和自我实现
劳动供给理论	1. 劳动供给模型以效用最大化目标 2. 劳动者提供劳动影响自身效用水平	1. 劳动供给决策在于追求效用最大化,而效用的构成包含收入、闲暇等多因素 2. 劳动供给理论与马克思劳动价值论具有共性特点,均承认劳动带给人的价值和效用
时间配置理论	1. 时间是有限资源,需要最佳配置 2. 家庭成员行为、家庭偏好等影响时间配置	1. 劳动时间投入的多少既要考虑个体的因素,也要考虑整个家庭的效用最大化 2. 男女的劳动时间配置是有差异的,专门研究女性劳动时间投入是有价值的

理论名称	理论核心内容	对本书的借鉴
需求层次理论	1.人的需求包括物质性价值需求和精神性价值需求 2.需求层次理论具有层次性和顺序性	1.家庭需求并不是简单的个人需求的结合,而是要考虑家庭的整体功能 2.家庭需求也应该有层次划分,家庭福利状况具有阶段性
家庭经济学理论	1.家庭决策是出于家庭效用最大化 2.基于家庭生存和发展,家庭功能包括多个层面	1.家庭作为社会的基础单位,具有经济、情感、保障和社会化等功能 2.家庭以分工协作为基础,期望达到家庭效用的最大化
福利经济学理论	1.福利的概念是功能和能力概念的集合 2.福利衡量建立在功能性活动基础上	1.福利的功能有很多,包含经济和非经济方面 2.家庭福利也可借鉴福利经济学的分析方式,从福利函数入手

通过对相关理论的阐述,对女性劳动供给与女性劳动时间、社会福利与家庭福利以及劳动时间与家庭福利的关系的文献梳理,发现已有研究存在以下几个特点:

第一,劳动时间理论和家庭福利理论成熟,模型应用的发展日臻完善。劳动价值论是劳动时间研究的重要理论基础,建立在劳动价值论研究上的劳动时间才有研究意义,而劳动供给理论和时间配置理论则是研究劳动时间的根源;福利经济学理论是家庭福利研究的重要理论支撑,为家庭福利内容和家庭福利函数构建提供了经济学基础,家庭福利的内容源于对需求层次理论和家庭经济学理论研究的拓展,为构建恰当的家庭福利函数提供了丰富的理论指导。

第二,劳动时间和家庭福利效应研究内容丰富,理论研究与实践探索不断前进。针对劳动时间的研究成果正逐渐成熟,国内外从宏观政策与微观个体角度分析,国外定量化的研究手段在国内相关研究中得到了较好的使用和发展。因此学习和借鉴国外劳动时间理论与模型分析,并将其应用到微观、中观和宏观分析中,不管是在理论上还是实践上都具有非常重要的意义。对家庭福利的相关研究可以看出,这些研究由定性分析走向定量分析,由单一衡量指标转向多维衡量指标。无论是家庭福利的范畴界定,还是衡量家庭福利的相关指标都显得更加全面,更具有合理性。所有这些成果为本研究的深入提供了一定的理论与实证基础。

第三,有关劳动时间研究多关注影响因素,对劳动时间效果研究较少,对女性时间配置研究多集中于家庭或市场,两者综合研究有待挖掘。学术界对劳动时间研究多从个体特征和家庭特征、制度等层面研究劳动时间影响因素,对劳动时间效果的相关研究多着眼于宏观层面影响。对女性时间配置研究中,集中于某一领域(市场劳动供给、家庭)研究及其影响因素,综合分析市场与家庭,考察女性市场劳动供给时间对家庭的影响研究较少,而且多采用描述性统计。同时,女性劳动力的时间配置是一个复杂的系统,对女性劳动时间后果的揭示应该是一个多学科综合研究的结果。

第四,劳动时间与家庭福利效应主题相对独立,单因素对有关家庭福利效应内容的分项研究较多,对家庭福利效应整体影响研究有待深入。目前学术界关于劳动时间和家庭福利效应的研究形成了相对独立的主题,已有文献大多针对某一问题,采用定性分析和定量研究方法,研究对象重点关注农户群体,尽管能够说明一定的问题,但对于女性劳动力时间分配及其家庭成员福利之间的关系阐述有待深化。在研究劳动时间对家庭福利的影响时,大多数学者基于人均家庭收入、家庭消费等经济福利的视角,即将家庭福利简单地定义为经济福利。但是家庭福利是一个复杂的概念,从多视角、多维度研究女性劳动时间的家庭福利效应,可以提高系统性和有效性。

综上所述,国内外学者对于福利水平测度及其影响因素分析的研究已经较为丰富,但是针对女性劳动力的家庭福利效应的文献目前较少,并且鲜有学者探究女性劳动时间的家庭福利效应。本研究基于已有研究,借鉴已有研究成果,结合时间配置理论模型和福利函数,探讨女性劳动时间的家庭福利效应。第一,基于家庭功能和需求层次和可行性分析,构建家庭福利理论框架。第二,对劳动时间和家庭福利效应进行理论分析,探讨劳动时间对家庭福利的影响机制。第三,综合各项家庭福利,分别确定合理的统计指标,利用模糊综合评价方法测度家庭福利。第四,分别选取家庭福利相关指标为被解释变量,选取劳动时间为核心解释变量,结合计量方法,实证分析女性劳动时间的家庭经济福利效应、女性劳动时间的家庭非经济福利效应以及女性劳动时间的整体家庭福利效应。第五,结合实证分析结果,对我国就业和家庭福利政策提供政策启示。

第三章　我国劳动时间与
居民福利的现实分析

本章围绕劳动供给和居民福利的变化特征，运用宏观数据与调查数据，以全面了解劳动时间和家庭福利的政策与变动态势。从总体层面反映劳动时间和家庭福利状况，为进一步分析女性劳动时间投入对家庭福利的影响提供客观的现实依据。

第一节　我国劳动时间的现状及特点

劳动时间可分为法定工时与实际工时。法定工时是国家法律体系的重要组成部分，不仅彰显了政府对劳动力资源调控的力度与智慧，更在深层次上映射出当前社会经济发展的阶段特征与整体水平。它不仅是劳动者权益保障的基础，也是衡量社会文明进步的重要标志之一。相比之下，实际工时提供了一个更为贴近现实、反映实际的视角，它基于广泛的数据收集与统计分析，准确描绘出特定国家或行业内劳动者实际投入工作的时间长度。这一指标不仅关乎劳动者的身心健康与工作效率,也是评估劳动力市场供需状况、企业运营策略乃至国家经济政策有效性的重要依据。鉴于此,本节将致力于对我国现行的工时制度进行全面剖析,深入解析其设计初衷、实施效果以及对社会经济发展的潜在影响。同时,我们还将密切关注实际工时的现状与动态变化,通过历史对比与趋势预测,揭示其背后的社会经济动因、行业特性及劳动者行为模式等因素的综合作用。这一过程不仅有助于我们更加清晰地认识我国劳动市场的实际情况,也为政府、企业及社会各界制定科学合理的劳动政策、优化工时管理提供了有力的数据支持与理论参考。本章主要是对我国的工时制度和劳动时间的变化趋势的分析。

一、法定劳动工时呈现缩短化趋势,各国的工时制度略有差异

工时制度是我国劳动法的基本内容,是劳动权利的基础和核心,是维护劳动者权利的根本制度。法定劳动工时、加班加点制度以及带薪休假等法律法规构成了我国现行工时制度的基本框架,工时制度经历"单休制""大小礼拜休息制"以及"双休制"的演变,有延长休息日、缩短工作日的趋势,法定劳动工时的变更以及对特殊工时制度的完善,体现了工时制度的社会进步,规范了劳动力市场体系,适应社会经济发展需要。

第一,从法定劳动工时来看,工时不断缩短。随着劳动力市场体系不断完善,通过限定工作时间的长短,制定适当的管理制度,使劳动时间标准化。综合考虑我国人口结构、经济发展水平和人民生活习惯等因素,法定劳动工时由每天 8 小时、每周 48 小时改为每日工作 8 小时、每周工作 40 小时(如表 3 – 1 所示)。

第二,从加班时间规定来看,加班制度为工时制度的特别实施机制。劳动者的充分休息权、生命健康权的保障,以及合理劳动报酬的获取,不仅是每位个体实现全面发展与福祉提升的内在需求,更是推动社会经济和谐稳定、持续繁荣不可或缺的基石。因此,在构建与优化加班制度框架的过程中,这些核心要素自然成了规范设计所必须高度重视与精心平衡的考量因素。具体而言,确保劳动者享有充足的休息时间,是维护其生理与心理健康、促进工作效率与创造力提升的关键环节。同时,将劳动者的生命健康置于制度保护的核心位置,不仅体现了对人性尊严的深切关怀,也是实现劳动力资源可持续利用、避免过度消耗与损害的必然要求。而劳动报酬作为劳动者辛勤付出的直接回馈,其合理性、公平性直接关系到劳动者的生活质量与社会地位的稳固,是构建公平正义社会的重要基石。加班制度的规范制定应当深刻把握这些核心要素之间的内在联系与相互依存关系,通过科学合理的制度设计,既保障劳动者的基本权益不受侵害,又兼顾企业运营需求与社会经济发展的全局利益,从而实现劳动者个人价值实现与社会整体进步的和谐统一。在我国,相关法律法规对加班的限制、程序、报酬和违法行为进行了明确的规定,如生产、经营需要、企业与劳动者协商、加班制、每月加班制。法律法规中关于加班工资也有明确规定:工作时间超过标准时间支付150%加班工资,休息日不补休的支付200%加班工资,法定节假日安排工作支付300%加班工资。

表 3-1 中国工时法律制度的演进

年份	法规	有关工时规定
1979—1992	第二、第三次起草《劳动法》	原则上实行每日工作 8 小时,平均每周工作 6 天(单休制)
1988	《私营企业暂行条例》	私营企业实行 8 小时工作制
1993—1994	《劳动法》试行	每日工作 8 小时,平均每周工作 44 小时、平均每周工作五天半(大小礼拜休息制)
1995	《国务院关于修改〈国务院关于职工工作时间的规定〉的决定》	每日工作 8 小时、每周工作 40 小时的 5 日工作制(双休制)
1999	《全国年节及纪念日放假办法》	增加三天法定假日,假期总天数为 114 天

年份	法规	有关工时规定
2008	修改后的《劳动法》开始实行	主要对劳动关系方面的内容进行规定
2008	《职工带薪年假条例》	开始有年假的规定
2019	《我国法定节假日等休假相关标准》	明确了休息日、节假日等概念,厘清了补假、探亲假等方面的争议

第三,从休假时间规定来看,带薪年休假制度以工时制度为基础。带薪休假,又称为带薪年休假,是指具有一定工作年限的职工每年享有的固定工作和工资福利。《劳动法》规定,只要达到一定的工作年限,就可以实行带薪年假制度。我国现行的有薪年休假制度得到了法律上的承认,但是其具体的执行和发放却没有得到明确的规定,因此在执行过程中,存在着很多的困难和阻力。[①] 机关、团体、事业单位、企业、民办非企业单位以及有雇工的个体户等的职工均可享受带薪年休假。休假时间按照工作时间长短的不同,分别为 5 天、10 天和 15 天。人力资源和社会保障部相继颁布《机关事业单位人员带薪年休假实施办法》《企业职工带薪年休假办法》,对于带薪年休假的折算以及薪酬计算等内容进行进一步细化和明确,使得劳动者和用人单位有了进一步的实施指导。为巩固带薪年休假制度的发展,保护劳动者休假权益,我国把实施带薪年假列入政府工作议程,如《国民旅游休闲纲要(2013—2020 年)》和《关于促进旅游业改革发展若干意见》。当前,职工合法享有的法定假期为 11 天,年休假最多为 15 天,再加上一周两天的休息日,每年有 120—130 天的固定假期,相当于一年中的三分之一。

第四,从国际工时制度比较来看,不同国家因经济和社会差异使得工时制度存

[①] 《劳动法》第四十五条 国家实行带薪年休假制度。劳动者连续工作一年以上的,享受带薪年休假。具体办法由国务院规定。

在差异。工时制度的监督与管理机制亟须进一步的精细化和强化，以确保其有效实施与合规性。在工业化进程的浪潮中，率先迈入这一阶段的国家早已成为工作时间合理限制的先驱受益者，它们深刻认识到通过法律手段限制每日及每周工作时长对于维护劳动者权益、提升工作效率及促进社会经济可持续发展的重要性。因此，绝大多数工业化国家均在其国家劳动法典中明确规定了严格的工作时间上限，以此作为保障劳动者休息权、健康权及生活品质的基本法律框架。对于处于发展与转型阶段的国家而言，面对快速工业化、城市化带来的挑战与机遇，它们在工时制度上展现出两种主要趋势：一方面，部分国家选择坚守并强化现有的法律标准，通过严格执行工时限制来保障劳动者的基本权益，避免过度劳动导致的社会问题；另一方面，也有国家认识到，随着生产力的提升与技术进步，适度减少工作时间不仅能够提升劳动者的生活质量与幸福感，还能激发劳动力市场的活力与创造力，因此积极采取措施推动工时制度的改革与优化，旨在实现更加人性化、高效的工作制度。无论是工业化国家还是发展与转型国家，均在不同程度上认识到工时制度监督与监管的重要性，并通过立法、执法及政策引导等多种手段，努力构建一个既符合国际劳工标准又适应本国国情的工时制度体系，以促进社会经济的健康、可持续发展。从全球范围来看，根据国际劳动组织的工作条件法律报告①，非洲、欧洲等地区规定每周工作时间限制为 40 小时的国家占比最多；在亚洲、太平洋地区、美洲和加勒比地区，大多数国家将工时标准规定在 40—45 小时；中东国家普遍将工时标准限制在每周 48 小时。在报告中涉及的非洲、亚太地区、欧洲南部和独联体国家、发达经济体、欧盟，以及拉丁美洲及加勒比海地区和中东等 156 个国家中，法定劳动时间标准为每周 40 小时的国家占 37%；法定劳动时间标准超过每周 40 小时的国家占 52%；3% 的国家将工作时间限制设定在 40 小时以下，如比利时、法国和乍得；还有一些国家并未规定工时标准，但可能有部门或行业的规定，如印度和

---

① 工作条件法律报告 https://www.ilo.org/dyn/travail/travmain.home。

巴基斯坦等。

二、我国劳动力实际周工时约 46 小时,存在性别差异

衡量一个社会中不同群体和个人的劳动时间水平和趋势,对于监测工作和生活条件以及分析经济和社会发展十分重要。依托详尽的统计数据,特别是聚焦于不同行业与职业领域内劳动力每周平均工作时长,这一分析维度能够精准刻画出劳动力市场中存在的行业间与职业间的显著差异。此类差异不仅映射出各行业工作强度的不同面貌,还间接揭示了劳动力资源在市场上的配置效率与流向趋势。具体而言,通过对劳动时间的细致考量,能够透视出特定行业或职业对劳动力的需求强度,以及这些需求如何随时间推移而发生变化。这一视角为理解劳动力市场的供需动态提供了宝贵的数据支持,有助于政策制定者和社会各界更加精准地把握市场脉搏,从而制定出更加科学合理的政策干预措施,旨在优化劳动力资源配置、平衡工作与生活之间的关系,最终促进经济社会的全面、协调、可持续发展。

第一,从劳动者实际工时看,平均周工时为 46 小时,劳动者超时工作情况普遍存在。根据不同年度周工时(如图 3 - 1 所示),我国劳动时间平均为每周 46 小时,在 2010—2019 年变化幅度较平稳,均高于法定劳动工时每周 40 小时工作时间的标准。2010 年和 2019 年每周实际平均工作时间分别为 47 小时和 46.8 小时,与 2015 年每周实际平均工作时间分别相差 1.5 小时和 1.3 小时,分别高于法定劳动工时 7 小时和 6.8 小时,说明我国劳动者工作时间经历小幅下降后又回升到初始水平。

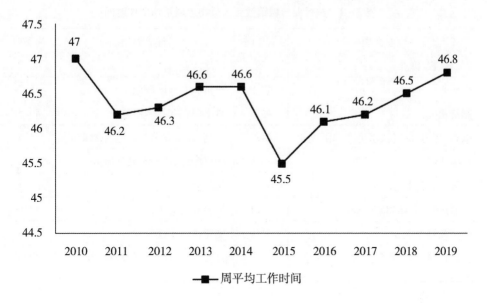

图 3-1   我国周平均工作时间变化趋势

第二,从行业类型看,过半数行业每周要加班 4 小时以上。从城镇不同行业周
工时可以发现(如表 3-2 所示),周工时超过 40 小时的行业超过 90%,多数行业
的周加班时间在 3—5 小时,平均周工时超过了 44 小时的行业过半。住宿和餐饮
业劳动者周工时最长,说明加班时长更多。农、林、牧、渔业劳动者周工时最短。科
学研究和技术服务业、金融业、公共管理、社会保障和社会组织、教育业劳动者均在
42—44 小时之间,这些行业的工作人员大多从事脑力劳动,工作岗位的可替代性
差,工作强度和密度相对较高。分析城镇不同行业周工时可以发现,公共管理和社
会组织劳动者等每周工作时长相对较短,可能的原因是,该行业以社会服务为目
标,并非以营利为目标,行业中劳动者的劳动时间更趋近于法定劳动时间。

表3-2 按行业分城镇就业人员调查周平均工作时间

行业类型	周工时	行业类型	周工时
农、林、牧、渔业	39	房地产业	46.2
采矿业	47.9	租赁和商务服务业	45.2
制造业	48.9	科学研究和技术服务业	43.5
电力、热力、燃气及水生产和供应业	44.3	水利、环境和公共设施管理业	45.4
建筑业	48.9	居民服务、修理和其他服务业	48.9
批发和零售业	49.7	教育业	42.1
交通运输、仓储和邮政业	49.1	卫生和社会工作	44.6
住宿和餐饮业	51.9	文化体育和娱乐业	45.3
信息传输、软件和信息技术服务业	44.2	公共管理、社会保障和社会组织	42.6
金融业	42.8		

第三,从职业类型看,不同职业普遍超过法定劳动工时,过半超过44小时。从城镇不同职业类型周工时可以发现(如表3-3所示),超过法定劳动时间的职业中,劳动者的加班时长超过7个小时,该类职业中劳动者多数从事体力劳动,职业门槛较低,如生产、运输设备操作人员。单位负责人劳动时间长的原因,可能是其需要承担更多的责任而主动加班,以应对工作中的各项挑战与需求。在我国,众多企业之中,员工的工时安排普遍遵循企业既定的规章制度,这种安排方式虽确保了管理的统一性与效率,但也在一定程度上限制了员工工作时间的灵活调整空间。具体而言,单位负责人作为企业的核心管理者,其职责范围广泛,包括战略规划、决策制定、团队协调及业绩监督等多个方面。这些职责的履行往往要求他们投入更多的时间与精力,以确保企业的正常运营与持续发展。因此,在面对繁重的工作任务与高度的责任感时,单位负责人可能会主动选择加班,以更好地履行职责并满足

工作需求。然而,从另一个角度来看,我国多数企业员工的工时安排是由企业制定的①,灵活度受限。具体来说,我国多数企业员工工时安排的相对固定性,也在一定程度上反映了企业在工时管理上的制度性与规范性。尽管这种安排方式有助于保障员工的权益与企业的运营效率,但在面对复杂多变的市场环境与个人需求时,其灵活性的不足也可能成为制约因素。

表 3－3　按职业分城镇就业人员调查周平均工作时间

职业类型	周工时
单位负责人	48.3
专业技术人员	43.5
办事人员和有关人员	44.2
商业、服务业人员	49.1
农林牧渔水利业生产人员	38.7
生产、运输设备操作人员及有关人员	49.8
其他	47.6

第四,从个人特征看,周工时趋势相似,性别差距缩短。变化趋势来看,劳动力周工时均高于法定劳动时间。根据国家统计局数据,2001—2019 年间,男性和女性就业人员的周工时均大于法定劳动时间,普遍存在加班现象②。男性劳动力周工时高于女性劳动力,从 2010 年开始,城镇男性职工周工时围绕 47 小时上下浮动,城镇女性职工周工时围绕 45 小时上下浮动,这说明男性工作时间更长,工作压力更大,这会影响其照顾家庭的时间和精力。周工时性别差距的国际比较来看(如图 3－2 所示),按年份对比可以发现,2001 年周工时性别差距范围在 0.7—11.37

---

①　Working conditions in a global perspective. https://www. ilo. org/wcmsp5/groups/public/-dgreports/-dcomm/-publ/documents/publication/wcms_696174. pdf。

②　数据来源:《中国统计年鉴》(2002 年—2020 年)。

小时内,2019 年周工时性别差距范围在 2.3—8.25 小时内;按国家对比可以发现,中国劳动力周工时在对比国家中性别差距最小,英国和荷兰性别差距较大。从不同国家性别差异变化趋势来看,中国、芬兰、希腊、意大利、葡萄牙和西班牙周工时性别差距均增加,中国的周工时性别差距增加幅度最大,由 0.7 小时增加到 2.3 小时,增加了 1.6 小时,而英国的周工时性别差距减少幅度最大,由 11.38 小时减少到 8.05 小时,减少了 3.33 小时。

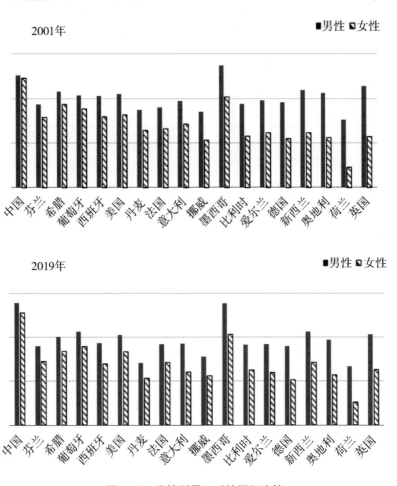

图 3 - 2　分性别周工时的国际比较

数据来源:OECD Employment database《中国劳动统计年鉴》(2002 年和 2020 年)

第二节　我国居民福利的现状及特点

当前中国的民生保障体系正在逐步健全,发展型社会保障体系正在逐步建立,幸福型社会保障体系正在稳步推进,我国的社会保障体系建设也在飞速发展。基于研究主题需要,对宽泛的福利内容作出取舍,立足家庭层面,关注 2013 年之后的居民福利①,围绕经济福利和非经济福利方面反映居民的家庭收支与生活水平。

一、居民收支呈"高收入、低消费、高储蓄"态势

居民福利是人民群众对美好生活追求的具体要求,居民的经济资源体现出其生活水平,也支撑着物质生活和精神生活。居民的收入水平和消费支出能够反映居民的经济福利水平,也是了解居民生活质量的重要参考依据。本节从人均可支配收入、人均消费支出、居民储蓄率、居民消费倾向四方面对居民家庭经济进行现实分析(如图 3－3 所示)。

第一,人均可支配收入总体呈现上升趋势。居民可支配收入包括居民可用于最终消费支出和储蓄的总和,包括现金收入和实物收入。分年度看,2013 年至2020 年,人均可支配收入绝对值从 18310.76 元上升到 32188.8 元;对于人均可支配收入的变化趋势,可以明显感知到其增速在近年中保持了相对稳定的态势,尽管增速在 2020 年出现了明显的放缓。这一现象的成因,可归结为突如其来的公共卫生事件所带来的广泛冲击。具体而言,该事件对多个经济领域造成了深远的影响,而餐饮业与旅游业作为与民众日常生活紧密相关且高度依赖人群聚集的行业,其抵御冲击的能力尤为薄弱。面对疫情的持续影响,餐饮与旅游业的运营受到严重

---

① 从 2013 年起,国家统计局开展了城乡一体化住户收支与生活状况调查,2013 年及以后数据来源于此项调查。与 2013 年前的分城镇和农村住户调查的调查范围、调查方法、指标口径有所不同。

阻碍,导致行业内的企业普遍面临经营困境,进而影响到员工的就业稳定性与收入水平。复工进程的艰难推进,不仅加剧了行业的困境,也使得居民就业与收入状况承受了不小的压力。然而,即便在这样的不利环境下,从人均可支配收入的绝对值增长及增速波动的综合考量中,可以看出居民收入增长趋势所展现出的韧性与积极信号,表明在挑战与机遇并存时,居民收入增长的整体态势依然保持着良好的发展轨迹。

第二,人均消费支出总体呈现上升趋势。居民消费支出是居民用于满足家庭日常生活消费需要的全部支出,包括现金消费支出和实物消费支出。分年度看,2013 年至 2020 年,人均消费支出绝对值从 13220.42 元上升到 21209.88 元。人均消费支出与人均可支配收入的增长率均在 8%—10% 之间浮动,但人均消费支出增长率总体上均低于人均可支配收入。2020 年的人均消费支出同比下降的原因可能是,新冠疫情对居民消费冲击较大,表现在居民消费会更加谨慎。娱乐、旅游等活动受限导致消费减少。从人均消费支出的绝对值与增速的变化可以看出,居民绝对消费支出主要特征表现为上升趋势,但增加率并未随人均收入增加而增加,还处于低消费支出水平状态,其中成因还应进一步深入研究。

第三,我国居民储蓄率总体持平。居民储蓄率可以通过可支配收入与消费性支出之差除以家庭可支配收入计算得出。2013 年我国居民储蓄率为 27.80%,2020 年居民储蓄率上升至 34.11%。综合人均可支配收入与人均消费支出看,居民储蓄率整体趋稳,2020 年出现波动可能是受疫情影响,居民预防性储蓄动机增加和家庭消费支出减少所致。从居民储蓄率的绝对值与增速的变化可以看出,居民储蓄率主要特征表现为保持高水平稳定,文化和传统习惯以及消费习惯可以部分解释我国高储蓄的现象,从家庭角度剖析居民储蓄率也是需要进一步思考的因素。

图 3 - 3 我国居民储蓄率、人均可支配收入和人均消费支出变化

数据来源:根据历年国家统计局数据整理而得(2013—2020 年)。

第四,居民消费倾向由生存型消费转向发展型和享受型消费。将消费支出分为生存型、发展型和享受型可以体现家庭消费倾向及发展需求。① 根据居民人均消费及构成(如图 3 - 4 所示),从消费比重来看,居民生存型消费支出比重下降,发展和享受型消费支出比重增加。根据国家统计局数据,2019 年,全国居民人均食品烟酒消费支出为 6084 元,比 2013 年占消费支出的比重减少 2.99%。2019 年,与个人发展和享受相关的消费支出,占消费支出的比重增加最多的项目为医疗保健和教育文化娱乐支出,分别为 108.55% 和 79.76%。总的来看,对比 2013 年和 2019 年的消费支出与消费结构,食品烟酒消费份额下降,医疗保健和教育文化等消费份额增加,体现出我国居民消费结构正在由生存型消费向发展享受型消费过渡。

从家庭耐用消费品来看,生活家电普及率提高。根据国家统计局数据,2019

① 生存型消费包括食品、衣着、居住家庭设备及用品消费;发展型消费包括医疗保健、交通和通信消费;享受型消费包括文教娱乐服务消费。

年全国居民平均每百户拥有 1 台生活家电,如空调 115.6 台、电冰箱 100.9 台等。2000 年城乡居民平均每百户汽车拥有量不足 1 辆,至 2019 年,全国居民每百户汽车拥有量为 35.3 辆,体现居民对耐用消费品的需求提升。

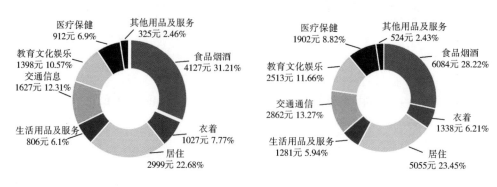

(a)2013 年居民人均消费支出及构成　　(b)2019 年居民人均消费支出及构成

图 3 - 4　居民人均消费支出及构成

数据来源:2013 年和 2019 年《国民经济和社会发展统计公报》。

二、居住环境极大改善,生活质量不断提高

本节旨在通过深入剖析宏观层面的调查数据与详尽的调查报告,系统性地探讨居住环境与生活质量两大核心维度,以此作为构建全面而科学的家庭福利指标体系的现实基石。在居住环境方面,分析聚焦于居住条件的全面审视与居住质量的精细评估,不仅涵盖住房的物理属性,如面积、设施配备等客观条件,还深入考量了居住环境的安全性、便利性以及对居民身心健康的潜在影响,力求呈现出一个多维度、立体化的居住状况图景。生活质量方面,本节则采用了一系列主观评价指标,包括家庭幸福感的量化分析、居民对当前生活水平的满意度调查,以及居民对自身生活质量的主观感知与评判。这些指标不仅反映了居民内心深处的情感状态与价值取向,也揭示了社会经济变迁对个体生活体验产生的深远影响。通过综合运用这些主观与客观相结合的评价工具,我们能够更加全面、准确地把握居民生活

质量的真实面貌,为制定旨在提升家庭福利的政策措施提供坚实的数据支撑与理论参考。

第一,居住条件改善,城乡居住质量存在差异。从人均住房面积看,根据国家统计局数据,2019 年,城镇人均住房面积 39.8 平方米,比 2010 年增加 7.1 平方米,增长 21.71%①。从居住卫生条件看,根据国家统计局数据,2017 年,城乡居民使用卫生厕所的户比重为 91.7% 和 45%,分别比 2013 年提高 2.4% 和 9.4%。城乡居民使用本住户独用厕所的户比重为 93.5% 和 95.4%,分别比 2013 年提高 3.8% 和 2.8%。从居住户均数看,根据央行调查统计司调查数据,2019 年,我国城镇居民家庭的住房拥有率为 96.0%,有一套住房的家庭占比为 58.4%,有两套住房的占比为 31.0%,有三套及以上住房的占比为 10.5%,户均拥有住房 1.5 套。② 从居住外部环境看,根据国家统计局数据,2017 年,城乡居民住宅外道路为水泥或柏油路面的户比重为 93.4% 和 66.3%,分别比 2013 年提高 3.3% 和 14.9%。

第二,大多数家庭感觉幸福,居民家庭幸福感处于中等偏上水平。根据中国家庭幸福感热点问题的网络调查数据③,2015 年全国城乡居民家庭幸福感标准化得分为 6.6 分,高于 2013 年的 6.22 分,低于 2014 年的 6.82 分,处于中间水平。2015 年感觉幸福的家庭比例为 76.89%,相比 2014 年增加了 0.52%,其中,感觉非常幸福的家庭比例为 22.48%,相比 2014 年提高了 0.5 个百分点。④

---

① 数据来源:中国统计年鉴(2011 年)、改革开放 40 年经济社会发展成就系列报告之四。

② 央行调查数据显示:居民家庭户均拥有住房 1.5 套,http://house. people. com. cn/n1/2020/0427/c164220-31689048. html。

③ 中国家庭幸福感热点问题调查由中国人口宣传教育中心和中国社会科学院人口与劳动经济研究所开展,自 2011 年连续进行五次调查,按照不同地区经济、社会和人口发展状况,抽取部分省份的县级单位作为全国概率抽样样本点,采取直接入户的方式进行现场调查。2014 年抽取江苏、湖北、陕西 3 个省的 9 个县级单位作为全国概率抽样样本点;2015 年抽取安徽、北京、河南、宁夏、山西、浙江、重庆 7 个省(直辖市)的 21 个县级单位作为全国概率抽样样本点。

④ 数据来源:中国家庭幸福感热点问题调查报告(2014—2015 年)。

第三,居民生活质量主观满意度不断改善,城市间居民生活质量存在差异。中国城市生活质量体系的主客观指数均包含生活水平、生活成本、人力资本、社会保障和生活感受(健康水平)五个方面的分指数。① 基于本研究主题以及与历年数据可比性考虑,选取 2013 年至 2017 年的调查结果进行主要分析②。根据《中国城市生活质量报告(2017)》,从生活质量主观指数看(如表 3−3 所示),2017 年,其加权平均值为 54.53,属于基本满意的范畴,综合历年情况,总体呈上升趋势;从生活质量客观指数看,2017 年,其加权平均值为 54.98,综合历年情况,总体呈下降趋势,说明居民主观上对生存和生理的需求较满意,生活水平的提高,对客观要求也随之提高。

从地区分布看,生活质量主观指数方面,西部地区在排名前 10 位的城市中占六成,说明该地区的居民生活质量的主观满意度较高。2013 年以来,不同城市的生活质量主观满意度差异逐步缩小。生活质量客观指数方面,地区间存在差异,其中,东部地区在排名前 10 位的城市所占比率较高,而中部地区所占比率较低。东部城市居民的生活质量客观指数普遍高于中西部城市。综合比较生活质量主客观指数,东部和中部城市主观生活质量满意度与客观社会经济发展之间存在反差。

---

① 中国城市生活质量调查由首都经济贸易大学和中国社会科学院经济研究所开展,该调查自 2011 年对全国 35 个城市生活质量进行跟踪,通过统计分析和计算得出中国城市生活质量的主观(满意度)指标体系和客观(社会经济数据)指标体系,总体上反映了居民城市生活质量的主要方面。

② 2018 年之前的调查延续以往的方法,采用的指标体系相似,2018 年的调查对满意度指标体系做出较大调整,包括消费者信心指数、教育质量满意度指数、健康满意度指数和医疗服务满意度指数,2019 年将原有体系中的客观指标部分去除,调整的内容与本研究主题相关度降低,因此,未将 2018 年和 2019 年调查报告内容纳入分析。

表 3 - 4　中国 35 个城市生活质量主客观指数①

城市	生活质量指数	2013 年	2014 年	2015 年	2016 年	2017 年
西宁市	主观指数	52.21	51.94	54.72	56.4	57.29
	客观指数	49.29	50.15	49.08	48.19	49.47
贵阳市	主观指数	49.58	49.94	53.77	55.61	57.08
	客观指数	52.45	56.46	56.92	57.2	57.97
广州市	主观指数	49.21	50.05	55	55.91	57.04
	客观指数	66.85	66.39	61.08	60.76	60.15
乌鲁木齐	主观指数	50.38	50.76	54.48	55.89	56.98
	客观指数	54.59	54.42	53.53	53.74	53.81
青岛市	主观指数	53.05	53.06	55.18	55.73	56.76
	客观指数	54.76	55.87	55.03	53.16	53.4
重庆市	主观指数	51.01	52.69	55.26	56.56	56.32
	客观指数	47.83	51.04	47.93	49.17	48.78
银川市	主观指数	51.07	51.9	53.81	55.99	55.6
	客观指数	57.68	56.77	57.19	55.72	55.52
成都市	主观指数	51.4	52.14	55.46	56.51	55.37
	客观指数	55.96	54.89	53.35	52.48	52.39
郑州市	主观指数	51.28	50.25	55.03	55.25	55.36
	客观指数	50.54	48.39	48.68	46.93	47.18
天津市	主观指数	51.35	52.81	54.22	55.61	55.22
	客观指数	55.42	55.48	51.25	52.35	52.33
长沙市	主观指数	50.15	50.37	54.89	55.63	55.21
	客观指数	58.36	59.15	58.48	53.56	53.46

---

① 数据来源:张连城,张平,杨春学,等:《中国城市生活质量报告(2017)》,社会科学文献出版社,2017,
第 13 - 14 + 18 - 19 页。

续表

城市	生活质量指数	2013 年	2014 年	2015 年	2016 年	2017 年
海口市	主观指数	51.8	51.83	57.09	56.09	55.08
	客观指数	51.5	53.72	51.28	51.64	52.14
合肥市	主观指数	52.34	51.94	56.85	56.19	55
	客观指数	56.73	56.83	52.69	52.23	52.64
沈阳市	主观指数	51.25	52.85	55.4	55.8	54.98
	客观指数	59.99	60.41	57.22	57.04	57.21
宁波市	主观指数	52.17	52.63	57.24	57.36	54.92
	客观指数	61.47	61.11	55.7	54.88	55.47
长春市	主观指数	52.34	52.88	56.6	54.48	54.9
	客观指数	59.64	57.63	55.22	54.49	54.36
杭州市	主观指数	52.05	52.83	57.58	56.75	54.84
	客观指数	59.54	59.49	61.7	59.6	60.53
兰州市	主观指数	48.57	51.5	53.3	54.07	54.72
	客观指数	55.22	54.79	51.22	50.73	51.82
石家庄市	主观指数	52.17	51.75	54.95	55.74	54.7
	客观指数	54.78	54.44	54	54.03	53.51
太原市	主观指数	49.9	50.9	53.32	56.3	54.68
	客观指数	55.45	51.62	52.15	53.53	53.39
上海市	主观指数	50.53	51.94	55.74	55.2	54.58
	客观指数	61.78	61.3	59.95	58.93	59.77
福州市	主观指数	52.06	51.9	54.92	55.2	54.1
	客观指数	52.66	53.96	51.55	50.12	50.43
呼和浩特	主观指数	50.37	50.62	54.64	56.38	53.97
	客观指数	62.22	60.99	58.16	57.17	56.93
济南市	主观指数	53.68	52.57	55.73	56.41	53.97
	客观指数	56.84	56.1	52.72	52.5	52.26

续表

城市	生活质量指数	2013 年	2014 年	2015 年	2016 年	2017 年
西安市	主观指数	51.16	50.58	54.65	54.47	53.9
	客观指数	64.65	61.61	62.39	57.93	58.09
南昌市	主观指数	50.35	51.31	55.41	56	53.84
	客观指数	53.03	51.29	52.88	51.99	51.08
深圳市	主观指数	48.68	49.51	54.06	54.67	53.83
	客观指数	63.93	63.25	59.87	64	62.45
哈尔滨市	主观指数	49.79	51.05	56.59	55.95	53.81
	客观指数	51.86	53.8	51.45	52.03	52.17
厦门市	主观指数	53	52.82	57.57	53.98	53.74
	客观指数	61.89	61.58	54.32	53.91	54.84
南京市	主观指数	51.7	51.43	56.7	55.39	53.65
	客观指数	66.65	65.52	63.37	62.79	62.25
北京市	主观指数	50.16	51.78	54.49	55.64	53.35
	客观指数	69.8	68.78	67.41	64.42	67.17
大连市	主观指数	50.1	50.61	55.49	56.42	52.51
	客观指数	55.64	56.15	54.38	52.69	53.73
南宁市	主观指数	49.81	50	55.24	56.59	52.42
	客观指数	50	52.93	49.79	50.25	50.55
昆明市	主观指数	48.73	49.63	57.03	56.63	52.39
	客观指数	58.05	60.61	59.69	58.23	58.39
武汉市	主观指数	49.07	50.45	55.34	56.23	51.56
	客观指数	58.93	60.33	58.87	57.95	58.81
平均值	主观指数	50.87	51.57	55.38	55.82	54.53
	客观指数	57.75	57.87	55.84	54.75	54.98

第四，家庭社会网络规模逐渐扩大，社会交往形式多样发展。人们拥有的社会网络规模随信息技术发展正逐渐扩大，根据《中国互联网络发展统计报告》①，从互联网使用的规模来看，到2021年，全国网民规模达到10.11亿，互联网普及率达到71.6%，与2020年相比绝对值增长2175万，互联网普及率提升1.2%；网络支付用户规模达8.72亿，占网民整体的86.3%，在线旅行预订用户规模达3.67亿，占网民整体的36.3%，网络视频（含短视频）用户规模达9.44亿，占网民整体的93.4%。从互联网应用看，截至2021年，我国在线办公用户规模达3.81亿，相比2020年增长3506万，占网民整体的37.7%；QQ移动端月活跃数至2021年为6.06亿。在信息技术日新月异的时代背景下，新媒体信息传播手段的广泛应用极大地促进了人际间交流的便捷性。这种变革不仅体现在即时通信软件的蓬勃发展上，还深刻影响着视频内容领域的创新，共同构建了一个跨越地域界限、超越时间限制的沟通新生态。人们愈发依赖于这些先进的社交平台，与远方的亲友、并肩的同事乃至邻里的互动变得频繁且自然，形成了随时随地皆可交流的社会交往新常态。随着信息技术的持续飞跃，个人所能触及的社会网络边界不断拓展，社交圈层日益丰富多元。这一过程中，个体的社会联系不再受限于传统的物理空间或时间框架，而是基于共同兴趣、职业需求或情感纽带，在全球范围内织就了一张张错综复杂却又紧密相连的社会关系网。这种社会关系的广泛拓宽，不仅促进了信息的快速流通与知识的共享，也为个人成长、社会进步乃至全球治理带来了前所未有的机遇与挑战。因此，深入探究新媒体环境下信息传播对人类社会关系的重塑作用，对于理解当前社会结构、预测未来发展趋势具有重要意义。

---

① 数据来源：第48次中国互联网络发展状况统计报告。

第三节 本章小结

本章主要通过宏观数据和调查数据,对我国劳动时间和居民福利的现状进行梳理和总结,旨在直观显示我国劳动工时和居民福利的特点,为研究女性劳动时间对家庭福利的影响机制分析明确现实起点。主要研究结论包括如下几方面:

第一,从法定劳动工时看,中国劳动力市场形成并不断规范,法定劳动工时呈现缩短化趋势,但国际间工时制度存在差异。加班制度是一种特殊的工作时间制度,它规定了加班时间、加班程序、加班报酬和违规加班。基于工作时间的原则,有薪年休假是为了保障职工的假期权利。不同国家因经济和社会差异使得工时制度存在差异,经济与社会发展的不均衡性构成了显著的影响因素,导致了各国在工时安排上的显著差异。聚焦于我国劳动市场的具体情况,我们不难发现,劳动力群体的实际周工时分布呈现出鲜明的性别分化特征,这一现象深刻反映了性别平等议题在劳动领域中的复杂面貌。进一步细化分析,劳动者超时工作的现象在我国已成为一种普遍存在的社会现象,不仅关乎劳动者的权益保障,也触及工作效率与生活质量的平衡问题。当我们将视角转向不同行业领域时,可以更加清晰地观察到工时差异的细化表现:从实际劳动工时看,我国劳动力实际周工时存在性别差异,劳动者超时工作情况普遍。分行业类型可以发现,过半数行业每周要加班4小时以上。这一数据揭示了特定行业工作强度大、工作时长长的普遍状况,同时也对行业内劳动者的身心健康与生活质量提出了严峻挑战。深入剖析工时制度背后的经济、社会及文化根源,探索建立更加合理、灵活的工时安排机制,对于促进劳动者权益保护、提升工作效率、以及实现经济社会可持续发展具有重要意义。这不仅需要政策制定者的宏观规划与调控,也需要企业、工会及社会各界的共同努力与协作。分职业类型可以发现,不同职业普遍超过法定劳动工时。从个人特征可以发现,周工时趋势相似,性别差距缩短。虽然法定劳动工时从每周48小时缩短到40小时,但是劳动时间过长仍然是我国现阶段劳动力市场的现状。

第二,从居民福利的经济层面看,居民收支呈"高收入、低消费、高储蓄"态势。主要表现在以下几个方面:一是人均可支配收入总体呈现上升趋势,体现出居民收入增长态势良好。从收入层面来看,人均可支配收入的持续增长态势显著,这一积极变化不仅彰显了我国居民整体收入水平的提升,也反映了经济增长的稳健步伐和居民生活质量的持续改善。二是人均消费支出总体呈现上升趋势,但增加率并未随人均收入增加而增加,还处于低消费支出水平状态,其中成因还应进一步深入。在消费领域,人均消费支出同样呈现出上升的总体趋势,然而,值得注意的是,消费支出的增长率并未与人均收入的增长保持同步,而是维持在相对较低的水平。这一现象背后,或许隐藏着多重因素,如居民对未来不确定性的担忧、消费观念的保守倾向或是特定经济环境下的理性选择等,其深层原因值得进一步深入探讨与研究。三是我国居民储蓄率总体持平,文化和传统习惯以及消费习惯可以部分解释我国高储蓄的现象,从家庭角度剖析居民储蓄率也是需要进一步思考的因素,我国居民储蓄率保持相对稳定,反映了消费习惯中的保守成分。然而,从家庭经济的微观视角出发,居民储蓄率的变化还受到诸多家庭内部因素的制约,如家庭结构、收入水平、风险偏好、教育投资需求等,这些因素的综合作用使得居民储蓄率的解析成为一个多维度、多层次的研究课题。四是居民消费倾向由生存型消费转向发展型和享受型消费。在消费结构转型升级的大背景下,居民消费倾向正经历着从基本的生存型消费向更高层次的发展型和享受型消费转变。这一转变不仅标志着居民生活水平的显著提升,也预示着消费市场对多元化、高品质产品和服务的需求日益增长。这一趋势对于促进产业升级、推动经济高质量发展具有重要意义,同时也对相关政策制定提出了新的要求与挑战。

第三,从居民福利的非经济层面看,居住环境极大改善,生活质量不断提高。主要表现在以下几个方面:一是居住条件改善,居住质量存在城乡差异。二是大多数家庭感觉幸福,居民家庭幸福感处于中等偏上水平。三是居民生活质量主观满意度不断改善,城市间居民生活质量存在差异,说明居民主观上对生存和生理的需求较满意,生活水平的提高,对客观要求也随之提高。四是家庭社会网络规模逐渐扩大,社会交往形式多样发展,体现出居民拥有的社会网络规模逐渐扩大,社会关系逐渐拓宽。在探讨居民生活质量与主观感受的交织影响时,我们发现居民普遍对基本的生存需求和生理健康状态持有较高的满意度,这标志着社会整体生活水平的显著提升。随着物质生活条件的不断改善,居民对于生活质量的期待亦随之提高,他们开始追求更加多元化、深层次的客观生活标准。家庭作为社会的基本单元,其社会网络规模正经历着显著的扩张过程。这一现象不仅体现在家庭成员之间联系的日益紧密上,更体现在家庭与外部社会环境的广泛互动中。随着信息技术的发展和社会交往形式的多样化,居民能够跨越地理界限,通过线上、线下多种渠道拓展自己的社交圈层,从而构建了一个更加广阔、复杂且充满活力的社会关系网络。这一变化不仅丰富了居民的社会生活体验,也为个人成长、信息获取及资源共享提供了更多可能性,进一步体现了居民社会关系的拓宽与深化。

第四章 劳动时间投入的
家庭福利效应理论模型及形成机制

理论模型是经济学研究中重要的经济分析工具,通过对经济理论进行数学表述,以研究经济现象间互相依存的数量关系。本章从理论分析的视角,基于家庭经济学理论和需求层次理论构建厘清家庭福利这一内涵丰富的概念,基于福利经济学理论和时间配置理论分析劳动时间投入的家庭福利模型,在此基础上,进一步探究劳动时间投入对家庭福利影响的理论形成机制,探讨劳动时间投入对不同类别家庭福利效应影响因素的差异分析,为后续的实证研究奠定理论基础。

第一节 家庭福利的内容与层次

一、从家庭功能看家庭福利内容

从家庭经济学理论可以发现,家庭具有经济、情感、保障和社会化等功能,具体可以从两个层面分析:从家庭特征看,家庭具有义务、内聚、延续、沟通、能力和应对等方面特点,体现其生育功能、健康照顾功能、情感功能和心理功能;从家庭任务来看,家庭依靠基本性和发展性的家庭任务来实现其功能,基本性任务包括满足家庭成员自然需要,发展性任务包括提供环境条件使家庭成员生理和心理得以健康发展,体现其经济功能和教育、娱乐功能以及文化功能,也包括提供各类资源,预防和应对因不确定性因素如疾病、意外等危机,体现其保障功能和居住功能。一般认为,根据家庭概念和家庭功能,家庭建立在婚姻、血缘或收养的基础上,以共同居住和生活为主要特征。家庭功能是指家庭在其成员的生活和社会的发展方面所起的作用,主要包括生产功能、社会化功能、情感功能、经济功能和生育功能等。家庭福利是通过家庭成员之间的协作或外部途径,帮助家庭成员适应社会(包括抚养、照顾、社会化),提高家庭生活的幸福指数,增进家庭成员人格的健康健全发展,并相互支付获得物质和精神生活的报酬。福利效应是衡量某个事件亦或某项政策所造成的影响的有力标准。某一行为对主体福利产生的影响,可能是正面的影响,也可能是负面的影响;可能是大的影响,也可能是小的影响。总结来看,根据家庭功能含义,家庭功能包括经济功能、生育功能、健康照顾功能、居住功能、教育、娱乐功能和文化功能、保障功能、情感功能和心理功能,各功能之间既并列又包含,本研究后续部分根据研究主题和重点将其归纳总结。

从福利角度对家庭各项功能进行分析和归纳,经济功能及居住功能都是家庭功能最基本的功能,其中,经济功能是家庭功能中最核心的功能,是满足生存和生活条件所必需的,是家庭生存和发展的基石。经济功能及居住功能均发挥着满足家中所有成员的衣食住行等需求的作用,两者既可以合并为生存功能,也可分别发挥其基础及重要的功能。从福利角度看,鉴于经济和住房在居民生活中的重要性,本研究将经济功能和居住功能分别作为重要功能进行分析;教育、娱乐功能和文化功能等功能中无论是通过语言和行为等教育、引导子女,提供家庭成员接受培训的条件,还是家庭成员参与社会的交往,均体现出家庭提供环境和资源以使家庭成员适应社会的特点,因此从福利角度将其归纳为社会化功能;情感功能和心理功能等功能中无论是家庭成员间通过日常接触和相互认同方式产生的情感反应,还是对家庭的归属感和认同感的心理反应,均体现出家庭成员间交流沟通所产生的主观心理感受,因此从福利角度将其归纳为心理功能。根据家庭的基本属性和组建的目的,将部分家庭功能进行合并和内容扩充,可以归纳为经济功能、居住功能、社会化功能和心理功能,以此为依据构成家庭福利内容。

此外,尽管生育功能、健康照顾功能和保障功能也是家庭功能主要内容,家庭是婚姻关系和血缘关系的结合,生儿育女是实现人类自身的延续,但是从福利角度和本书研究主题看,这些功能分散在以上主要功能中,经济功能为生育功能、健康功能和保障功能提供基础,社会功能是生育功能、健康功能和保障功能的支撑,情感功能是生育功能、健康功能和保障功能的效果。

综上,根据家庭的基本属性和组建的目的,将部分家庭功能进行合并和内容扩充,可以归纳为经济功能、居住功能、社会化功能和情感功能,以此为依据构成家庭福利内容,详见图4-1。

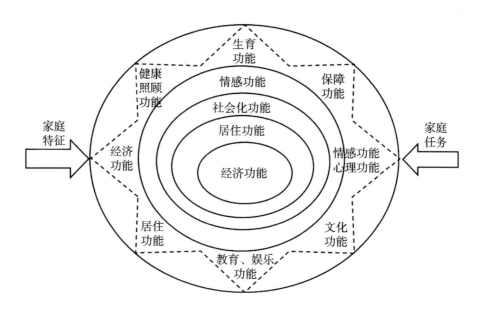

图4-1 基于家庭功能的家庭福利内容

二、从需求层次理论看家庭福利层次

马斯洛认为人类的行为是由需求而引发，主要由五类需求组成：生理需求，安全需求，社会需求，尊重需求和自我实现需求。需求之间存在层次性：生理需求是其他需求的基础和前提，维持个体或家庭生存所需的资源，保障其他需求发挥作用；安全需求的核心构成涵盖了确保资源与财产的所有权、保障个体免受伤害的全面防护，以及通过这些措施来强化和提升个体的安全感的需求；社会需求是个体间通过互动交流来建立或维持关系的需求；尊重需求包含了自我和被他人的尊敬，以及在社会团体中得到他人的认可的需求；自我实现需求是一个人不断地开发自己的潜力，发挥自己的潜力，最终达到自己的目的的需求。

家庭是个人的集合，需求层次理论可以为家庭需求构成提供参考，在此基础上，构成家庭福利内容。一个家庭的需求层次结构同这个家庭的经济水平、发展现状、家庭构成和规模等属性有关。基于马斯洛需求层次理论，对家庭需求进行分析，生理需求是家庭需求中最基本且最具有优势的需求，会支配家庭成员的思想和行为，直到生理需求获得适当的满足为止；安全需求对家庭成员具有保护与安全的感受；社会需求和尊重需求均是以社会组织其他同仁给予的尊重为基础，因此可以合并为社会需求；自我实现需求是家庭成员保持着积极乐观的态度，具有迈向成长和追求自我实现的趋势。家庭生理需求和家庭安全需求属于家庭基本生存需求，是家庭维持生存的基础，家庭社会需求和自我实现需求属于家庭发展需求，是家庭发展的必要条件。

从逻辑上讲，家庭需求经历由次要转向主要的过程，该需求得到满足时，新的需求将成为主要需求。类似于需求理论中的分层结构，只有在满足了较低的需求以后，才会有更高的需求。因此，家庭需求层次呈阶梯型，层次越低越容易实现，越是高层次的需求，需要的家庭成员也就越多。综上所述，家庭需求具有整体性、层次性、一贯性和向上发展的动态性。根据马斯洛需求层次理论，可将家庭需求分为以基本生活、保障和财产现状为主的基本生理需求,基于家庭安全的安全需求,基于家庭情感归属、受尊重程度的社会需求,基于家庭成员主观心理状况和自我实现程度的自我实现需求等,详见图4-2。

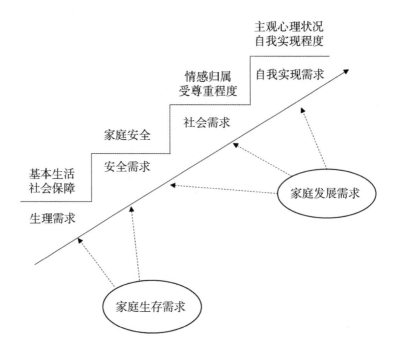

图4-2　基于家庭需求层次的家庭福利构成

三、家庭福利构成及可行性分析

福利具有模糊性,并与目标密切相关,基于可行能力理论,功能性活动为人们值得去做的事情及达到的状态,考虑个人、环境、社会氛围、人际关系和家庭内部等因素,使得商品或服务转化为能力存在差异,功能和可行能力内容需要根据研究重构(阿玛蒂亚·森,2012)。据此,家庭福利可以通过各种功能性活动来评价,本研究立足家庭需求和家庭功能,尝试构建包含四项家庭功能性活动来衡量家庭福利,详见图4-3。

从经济功能性活动来看,家庭经济状况是家庭福利的物质基础,对满足各家庭成员的衣食住行等基本需求十分重要,是维持生计、提高生活质量的关键因素,并且还会影响非经济福利的大小,从而对家庭总福利状况产生间接影响。从可行性来说,家庭资产对于家庭具有多方面益处,比如当家庭面对危机时,资产对于家庭成员的基本需求具有较好的保护作用(迈克尔·谢若登,2005)。

从居住功能性活动来看,家庭居住环境既是家庭经济功能的体现,也表现出家庭成员对住房的结构、空间、整洁度和舒适度的需求。劳动时间投入增加,家庭的生活质量可能得到较大的改善,从可行性来说,住房问题一直是我国重视的问题,国家的住房保障工作也在持续加力,发展保障性租赁住房。① 住房既是重要的生活资料,也是绝大部分家庭的主要资产。居民向往安居乐业,对住房自然存在较高要求。居住条件和居住空间的改善,影响着家庭成员的身体和精神健康。从我国的现实情况看,住房问题被称为当今社会的"新三座大山"之一,就是对当前家庭生存和发展中的难题的形象比喻。

从社会化功能性活动来看,马斯洛的需求层次理论认为,除了生理需求和安全需求,人还有一些高层次的需求,比如社会需求和尊重需求,社会化功能是家庭成员在互动中形成的社会联系。这些需求会对家庭中的社会化功能性活动产生影响。从我国现实看,家庭成员的受教育水平、家庭的经济收入以及家庭关系都是附属在社会网络中的资源,在注重人情和人脉关系的环境下,基于人情互惠的影响,社会关系会渗透到家庭中,家庭会更加注重社会交往,提高家庭成员之间以及家庭与社会之间关系的调节。

从心理功能性活动来看,劳动时间投入在身份的认同和自我尊重方面等主观心理状态得到满足,体现出家庭成员能力的高低,也体现出对生活的愿望和实现程

---

① 国务院办公厅关于加快发展保障性租赁住房的意见(国办发〔2021〕22 号),http://www.gov.cn/zhengce/content/2021-07/02/content_5622027.htm。

度。综合家庭需求层次和家庭功能确定家庭功能性活动,由可行性理论我们可以得出,家庭福利就是家庭功能性活动的实现程度,这为本研究对家庭福利的指标选取提供有益参考。从我国现实看,人口老龄化与家庭小型化的背景下,呈现家庭结构单一化,家庭中人际关系简单化特征,相互依赖性增强,家庭中男性和女性享有平等的权利、承担平等的义务,提供情感需要的功能加强,注重家庭成员间的陪伴,满足家庭成员的心理需求。

综上,基于可行能力分析框架,根据代表性、针对性和可行性原则选取功能活动指标,即选取家庭经济状况、家庭居住环境、家庭社会关系和主观心理状态四大功能性活动,构建家庭福利的理论框架,以科学测度女性劳动时间投入多寡对家庭福利的影响。

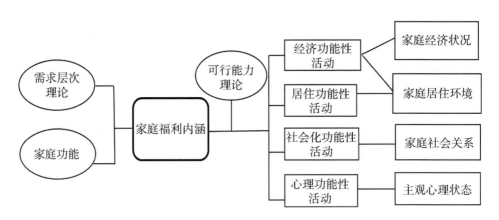

图4-3 基于家庭需求和家庭功能的家庭福利构成

第二节　劳动时间投入的家庭福利模型

一、从社会福利函数到家庭福利函数

社会福利的最大化取决于社会福利函数,而个体效用函数则是其基本函数,由此,本书所研究的家庭福利可以看作是所有家庭成员福利的函数。本节从福利函数角度,使用经典社会福利函数,总结社会、家庭与个人的关系,社会福利函数与家庭福利函数的关系,在此基础上构建家庭福利函数。

（一）经典社会福利函数介绍

罗宾斯、希克斯等人开启了新福利经济学时代后,以萨缪尔森和柏格森为代表的福利经济学学者从福利分配、社会福利的角度补充了帕累托最优效率的解释,并提出使用函数研究福利问题。由于社会福利研究的角度不同,所构建的社会福利功能不同,但目标都是在一定的约束条件下,在预定的效用水平下,实现社会福利的最大化。在新福利经济学时代产生的社会福利函数主要有:效用主义社会福利函数、贝尔努利·纳什社会福利函数、伯格森—萨缪尔森社会福利函数和罗尔斯社会福利函数等。

从效用主义社会福利函数来看,该函数是基于庇古的效用主义的基本原理构建的,它主张收入的平均分配,从而将整个社会的福利看作是个人的福利或效用的总和,表达式为:

$$W_s = U_1 + U_2 + \cdots + U_i \tag{4.1}$$

U_i 为每个社会个体的福利,后人在此福利函数的基础上,引入了权重的概念,对每个社会成员的异质性进行了考虑,形成了新的效用主义社会福利函数,表达式为:

$$W_s = a_1 U_1 + a_2 U_2 + \cdots + a_i U_i \qquad (4.2)$$

a_i 代表每个社会个体不同的权重,由于对每个社会成员赋予权重的可操作性较差,所以这一函数有较大的争议。

从贝尔努利·纳什社会福利函数来看,此函数是对效用主义社会福利的另一种函数表达式,是社会各成员效用的乘积,强调平等性质,收入分配越平均,采用连乘法得到的社会福利就越大,表达式为

$$W_s = U_1 * U_2 * \cdots * U_i \qquad (4.3)$$

从伯格森—萨缪尔森社会福利函数来看,该函数是基于序数效用表达社会福利,表达式为

$$W_s = W(U_1, U_2, \cdots, U_i) \qquad (4.4)$$

而序数效用 U_i 又是由微观因素(收入、消费等)、宏观因素(利率、经济政策等)及其他各种因素(气候、自然灾害等)等 X_i 共同决定,即

$$U_i = F(X_1, X_2, \cdots, X_i) \qquad (4.5)$$

此福利函数是概念化的函数,不局限于某种形式,可以具体被表示为各种函数形式。

从罗尔斯社会福利函数来看,该函数从社会福利最大化角度,以境况最差的个人效用定义,强调只有最小效用提高,社会福利才会提高,此福利函数的表达式为

$$W_s(X) = Min\{U_1(X), U_2(X), \cdots, U_i(X)\} \qquad (4.6)$$

其中 X 表示影响弱势群体福利的各种因素。从这一福利的表述中,我们可以看到罗尔斯的社会福利理念是关注弱势群体的福祉,并通过调整各种影响其利益的要素,使其达到最大程度,从而实现整个社会的福利。

总体而言,斯密的社会福利功能是指所有人都在追求自己最大利益的社会福利,边沁对斯密的社会福利理论进行了修正,并以最大人民的最大利益为出发点,在边沁理论的基础上提出了简单效用主义的社会福利函数,经过维克里、海萨尼的完善,最终形成了一般效用主义的社会福利函数。伯格森在萨缪尔森的基础上,通

过大量的微分数学理论,建立了一个抽象的社会福利函数。罗尔斯认为,社会福利依赖于最贫困的群体的效用。

(二)对经典效用福利函数的分析

第一,家庭在福利函数中的作用分析。通过对已有经典社会福利函数的梳理,我们发现,效用主义社会福利函数以理性为依据,强调行为的目的性,以结果的重要性为前提;为了全面地考虑社会成员之间的利益分配差异,纳什关注在分配的公平性上,提出了贝尔努利·纳什社会福利函数,伯格森和萨缪尔森则尝试解释分配问题,以给出一个定量的指标函数;罗尔斯则认为,每个人都厌恶风险人,社会福利的作用取决于条件最差的个人。但无论社会福利函数处于何种背景条件,其表达形式基于何种学科考量,其重点强调效率还是公平,其共性表现为学者们均高度承认,社会福利函数都可以看成是个体的集合。

那么家庭在社会和个体之间处于什么位置?从个体角度看,个体的出生、生活和成长与家庭紧密相关,每个个体在社会层面也均有所归属,个体是构成家庭的基本单元。从社会角度看,社会需要有效的治理,一个社会根据治理的需要会分成多个层级和网格,社会与每个个体中间是通过相关区域关联的,从社会层面到个体层面,可以通过按分属地、分地域、分城乡、分省市级连接,其中家庭与个体和社会关系最为紧密。可以按地区、城乡或家庭划分,家庭是社会治理的最小的单元,也是最贴近个体的集合。

从家庭角度看,社会是家庭的集合,也是个人的集合,家庭在社会与个体之间起到中介作用:

$$社会 = \Sigma 家庭 = \Sigma 个体(家庭成员)$$

第二,家庭成员的效用关系分析。通过对已有经典社会福利函数的梳理,学者基于研究目的及重点构建不同形式的社会福利函数。概括来说,纳什社会福利理论把社会福利看作是个体效用的算术平均值,在平等的基础上,用连乘法代替了加法;伯格森把合理的分配因素引入社会福利函数中;罗尔斯理论建立了以贫困者的效用为基础的社会福利函数。无论是旧福利经济学还是新福利经济学,无论是线性加总、乘法形式还是最小值形式的社会福利函数,均建立在效用论的基础上。

那么,家庭成员之间的效用关系如何？社会层面的效用涉及公平与效率的关系,家庭层面的效用主要基于家庭合作共赢目标,以不同性别家庭成员的理性选择追求家庭效用最大化,家庭效用表现为不同家庭成员的效用加总,相对比较简单,可以看成是各成员效用的简单相加。从家庭角度来看,家庭福利函数是家庭各成员效用的函数,家庭各成员通过市场与家庭投入形成家庭整体拥有的资源和能力,即家庭福利函数是家庭成员效用函数的加总。在市场部门有比较优势的人将更多时间投入到市场活动,在家庭部门有更大比较优势的人更偏好于家务劳动。

从家庭效用看,家庭总效用取决于家庭成员在家庭和市场分工所获得的效益,表现为市场劳动和家庭劳动效用的加总求和,也可以看成是家庭男性成员和女性成员为家庭福利作出的贡献之和,表现为家庭中男性和女性效用的加总求和。

$$W_{家庭} = U_{市场劳动} + U_{家庭劳动} = U_{男性} + U_{女性}$$

第三,家庭福利函数受什么因素影响。萨缪尔森等人所提出的社会福利功能,指出了各种影响因素的综合反映了社会福利的价值。影响社会福利功能的因素主要有宏观和微观两个方面,宏观因素涵盖经济发展、货币政策、财政政策、收入分配、汇率变动、通货膨胀率以及商品价格等广泛的经济与系统性条件;而微观因素则聚焦于个体层面,包括个人偏好程度、消费习惯、投资决策等行为与特征(杜彦其,2016)。经济总量和社会福利呈正相关,而提高社会福利最有效的途径就是通过经济的发展来提高国家的财富,尤其对于存在大量贫困人口的国家,物质财富对社会福利水平提升有较大作用(任小勤和吴世炜,2016);收入分配的规则更加公平,社会福利就越明显。汇率水平的高低影响国内外商品价格,决定了资源的不同配置,从而影响社会福利(Warnock,2003;Levin,2002;韩振国,2007)。

那么家庭福利函数受到什么因素影响？家庭是家庭成员的集合,家庭福利函数是家庭成员效用的加总,其影响因素与社会福利函数存在一致性,会受到宏观因素的制约和微观因素影响,从家庭角度来看,可以归纳为家庭外部因素和家庭内部因素。家庭外部因素如经济发展有利于居民生活水平得到大幅度提升,对家庭生存发展有积极影响;通货膨胀会造成较大的家庭福利损失(倪国华和郑风田,2012),这些因素对社会和家庭福利函数影响具有共性,但家庭福利函数会依赖于家庭内部因素,内部因素才是差异的原因,如家庭的规模、成员的能力和时间分配等。

从家庭福利函数看,家庭福利与影响家庭福利的各因素之间存在着函数关系,随影响因素的增减而增减。家庭福利函数与影响因素$(X_1,X_2,\cdots X_n)$可以表示为:

$$W_f = U(X_1,X_2,\cdots X_n) \tag{4.7}$$

二、从时间配置函数到家庭福利函数

(一)经典时间配置模型介绍

在新古典消费理论中,消费活动被当作时间和商品混合生产效用的过程。以贝克尔(Becker)、格鲁诺(Gronau)为代表的经济学家开创了家庭时间分配分析,将非经济学研究范围的社会问题应用经济学的分析方法,相继提出和扩展用时间配置模型对时间分配问题进行研究,在实践理论研究中具有重要意义。该模型考虑市场劳动以及其他所有活动的时间配置,建立统一的分析框架,为分析市场和家庭的时间分配奠定了基础。

从贝克尔时间配置理论来看,该模型从家庭角度考察个体劳动供给行为,通过将时间引入效用函数和家庭生产函数,将传统的个体行为模型系统扩展为家庭时间分配模型。它从非市场劳动时间的角度出发,认为市场商品并非直接的效用来源,而是与其所具有的时间禀赋相结合,从而产生一种更为基础的产品。将非市场劳动时间所放弃的报酬与购买市场商品的花费同等看待为家庭生产的生产成本,进而系统分析了非市场劳动时间在家庭生产函数中的作用,以此构建家庭决策模

型,在家庭决策上采用单人决策模型,即将家庭成员的偏好看作是单一的。[1] 该模型提出家庭效用函数是市场购买和家庭生产的一系列商品和消费的最优组合,可以表示为:

$$U = U(Z_i, \cdots, Z_m) \equiv U(x_i, \cdots, x_m; T_i, \cdots, T_m) \tag{4.8}$$

其中,U 表示家庭效用函数,家庭生产函数(Z_i)是关于商品(X_i)和时间(T_i)的非减函数。

从格鲁诺时间配置理论来看,在贝克尔提出的时间配置模型的基础上讨论了一般意义上的家庭生产,对时间配置模型进行了一些改进,强调非市场劳动时间中家务劳动时间,认为市场劳动时间与非市场劳动时间对社会经济条件的变动反映不同,将时间划分为市场劳动时间、家庭劳动时间和休闲时间。从家庭经济的视角对时间价值进行了分析,将市场劳动时间加到效用函数中,以丰富贝克尔的理论,加深了对家庭生产函数的认识。从家庭效用最大化来看,家庭成员集体意志的体现,根据家庭效用最大化原则调整家庭成员时间安排。

总的来说,贝克尔和格鲁诺的时间配置模型核心是考虑到理性人追求效用最大化,运用经济分析市场领域与非市场领域之间的时间分配。无论将时间分为市场劳动时间与非市场劳动时间,还是强调非市场劳动时间中的家务劳动时间,体现出时间至少有两种用途,时间肯定能够被用于劳动市场,也可以被分配于没有报酬的工作类型,例如家务等当中。市场物品和服务本身并不带来效用,只是生产商品过程中的投入产生效用。从投入角度看,商品和服务并非生产过程中的唯一投入,消费者的时间也是投入。从家庭角度分析,家庭成员不是在消费品和闲暇之间选择,是在不同的"消费活动"中进行相关的选择,这些"消费活动"使用不同种类的市场生产的商品和劳务,以及用于"家务生产"的时间。根据时间配置模型,其最大化行为、市场均衡和偏好稳定的综合假设构成了经济分析的基础,这对研究劳动

[1] Becker G. S. "A Theory of the Allocation of Time." *The Economic Journal*, 1965, 75(9): 493-517.

时间投入与家庭关系很有裨益,也对家庭经济学作出了贡献。

总体而言,贝克尔、格鲁诺等人的时间配置模式的中心思想是从理性人对效率最大化的角度出发,利用经济学方法对市场和非市场领域的时间分布进行了分析。不管把时间划分为市场和非市场劳动时间,或强调非市场劳动时间中的家务劳动,都反映了时间可以被分配于劳动市场上,也可以被分配于无酬劳动比如家务。市场上的产品和劳务本身没有效用,只有在产品生产过程中的投入才能产生效用。从投入的观点来看,产品与服务不是唯一的投入,时间也是投入。从家庭的视角来看,家庭成员并没有在消费与休闲之间作出抉择,而是在各种"消费活动"中作出相应的选择,而"消费活动"则是利用各种市场所产生的产品和服务,并将其用于"家务生产"。在时间分配模式下,其最大化行为、市场均衡、偏好稳定性等基本假设是经济分析的依据。

（二）对时间配置模型的分析

第一,劳动时间在时间配置中的作用分析。在贝克尔的时间分配模式的分析框架下,对传统的时间分配模式进行了扩充,构造了一个包含市场工作和家务劳动时间的家庭时间分配模式。在传统的选择理论中,人们对时间的划分主要是基于工资和货币收入,而忽略了家庭时间（例如家庭劳动时间和闲暇时间）,这些非市场劳动经常会影响生产率。时间配置理论中探讨了时间的分类,关于人类生活时间的分类有多种,一般将时间分为市场工作时间、家庭内部生产时间和休闲时间（Gronau,1976）,将妇女时间分为家庭生产时间和市场生产时间（Shahidur,1988）。针对研究对象、研究重点将时间配置分为不同类型,但可以发现时间配置核心内容为市场劳动时间和家务劳动时间。

那么劳动时间在时间配置中处于什么位置? 在时间类型的划分上,贝克尔的两分法将时间分为市场劳动时间和非市场劳动时间;格鲁诺认可时间的三分法,即市场劳动时间、家务劳动时间和闲暇时间。从劳动者角度,劳动的供给者需要将时间分配到各项必要的用途中,劳动时间配置的多少,往往决定了劳动者获得的收入,劳动者从市场劳动时间中得到收入,从闲暇和家庭活动等时间获得效用。劳动时间是指人们为了维护自己的生活而进行的生产和再生产所必需的物质材料的生产活动的时间,从时间的可利用性来看,劳动时间是时间配置的重要组成部分。

第二,家庭成员的劳动时间与其效用关系分析。贝克尔假定家庭是一个生产单元,它通过将市场商品、家庭成员的时间、教育和其他环境因素结合起来生产出健康、名望和精神享受等非市场商品。家庭成员的行为对家庭的作用有很大的影响。在贝克尔的家庭生产函数中,经济个体的效用程度取决于其产品的消费种类、消费数量以及产品消费时间所产生的"基本物品"。从家庭角度来看,家庭成员的收入水平反映了他们在市场中所能得到的产品的消费数量种类,所以,也可以用他们的收入水平和产品的消费时间来直观地反映出他们的家庭成员和总体的效用水平。

那么,家庭成员的劳动时间与其效用关系如何? 由于时间是有限的,所以家庭成员的时间分配决策从效用最大化原则出发,权衡时间在各项活动上的分配。从家庭效用看,这一效用取决于个体因素、家庭因素等。时间配置理论证明,个体会通过实现在各项活动上的边际效用相等实现效用最大化。从家庭角度看,家庭成员的劳动时间投入会影响家庭效用变动,家庭劳动时间投入每增加一个单位所带来的效用必然等于其他活动方面减少一个单位导致的减少的效用水平,反之也成立。

第三,家庭效用函数与家庭福利函数的关系分析。每个人在一天中可以支配的时间总数是固定的,劳动者将一天的时间合理的分配到社会领域和家庭领域,从家庭角度来看,家庭劳动时间配置的主要动机是家庭福利的最大化。家庭成员通过时间分配,以这种或那种方式参加物质生产,而且有享有自由时间并运用可支配时间自由全面发展自己的能力,进而为家庭带来效用。

那么,家庭效用函数与及家庭福利函数关系如何? 家庭是最基本的决策单元,家庭成员劳动时间的利用或分配与家庭的实际情况密切相关,家庭成员将有限可支配的时间一部分用于市场劳动。按照新古典经济理论的解释,家庭成员的劳动时间受家庭成员福利最大化目标函数的影响。由此我们可以推论,从家庭福利函数看,家庭成员劳动时间利用的最初动机是家庭福利的最大化,家庭成员将有限的时间分配到各项活动中,以便获得最大的效用,家庭福利函数是家庭效用函数的表现。

（三）时间配置模型与家庭福利函数推演

本书的理论框架构建主要借鉴福利经济学理论、社会福利函数以及时间配置模型中相关的模型成果。劳动时间投入的家庭福利函数构建思路是:基于家庭生产函数理论构建家庭福利函数。该函数借鉴了社会福利函数的一般形态,并将家庭福利的投入要素扩展至包含宏观经济环境（如经济发展、政策变动等）与微观个体特征（如个人偏好、资源禀赋等）在内的广泛范畴。依据时间配置模型,本书将时间分配划分为劳动时间于非劳动时间两大组成部分,其中,劳动时间的投入被视为衡量家庭福利重要投资指标。在此基础上,本书将家庭福利函数进一步扩展,使之成为一个以劳动时间及其他相关因素的函数表达式。简言之,家庭福利是通过相应投入的"生产"过程而实现的,这一过程不仅产生了家庭福利本身,还进一步转化为家庭成员所能体验到的家庭效用。

从家庭生产函数看,根据家庭经济学理论,家庭福利的生产就是指将家庭福利生产的投入转换为家庭福利结果的过程。在家庭经济学的理论框架下,家庭福利的生成机制可被视为一个将多种投入要素转化为具体家庭福祉成效的复杂动态过程。这一过程不仅涵盖了资源的分配与利用,还涉及了家庭成员间的互动、情感支持以及社会资本的融入。具体而言,家庭通过精心规划与管理其财务资源、时间投入、情感劳动以及外部环境的利用,旨在促进家庭成员的幸福感、满足感以及整体生活质量的提升。此过程要求家庭作为一个功能单位,高效地将各类生产要素,如物质资本（如收入、住房条件）、人力资本（如教育水平、健康状态）、社会资本（如家庭关系网络、社区参与）和自然资本（如居住环境、休闲资源）,转化为能够直接体现家庭福祉的具体成果,比如健康改善、教育成就、社会参与度的提高以及和谐的家庭氛围等。进一步而言,家庭福利的生产还涉及到投入与产出之间效率与效益的权衡,确保资源得到优化配置,以实现家庭福祉的最大化。这一转化过程不仅受到家庭经济状况的直接影响,还受到家庭成员的价值观、期望、社会文化背景以及外部政策环境等多重因素的交互作用。因此,深入探究家庭福利生产的内在逻辑与外在影响因素,对于理解家庭福利的建构机制、制定有效的家庭支持政策以及提升社会整体福利水平具有重要意义。通过不断优化家庭资源配置,强化家庭成员间的情感联结,以及促进家庭与社会的良性互动,可以有效推动家庭福利生产的可持续发展。

从家庭角度分析,家庭福利取决于时间投入和物质产品的数量。从家庭这一微观视角深入剖析,家庭福祉的构筑根基在于时间与物质资源如何被精心分配与有效利用。这一过程超越了简单的数量衡量,而是深入到资源分配的策略性、家庭成员的需求满足度以及生活质量全面提升的维度。具体而言,家庭福利的水平并非孤立地由时间投入或物质产品的多寡决定,而是两者相互交织、共同作用的结果。家庭在规划其成员的时间分配时,需综合考虑工作、休闲、教育、健康照顾及情感交流等多方面的需求,确保每一份时间都能为家庭福祉的增进贡献力量。同时,物质产品的选择与应用同样关键,它们不仅要满足基本的生活需求,更要能够提升家庭成员的幸福感、安全感和归属感,促进家庭环境的和谐与温馨。此外,家庭福利的构建还涉及资源分配的公平性与效率性考量。家庭作为一个整体,需通过内部协商与决策机制,确保每位成员的基本权益得到保障,同时鼓励资源的共享与互补,以实现家庭整体福祉的最大化。这一过程中,家庭成员间的沟通与理解、相互支持与尊重显得尤为重要,它们构成了家庭福祉不可或缺的精神支柱。因此,从家庭角度出发,家庭福利的塑造是一个多维度、多层次的综合过程,它要求家庭在时间与物质资源的分配上作出明智而富有远见的决策,同时注重家庭成员间的情感联结与心理满足,以构建一个健康、和谐、充满爱的家庭环境。家庭福利函数可以表达为：

$$F = f(M, D) \tag{4.9}$$

其中，F 为家庭福利的产出，M 为家庭福利的投入，D 为转换参数，其变换为会改变 M 与 F 的关系，一般情况下，M 的增加会导致 F 的增加。

从家庭福利函数看，与社会福利函数相似，家庭也是成员的集合，家庭福利函数也会受多种因素影响，家庭内部因素如家庭的规模、成员的能力和时间分配等。从时间分配角度来看，家庭福利取决于家庭成员如何将时间和物质产品用于家庭福利的生产的分配，而在这其中，劳动时间投入是市场劳动的价值体现，对家庭福利变化发挥着重要的作用，从这个意义上，对劳动时间的需求来源于对家庭福利的追求。家庭福利的投入 M 可以分解为劳动时间和其他因素，则家庭福利函数可以拓展为：

$$F = f(t_1, N, e) \tag{4.10}$$

其中，f 为家庭福利的生产函数，t_1 为生产家庭福利的劳动时间，为用于生产家庭福利的其他因素，e 为该家庭福利生产函数的参数。

从家庭效用看，根据时间配置模型，家庭福利函数中基本产品能够直接进入效用函数，家庭福利函数是家庭成员市场劳动和非市场劳动生产的商品和消费的效用组合，该效用组合由劳动时间投入和其他因素决定，则家庭福利函数可以表示为：

$$F = U(t_1, N, e) \tag{4.11}$$

基于模型分析的结论，家庭福利的增进要求劳动力成员贡献出高效的劳动时间投入。这一过程揭示了一个循环互动的机制：随着家庭福利水平的逐步提升，其对有效劳动时间的需求亦随之增长。换言之，家庭对更高品质生活的追求，自然而然地促使了对家庭成员，尤其是主要劳动力，增加其工作或生产活动时间的期望。对于劳动力个体而言，这种劳动时间投入的增加，不仅是对家庭责任的一种积极承担，更是实现家庭福利提升的关键路径。它体现了劳动力成员在追求家庭整体利益最大化过程中的重要角色与贡献。随着劳动时间的有效利用和转化,家庭的经济状况得以改善,生活质量显著提升,从而进一步巩固和增强了家庭成员之间的幸福感与凝聚力。值得注意的是,劳动时间投入的增加并非无限制地追求量的增长,而应是在兼顾劳动者个人健康、家庭和谐以及工作生活平衡的基础上,实现质的提升。因此,家庭在规划劳动时间分配时,需充分考虑劳动者的生理与心理承受能力,以及家庭长期发展的可持续性,确保劳动时间投入能够真正转化为家庭福祉的有效增量。综上所述,家庭福利的增进与劳动力成员劳动时间的有效投入之间存在着密切的正相关关系。

因此,家庭需要劳动者提供有效的劳动时间投入,当家庭福利水平提高时,会增加对其需求。因此,对于劳动力而言,劳动时间投入增加意味着更高的家庭福利。

第三节　劳动时间投入对家庭福利的影响分析

一、从整体层面看职业状态与家庭福利的关系

从家庭福利构成及家庭福利的影响因素看,国家、社会、工作、家庭、个人等方面都会对家庭福利状况发挥相应作用,每个主体履行相应职责,产生作用的方式和方法有差别。从整体上看,职业状态和家庭福利涉及五方主体,各主体都在两者关系中发挥各自职能。

从个体看,男女个体作为理性经济人,对自身行为的决策,时间配置的选择,职业投入行为,作为家庭成员投入行为都具备理性经济人的特征。从个体偏好角度分析,偏好职业领域会积极参与劳动力市场,同时个体偏好也会受到传统观念和成长环境影响。女性进入劳动力市场是一种经济行为,女性在是"经济人"的同时也

是"社会人"，并且市场镶嵌在其所在社会的经济、政治和文化之中，女性进入劳动力市场也是一种社会行为。作为家庭责任承担者，女性劳动投入转化为家庭效益，与一般的家庭主妇不同，职业角色成为职业女性在扮演传统性别角色——家庭角色之外的又一个重要社会角色，这意味着女性在生活中实际肩负了工作和家庭的双重角色重担。这两种角色内在的矛盾性，传统性别角色和现代社会角色的要求与期待的不兼容性，使职业女性陷入无所适从的角色困惑。

从家庭角度来看，家庭是家庭成员利益的供给者。家庭作为社会生活的基本单位，一般而言，家庭成员之间基于血缘、姻缘等构成基本的家庭关系，并依据家庭成员间的关系确定家庭的模式和格局。家庭是功能性的组织，它是围绕着角色结构类型组织起来的。家庭功能对每一个家庭乃至社会都具有不可或缺的价值，各项功能活动的正常发挥是维持家庭成员生存发展的前提，也是社会和谐发展的重要保证。传统观念中，男性是养家糊口者，而女性在家庭生活中的角色是家务劳动的承担者、感情及心理上照顾与抚慰的提供者和家庭经济的依赖者。男性的角色通常与社会连接，女性的角色和承担的责任往往与家庭内部连接，体现着家庭中的性别分工。男性通过参与市场劳动取得事业成就的同时也完成了社会分配的养家糊口的角色任务，在这一点上，男性的职业角色和家庭角色是一致的，相交融的。

从企业角度来看，企业向社会提供就业岗位，通过给付岗位薪酬保障劳动者的生活。工作单位是活跃在劳动力市场和商品市场的关键主体，相对其他主体，具有较高的效率。劳动力市场的核心主体是劳动者，工作单位通过劳动合同的形式规范其与劳动者的劳动关系，工作单位和劳动者都为价值创造作出了巨大的贡献，使劳动力生产要素得以优化配置。作为劳动力市场与商品市场中的核心活跃因素，工作单位相较于其他参与主体展现出了更为显著的运营效率优势。在劳动力市场的生态系统中，劳动者无疑占据了至关重要的核心地位，他们是价值创造与经济增长的基石。工作单位则通过订立并遵循劳动合同的法定框架，与劳动者之间构建起一种明确且受法律保护的劳动关系，这一机制确保了双方权益的平衡与保障。

工作单位和劳动者,作为这一体系中不可或缺的两翼,共同为价值创造的宏伟蓝图贡献了不可磨灭的力量。工作单位不仅为劳动者提供了施展才华、实现职业发展的平台,还通过高效的组织管理与资源配置,促进了劳动力生产要素的精准对接与优化配置。这种优化不仅体现在物质资源的合理分配上,更体现在对劳动者知识、技能及创新能力的深度挖掘与有效整合上,从而实现了生产力水平的显著提升。进一步而言,工作单位与劳动者之间的紧密合作与良性互动,不仅推动了社会经济的持续繁荣与发展,也为构建更加和谐稳定的劳动关系奠定了坚实的基础。在快速变化的市场环境中,工作单位需不断创新管理模式,提升运营效率,以更好地适应市场需求与劳动者期望的变化;而劳动者则需不断提升自身素质与能力,以更加积极主动的姿态参与到价值创造的过程中去。唯有如此,才能确保工作单位与劳动者之间的共赢发展,共同推动社会经济的全面进步。工作单位生产经营的目的就是提高劳动生产率和获取经济效益,劳动者在其工作单位投入劳动,是劳动价值实现的基础。

从政府看,政府是公共福利的提供者。政府有关职能部门的监督作用体现在出台法律法规为劳动力市场和经济发展创造良好的宏观环境,确保个体和工作单位履行应尽义务和合法获得权利。政府有关职能部门的引导作用体现在综合考虑相关政策的协调性与相互配合,共同为社会发展和有效运行的目标服务。政府最重要的调控手段就是财政和货币政策,它可以引导、扶持就业领域和家庭领域的发展。就业是最根本的民生,为推动当前社会经济的高质量发展,促进社会经济转型工作的开展,缓解劳动力面临的就业压力,政府应通过准确判断就业形势,从多视角出发,全方位考虑,实施就业优先战略、积极就业政策,改善宏观调控措施,发挥自身的就业导向性作用,保持就业形势稳定,推动就业形势的良好发展。作为引导和监督的角色,政府需要提供政策法规支持、财政支持、组织管理各方之间的利益关系,发挥先进的引领作用。

从社会看,社会是观念和氛围的引导者。一个国家的社会环境以及社会氛围是否让女性感觉到真切的尊重和细微的关爱、是否有利于女性自主人格的全方位展现,在一定程度上体现了这个国家的文明程度和发展水平。坚持男女平等的基本国策,保障妇女儿童合法权益,不仅需要政府的宏观政策调控及法律法规约束,也需要充分依托基层群众和社会组织。社会的作用一方面体现在,倡导正确的文化观念和社会观念,纠正目前仍存在落后观念及风俗习惯,即积极倡导并弘扬符合时代进步的文化理念与社会价值观,旨在从根本上扭转并消除那些仍根深蒂固的落后思想、陈规陋习及不良风俗习惯。这一进程不仅是对社会精神风貌的净化与提升,更是推动社会文明向前跃进的强大动力。另一方面体现在,推动社会环境朝着对广大女性群体更加友好便利的方向转变,让其拥有一个更加安全可靠的生活环境,形成真正能够保障妇女权益、实现个体价值的社会环境。社会的作用还深刻体现在其对社会环境的积极改造与优化上,特别是致力于构建一个对女性群体更加包容、便捷与友好的社会环境。这意味着,社会需努力消除性别偏见与歧视,确保女性能够在各个领域中享有平等的机会与待遇。同时,通过加强公共安全、提升社会服务质量、完善法律保障体系等措施,为女性营造一个更加安全、可靠、无惧威胁的生存与发展空间。这样的社会环境,不仅能够切实保障妇女的合法权益,还能激发她们的潜能与创造力,促进她们在各个领域内实现自我价值,从而构建一个真正意义上性别平等、和谐共生的社会生态。

综上所述,结合相关理论基础,女性劳动时间对家庭福利影响的形成机制,详见图4-4。

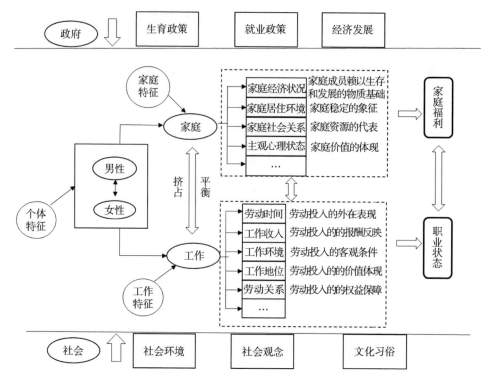

图4-4 劳动时间对家庭福利的影响机理

二、从微观层面看劳动时间投入对家庭福利的影响

(一)家庭福利的影响因素

家庭福利的各类影响因素中,劳动时间是重要的影响因素,劳动时间的多寡在很大程度上影响家庭福利水平变化,从而对家庭福利产生影响。通过从整体分析职业状态与家庭福利关系可知,劳动时间投入在职业状态占主要位置,本节从微观层面分析劳动时间投入对家庭福利的影响机制,基于图4-5,将劳动时间投入和家庭福利分别置于左右两端专门分析劳动时间与家庭福利关系以及家庭福利的影响因素,从微观视角,探讨个体劳动时间投入与家庭福利关系。

从个人因素来看,各项人口学特征作用于家庭福利。通过家庭福利的影响因素分析可以得出,人口学特征对家庭福利有一定的影响,并进一步作用于劳动时间投入对家庭福利的影响。因此,将这部分要素归纳提炼为个人特征的影响因素,劳动时间投入对家庭福利产生影响的同时,个人因素在其中产生作用并具有一定异质性,包括年龄、受教育程度、健康状况等。例如,对于不同年龄的劳动力来说,劳动时间投入对家庭福利的影响会有差别,其他因素作用效果类似,因此,在问题的分析过程中,应当把此类个人因素考虑其中。综上,个体特征的因素不仅会直接影响家庭福利,并且在劳动时间投入对家庭福利产生影响过程中,成为劳动时间影响后果的异质性因素,应作为计量模型中的控制变量。

从家庭因素来看,家庭特征作用于家庭福利。通过家庭福利的影响因素分析可以得出,劳动者的家庭因素影响到家庭福利,并进一步作用于劳动时间投入对家庭福利的影响,因此,将这部分因素归纳提炼为家庭特征的影响因素。根据已有文献和本节对影响因素的理论分析,家庭特征在其中产生异质性作用,具体而言,家庭特征涵盖了家庭规模这一核心维度,以及家庭内部少儿人口数量等具体指标,它们共同构成了影响劳动力时间与家庭福利变动的重要情境因素。例如,对于不同家庭规模的劳动力而言,劳动时间投入对家庭福利的影响可以会有差异,其他因素作用效果类似,因此,在问题的分析过程中,应当把此类家庭因素考虑其中。进一步而言,针对家庭规模这一维度,不同规模的家庭结构往往意味着差异化的经济压力、资源分配模式及成员间互动关系,这些均可能对劳动力个体的劳动时间投入产生不同的激励或制约作用,进而影响到家庭整体福利水平的变动轨迹。例如,相较于小型家庭,大型家庭可能因需承担更多的抚养与教育责任,而促使劳动力成员增加劳动时间投入以维持家庭的经济稳定与生活质量;然而,这种投入也可能因家庭资源的分散而难以直接转化为显著的福利提升,反映出家庭规模与劳动时间投入间关系。同样地,家庭少儿人口数作为另一关键特征,其增减变化直接关联到家庭未来的人力资本投资与长期福祉规划。少儿人口的增加可能会促使父母双方或一方增加劳动时间,以积累更多的经济资源来支持子女的成长与发展;但与此同时,这也可能挤占家庭成员间的休闲时光与情感交流,对家庭内部的和谐氛围产生潜在影响。因此,在探讨劳动时间投入对家庭福利的影响时,必须充分考虑到少儿人口数这一家庭特征的影响作用,以及其与其他家庭因素(如收入水平、教育程度等)之间的交互效应。综上,家庭特征的因素不仅会直接影响到家庭福利,并且在劳动时间投入对家庭福利产生影响过程中,成为劳动时间影响后果的异质性因素,应作为计量模型中的控制变量。

从工作因素来看,工作特征作用于家庭福利。通过家庭福利的影响因素分析可以得出,劳动者的工作状况在一定程度上可以影响家庭福利,并进一步作用于劳动时间投入对家庭福利的影响,因此,将这部分因素归纳提炼为工作特征的影响因素。根据已有文献和本节对影响因素的理论分析,劳动时间投入对家庭福利影响的同时,工作因素在其中起到一定作用,包括个人收入、劳动合同等,如个人收入的高低。劳动时间投入对家庭福利的影响程度可能存在差异,其他因素作用效果类似。工作特性的多维度因素,作为影响家庭福祉的重要外部条件,不仅直接作用于家庭的整体福利状况,而且在劳动时间投入与家庭福利之间复杂关系的构建中,扮演着异质性调节者的角色。这一观点强调了在分析劳动时间如何影响家庭福利时,必须充分考虑到工作特征所带来的差异化效应,以确保分析框架的完整性和准确性。具体而言,工作特征,诸如工作强度、灵活性、职业安全性及发展前景等,不仅独立地塑造着个体的经济状况与生活质量,还通过影响劳动力在工作与家庭之间的时间分配与精力投入,间接地作用于家庭的整体福祉。例如,高强度或低灵活性的工作可能限制了个体投入家庭的时间,进而对家庭关系与生活质量产生负面影响;而具有良好发展前景与高度灵活性的工作,则可能激励个体更高效地利用劳动时间,从而为家庭创造更多物质与精神层面的福祉。鉴于工作特征在劳动时间影响家庭福利过程中的这种双重作用,在构建计量分析模型时,应将其视为不可或缺的控制变量纳入考量范围。通过精细设定与合理估计这些控制变量的影响,能够更加准确地剥离出劳动时间投入对家庭福利的净效应,避免因为遗漏重要变量而导致的偏误。同时,这也有助于我们深入理解在不同工作特征下,劳动时间投入与家庭福利之间关系的多样性与复杂性,为制定更加精准有效的家庭政策与工作制度提供科学依据。综上,工作特征的因素不仅会直接影响家庭福利,并且在劳动时间投入对家庭福利产生影响过程中,成为劳动时间影响后果的异质性因素,应作为计量模型中的控制变量。总的来说,劳动时间通过不同方面影响家庭福利,并通过个人因素、家庭因素和工作因素作用于劳动时间对家庭福利的影响,对各项家庭福利的三种类型一致的基础上,具体影响因素会存在差异。因此,从微观层面看,劳动时间作为其中的重要因素,劳动时间投入对家庭福利影响的形成机制分析图如 4 - 5 所示。

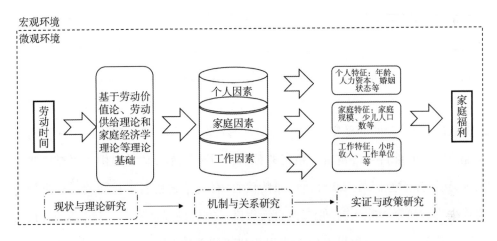

图 4 - 5　微观层面劳动时间投入与家庭福利

(二)劳动时间投入对不同类别家庭福利效应影响因素的差异分析

从劳动时间投入对家庭经济状况影响的分析看,根据理性经济人的假说,其经济行为是为了实现家庭效用的最大化,增加劳动时间可以使家庭经济资源发生变化,会增加家庭收入,并且可能影响家庭消费支出。从个人因素分析,家庭成员的人力资本如受教育程度、健康状况会影响家庭经济资本进而影响家庭经济状况,具体而言,家庭成员的人力资本积累,尤其是教育程度的提升与健康状态的优化,构成了影响家庭经济资本的核心要素。教育程度的积累不仅增强了家庭成员获取高收入职位的能力,还拓宽了他们的视野与资源网络,从而为家庭经济资本的积累提供了坚实支撑。同时,健康作为人力资本的重要组成部分,直接关系到劳动力的生产效率与家庭的经济稳定性,其良好状态能够减少医疗支出,增加劳动时间,进而对家庭经济状况产生积极影响。

从家庭因素分析,家庭生活的客观条件是家庭的物质基础,子女数量的变化会影响家庭的储蓄动机或家庭消费结构,进而影响家庭经济状况,具体而言,家庭生活的客观条件,作为家庭经济活动的物质基础,对家庭经济状况具有深远的影响。子女数量的变化,作为家庭结构变动的重要指标,通过改变家庭的储蓄动机与消费结构,间接作用于家庭经济状况。具体而言,子女数量的增加可能会促使家庭增加在教育、健康等方面的支出,减少储蓄,同时改变家庭的消费偏好与模式,这些变化共同作用于家庭经济状况,形成复杂的动态效应;从工作因素分析,劳动合同和个人收入等会影响职业稳定和承担家庭经济负担,进而影响家庭经济状况,劳动合同的稳定性与个人收入的状况对于家庭经济负担的承担与整体经济状况的维持至关重要。稳定的劳动合同不仅为劳动者提供了可靠的收入来源,还增强了他们对未来经济前景的信心,有助于家庭制定长期的财务规划与消费决策。而个人收入的增加,则直接提升了家庭的经济实力与抗风险能力,为家庭在教育、医疗、住房等方面的支出提供了更为充裕的资金支持,从而促进了家庭经济状况的持续改善。

从劳动时间投入对家庭居住环境的影响分析看,劳动时间投入增加,家庭的生活质量可能得到较大的改善,会注重居住条件和居住空间方面的改善。从个人因素分析,家庭成员的人力资本和工作地点等会影响购房能力以及居住条件的需求进而影响家庭居住环境;从家庭因素分析,家庭规模的变化会影响居住空间的需求和居住整洁度进而影响家庭居住环境,如果住房产权的获得通过金融借贷完成,那么家庭很可能背负一定的债务,影响其购房能力进而影响家庭居住环境;从工作因素分析,工作收入会影响人们从生存性住房向享受性住房转变。

从劳动时间投入对家庭社会关系的影响分析看,家庭成员的劳动时间投入变化会影响他们的社会参与度和社会交往,即家庭社会关系。劳动时间投入,有利于参与社会关系网络,从个人因素分析,个体人力资本的创造和积累以及婚姻状况,会影响职业发展机会的获取,社会环境的适应程度,这些不同的网络蕴藏着不同的资源,影响着家庭和社会资本的再生成,从而影响家庭社会关系。从家庭因素分析,家庭中儿童和老人数量会影响社会关系网络的维系,进而影响家庭社会关系。家庭中儿童与老人的数量扮演着举足轻重的角色。这两个群体不仅是家庭结构的基石,也是家庭社会关系网络维系与拓展的关键驱动力。首先,儿童的存在不仅为家庭带来了生命的延续与希望的寄托,更在无形中促进了家庭成员间更为紧密的情感联系与互动。随着儿童成长过程中的教育、娱乐及社交需求不断增加,家庭成员需要投入更多的时间与精力来陪伴与支持,这一过程不仅加深了家庭成员间的情感纽带,也促使家庭与外部社会建立更加广泛而多元的联系,如学校、社区及兴趣班等,从而丰富了家庭的社会关系网络。其次,老人的存在则赋予了家庭以历史与传承的重量。他们不仅是家庭故事的讲述者,也是家庭价值观与传统的守护者。在照顾老人的过程中,家庭成员之间形成了更为深厚的相互依赖与情感支持,这种紧密的关系网络有助于家庭在面对外部挑战时保持团结与稳定。同时,随着社会对老年人群体关注度的提升,家庭在照顾老人的同时也更容易获得来自社区、医疗机构及政府等方面的支持与帮助,这进一步拓展了家庭的社会关系网络,为家庭提供了更多的资源与支持。家庭中儿童和老人的数量通过影响家庭成员间的情感联系、互动模式以及家庭与外部社会的联系与互动,间接地作用于家庭社会关系的维系与拓展。因此,在探讨家庭社会关系的影响因素时,不能忽视儿童和老人在其中的重要作用。从工作因素分析,收入和工作单位会影响社会关系网络的变化,拓展到超出家庭以外的各个社会单位,进而影响家庭社会关系的丰裕程度。

从劳动时间投入对主观心理状态的影响来看,劳动时间的投入不仅能够满足家庭成员在身份认同和自我尊重等主观心理层面的需求,还成为衡量其个人能力和生活愿望实现程度的一个重要标志。这种投入不仅体现了家庭成员在追求自我价值实现上的努力,也映射出他们对生活质量的期望及其实际达成的状况。从个人因素分析,人力资本的积累会影响蕴藏在个体身上的资源,进而影响主观心理状态。人力资本,作为个体内在能力与素质的综合体现,其不断累积的过程深刻影响着个体所掌握的各类资源,这些资源包括知识、技能、经验以及社会关系网络等。具体而言,随着人力资本的持续积累,个体在职业发展中展现出更强的竞争力与适应性,从而能够获取更为丰富和高质量的资源。这些资源的增加不仅为个体提供了实现自我价值与社会价值的平台,还极大地增强了其自信心与自我效能感。在此基础上,个体的主观心理状态得以显著改善,表现为更加积极乐观的情绪状态、更高的工作满意度与生活幸福感,以及对未来充满希望的积极预期。进一步地,人力资本的积累还促进了个体认知能力的提升,使其在面对挑战与压力时能够采取更为理性与有效的应对策略,减少负面情绪的产生与积累。这种心理韧性的增强,使得个体在复杂多变的社会环境中能够保持稳定的心理状态,更好地应对各种挑战与机遇。因而,人力资本的积累通过影响个体所掌握的资源质量与数量,进而深刻地塑造着其主观心理状态。这一过程不仅体现了个人发展的内在逻辑,也为理解个体心理状态的多样性与复杂性提供了重要视角。从家庭因素分析,家庭规模的变化和重大事件支出等,会影响家庭对生活条件的期许,影响家庭在主观心理上的安全感和对未来生活改善的希望,进而影响主观心理状态。从工作因素分析,个人收入的变化会从经济角度影响对自身生活质量的认知与评价,进而影响主观心理状态。

第四节　本章小结

本章主要基于需求层次理论、家庭经济学理论和可行能力理论等成熟理论,推导和分析现阶段我国家庭福利的内涵和可行性,构建劳动时间投入对家庭福利影响的理论模型和影响机制,为本书的理论研究提供重要的理论支撑。

第一,基于家庭功能和需求层次理论构建家庭福利理论框架。从家庭功能和需求层次角度分析家庭福利的内容与层次,根据家庭的基本属性和组建的目的,将部分家庭功能进行合并和内容扩充,可以归纳为经济功能、居住功能、社会化功能和情感功能,以此为依据构成家庭福利内容。根据马斯洛需求层次理论,可将家庭需求分为以基本生活、保障和财产现状为主的基本生理需求,基于家庭安全的安全需求、基于家庭情感归属、受尊重程度的社会需求、基于家庭成员主观心理状况和自我实现程度的自我实现需求等。在家庭功能和需求层次理论分析基础上,结合研究主题和我国实际,选取家庭经济状况、家庭居住环境、家庭社会关系和主观心理状态等四个维度,并进行可行性分析,构建家庭福利测度的理论框架,力图将家庭福利这一内涵丰富、包容性强的概念给予与研究主题有关、可解释、有理论支撑、能测量的福利的内涵。

第二,基于福利函数和时间配置模型构建劳动时间投入的家庭福利模型。根据本书的研究主题,将理论模型和研究问题相结合。分析福利函数可以发现,从家庭角度看,社会是家庭的集合,也是个人的集合,家庭在社会与个体之间起到中介作用;从家庭效用看,家庭总效用取决于家庭成员在家庭和市场分工所获得的效益;从家庭福利函数看,家庭福利与影响家庭福利的各因素之间存在着函数关系,随影响因素的增减而增减。分析时间配置模型可以发现,从时间的可利用性来看,劳动时间是时间配置的重要组成部分;从家庭角度看,家庭成员的劳动时间投入会影响家庭效用变动;从家庭福利函数看,家庭成员劳动时间利用的最初动机是家庭福利的最大化,家庭福利函数是家庭效用函数的表现。基于以上分析,并将时间配置模型引入家庭福利函数当中,构建劳动时间投入的家庭福利模型。

第三,从理论上对家庭福利的影响因素分析,通过整体层面分析其与劳动时间和家庭福利的关系,重点从微观层面出发,建立劳动时间与家庭福利之间的形成机制。从家庭福利构成及家庭福利的影响因素看,国家、社会、工作、家庭、个人等方面都会对家庭福利状况发挥相应作用,履行相应职责,每个主体作用的方式和方法有差别。从整体层面看,职业状态和家庭福利涉及五方主体,都在两者关系中参与发挥各自职能。从微观层面看,劳动时间作为其中的重要因素,通过个人因素、家庭因素和工作因素三个方面影响家庭福利,对各项家庭福利的三种类型一致的基础上,具体影响因素会存在差异。

第五章　女性劳动时间投入的家庭福利效应的实证研究

实证检验是理论分析的事实依据,本章基于女性劳动时间价值对家庭福利的影响,结合中国微观调查数据库,分析女性劳动时间投入对家庭经济效应、家庭居住环境、家庭社会关系和主观心理状态及家庭综合福利的实证研究,揭示女性劳动对家庭的价值贡献。

第一节　理论假设与实证基础

人们想要获得生活所需的物质资源,就需要付出时间资源来换取。劳动时间投入一方面具有其刚性特征,例如法定劳动时间为 8 小时;另一方面劳动时间投入是劳动量的具体体现,是维持劳动者自身及其家庭所必须的生活资料的必要时间投入。本节的实证分析部分重点关注女性劳动时间投入对家庭福利分项和综合的影响。

一、理论假设

理论假设在社会科学研究中扮演着至关重要的角色,它不仅是问题提炼与变量关系的初步构想,更是实证分析得以顺利展开并深入探索的重要纽带。通过不断完善与验证理论假设,我们能够逐步接近社会现象的真实面貌,为理解社会、改造社会提供有力的理论支持与实践指导。基于我国的劳动时间的现状和已有的研究成果,针对女性劳动时间对家庭福利分项的影响,本节将从家庭经济状况、家庭居住环境、家庭社会关系以及主观心理状态四个方面来分析。

从劳动时间与家庭经济状况看,经济情况是维持家庭生活的重要保障。储蓄是家庭的主要经济活动之一,代表家庭经济资源的结余状况,是家庭经济实力的体现。因此劳动时间投入对家庭经济状况的关系表现为,劳动时间投入增加后可以优化家庭经济状况,可以通过把家庭的经济资源从现期转移到将来以使未来消费得到满足。从储蓄动机来看,预防性储蓄是家庭储蓄的一个非常重要的组成部分,家庭为预防未来不确定导致的消费水平急剧下降而进行的储蓄。家庭储蓄,作为家庭经济活动中一个重要的财务结果,通常是家庭收入与支出相互作用的直接体现。在大多数情况下,劳动被视为个体及家庭获取经济资源的主要途径,对于绝大多数人来说,劳动收入构成了家庭经济的基石。然而,值得注意的是,单纯地增加劳动时间的投入,并不总是能够直接转化为家庭经济的积累。这一现象揭示了家庭经济管理中一个微妙的平衡挑战,问题的核心在于如何在保证家庭经济资源稳定增长的同时,避免过度积累或不足积累的双重困境。过度积累可能导致家庭经济资源利用效率低下,抑制了消费与投资潜力,而积累不足则可能危及家庭的经济安全与长期福祉。因此,寻找并维持这一平衡点,成为家庭财务管理中至关重要的一环。这要求家庭在规划经济生活时,需综合考虑多方面因素,包括但不限于家庭成员的职业发展、健康状况、教育需求、生活质量期望以及外部环境变化等。通过合理的财务规划与风险管理,家庭可以更加精准地调控劳动时间投入与家庭储蓄之间的关系,确保家庭经济资源的可持续增长与合理配置,进而实现家庭经济的稳定与繁荣,其难点在于找到家庭经济的过度积累与积累不足的平衡点,因此劳动时间投入可能会对家庭经济状况有先上升后下降的影响。从性别角度解读家庭经济状况可以发现,家庭中女性的储蓄有相对更强的预防性动机。女性劳动时间投入增加是获得自由支配收入的主要来源,自由支配收入的增加会带动家庭储蓄率上涨,因此女性的储蓄偏好可能使得劳动时间投入对家庭经济状况有不同程度的影响。据此提出本章的第一个假设:

H1a:从影响趋势看,女性劳动时间投入对家庭经济状况有正向影响。

H1b:从影响关系看,女性劳动时间投入与家庭经济状况存在倒"U"型关系。

H1c:从影响程度看,女性劳动时间投入与家庭经济状况存在阶段性关系。

从劳动时间与家庭居住环境看,家庭居住环境是居住条件和质量的综合体现,从家庭角度来说,住房是居民生存与发展的最基本生活条件之一,也具有抵御经济困难、提供经济安全的功能,会提高居民的自信和个体安全感。随着劳动时间投入的增加,人民生活水平的提高,居住条件也在不断改善。因此女性劳动时间投入对家庭居住环境的影响表现为,劳动时间投入增加有助于改善家庭居住条件和质量,进而提升家庭居住环境。经济收入成为影响居住条件的主要因素,随着劳动时间投入量的逐步增加,家庭往往倾向于借助市场提供的专业服务与日益智能化的家居系统,以提升居住环境的舒适度、安全级别及日常维护的便捷性,从而优化整体的家庭居住体验。然而,居住质量的全面提升并非仅凭智能家居与家用电器的广泛应用即可达成,它还须考虑时间资源的合理分配与家庭成员间劳动负担的均衡。在当前社会分工中,家务劳动仍多数由女性承担,这一现象导致女性劳动时间的分配成为影响家庭居住环境的关键因素之一。初期,随着女性劳动时间的增加,家庭经济收入可能相应提升,进而增强购房能力,使家庭能够选择更宽敞的居住空间或改善居住环境中的客观条件,如房屋位置、装修品质等。然而,当女性劳动时间投入达到某一临界点后,若未能有效平衡工作与家庭生活的界限,可能会导致其在家庭内部维护(如家务、亲子陪伴等)方面的时间投入减少,这将对家庭居住质量的潜在需求,如情感交流、环境温馨度等方面产生不利影响。因此,劳动时间投入与家庭居住环境之间的关系呈现出一种复杂的动态变化:在初期,劳动时间的增加有助于提升家庭居住环境的多个方面;但随着时间的推移,若未能妥善管理时间分配与家庭责任,这种正面效应可能会逐渐减弱,甚至会对居住质量产生负面影响。这表明,在追求家庭经济增长与居住环境改善的同时,必须重视家庭成员间劳动时间的合理分配与家庭生活的全面质量。相比较短的劳动时间投入,不同程度的劳动时间投入会对家庭居住条件和质量有阶段性影响,进而影响到家庭居住环境,因此女性劳动时间投入对家庭居住环境有不同程度的影响。据此,提出本章的第二个假设:

H2a:从影响趋势看,女性劳动时间投入对家庭居住环境有正向影响。

H2b:从影响关系看,女性劳动时间投入与家庭居住环境存在倒"U"型关系。

H2c:从影响程度看,女性劳动时间投入与家庭居住环境存在阶段性关系。

从劳动时间与家庭社会关系看,家庭社会关系一方面通过影响社会交往来扩大和加强其社会网络;另一方面维护亲情关系,帮助家庭获得更多的机会和资源①。女性劳动时间的增加可能会扩大家庭亲友互惠、探望,延续亲友血缘间关系,增加社会交流频次和沟通,深化友谊交往。因此女性劳动时间投入对家庭社会关系的影响表现为,劳动时间投入增加有助于个人人脉的积累和身份地位提升,带来更多的社会支持和网络,进而增强家庭社会关系。家庭社会关系主要体现在人脉资源、亲友关系的积累和拓宽,这些活动都需要一定的时间投入。然而,由于女性在劳动市场上的时间相对不足,她们可能在与同事、领导建立社会网络以及维护与邻里亲友的交流方面存在欠缺。这种交流的缺乏导致她们的社会支持体系相对

---

① 胡枫,陈玉宇:《社会网络与农户借贷行为——来自中国家庭动态跟踪调查(CFPS)的证据》,《金融研究》2012年第12期。

有限,进而可能影响到家庭社会关系的稳固与提升,使其呈现出下降的趋势①。劳动时间的投入与家庭经济状况之间展现出一种非线性的关联,初期可能由于机会成本增加及工作与生活平衡的挑战,导致家庭经济状况出现暂时性的下滑;但随着时间推移,劳动收入的累积与职业发展的推进,家庭经济状况终将呈现上升趋势。这一转变过程深刻体现了劳动时间投入对于家庭经济状况的动态影响。进一步来说,劳动时间投入所带来的不仅仅是经济层面的收益,它还通过获取更多的社会权利与资源,间接地作用于家庭社会关系网络的重塑。然而,在探讨这一影响时,需特别注意性别差异的存在。女性劳动时间的投入,尽管同样能够促进家庭经济的增长与社会资源的积累,但在其社会关系网络的阶段性变化中,可能表现出较为温和或不易察觉的影响。这可能是由于女性在家庭与社会中扮演着多重角色,其劳动时间投入对家庭社会关系的影响更为复杂且多元化,其影响不一定能直接体现。因此,不同程度的劳动时间投入对家庭社会关系的影响,可能无明显关系,它可能因家庭结构、成员角色定位、社会文化背景等多种因素的交织而呈现出多样化的表现。

据此,提出本章的第三个假设:

H3a:从影响趋势看,女性劳动时间投入对家庭社会关系有正向影响。

H3b:从影响关系看,女性劳动时间投入与家庭社会关系存在"U"型关系。

H3c:从影响程度看,女性劳动时间投入与家庭社会关系不存在阶段性关系。

从劳动时间与主观心理状态看,工作作为衡量个人价值的重要标准,也是幸福生活的重要保障,女性增加劳动时间投入能从工作中获得满足感、成就感等。在当代社会结构中,工作不仅是评估个人社会价值的关键尺度,还是通往幸福生活不可或缺的途径之一。对于女性而言,积极参与并增加劳动时间的投入,不仅是对自我

---

① 张莉,余登来,周曦斓,等:《上海市浦东新区工作场所员工社会资本现状及影响因素研究》,《健康教育与健康促进》2016 年第 8 期。

能力的肯定,也是实现个人潜能、实现自身价值的重要路径。通过在职场的奋斗与贡献,女性能够体验到工作带来的深刻满足感,这种满足源自对目标达成的欣慰、对自我成长的认可,以及对社会有所贡献的成就感。此外,工作的过程往往伴随着技能的提升、经验的积累以及人际关系的拓展,这些均为女性的个人发展注入了源源不断的动力。随着劳动时间的合理增加,女性有机会在更广阔的舞台上展现自我,与不同背景的人交流合作,从而不断丰富个人阅历、拓宽视野。这一过程不仅增强了女性的自信心与独立性,也为她们带来了更多元化的幸福体验,使得工作与生活的融合更加和谐,共同构筑起幸福生活的坚实基础。女性增加劳动时间投入,不仅是对个人价值的积极追求,更是通往更加充实、幸福生活的有效途径。在这一过程中,女性通过工作实现了成长与自身价值,同时也为社会的繁荣与发展贡献了自己的力量。因此女性劳动时间投入对主观心理状态的关系表现为,女性劳动时间投入对主观心理状态有积极作用。由于心理状态的主观性,劳动时间投入不足和过长从不同的理论和角度分析可以得到不同的结论,从资源消耗理论分析,劳动时间不足可以看成是资源损耗、边际效应降低,进而会对主观心理状态有影响,女性劳动时间投入不足或未达到期望劳动时间时,劳动者会认为资源获取不足,会降低主观心理状态,从对闲暇的偏好角度分析,劳动者偏好更多的闲暇时光,较短的劳动时间投入会提升主观心理状态[1]。从资源消耗理论分析,劳动时间投入过长会对劳动者的身心健康乃至家庭关系造成不利影响[2]。劳动时间长短又与收入相关,收入影响客观生活质量,进而主观心理状态[3]。因此劳动时间投入会对主观心理状态有先上升后下降或者先下降后升的影响。相比刚性劳动时间,劳动时间投

① Luechinger S,Meier S,Stutzer A. "Why does unemployment hurt the employed? Evidence from the life satisfaction gap between the public and the private sector." *Journal of Human Resources*,2010,45(4):998 – 1045.

② Kasser T. ,Sheldon K. M. "Time Affluence as a Path Toward Personal Happiness and Ethical Business Practice:Empirical Evidence from Four Studies." *Journal of Business Ethics*,2009,84(2),243 – 255.

③ 李军,袁国敏:《工作时间对于居民幸福感的影响:基于 CLDS2016 数据的实证分析》,《决策与信息》2019 年第 5 期。

入所带来积极的情绪体验以及自我损耗的负面作用会对主观心理状态产生阶段性的影响,因此不同程度劳动时间投入对主观心理状态可能无明显影响。据此,提出本章的第四个假设:

H4a:从影响趋势看,女性劳动时间投入对主观心理状态有正向影响。

H4b:从影响关系看,女性劳动时间投入与主观心理状态存在"U"型关系或倒"U"型关系。

H4c:从影响程度看,女性劳动时间投入与主观心理状态存在阶段性关系。

表 5 – 1　女性劳动时间对家庭福利分项影响的研究假设

序号	假设内容
H1	H1a:从影响趋势看,女性劳动时间投入与家庭经济状况存在正向关系 H1b:从影响关系看,女性劳动时间投入与家庭经济状况存在倒"U"型关系 H1c:从影响程度看,女性劳动时间投入与家庭经济状况存在阶段性关系
H2	H2a:从影响趋势看,女性劳动时间投入对家庭居住环境有正向影响 H2b:从影响关系看,女性劳动时间投入与家庭居住环境存在倒"U"型关系 H2c:从影响程度看,女性劳动时间投入与家庭居住环境存在阶段性关系
H3	H3a:从影响趋势看,女性劳动时间投入与家庭社会关系存在正向关系 H3b:从影响关系看,女性劳动时间投入与家庭社会关系存在"U"型关系 H3c:从影响程度看,女性劳动时间投入与家庭社会关系不存在阶段性关系
H4	H4a:从影响趋势看,女性劳动时间投入对主观心理状态有正向影响 H4b:从影响关系看,女性劳动时间投入与主观心理状态存在"U"型关系或倒"U"型关系 H4c:从影响程度看,女性劳动时间投入与主观心理状态存在阶段性关系

二、实证基础

(一)数据来源

数据支撑是实证研究的重要部分,本部分选择中国家庭追踪调查数据(CF-

PS），这一数据集以其广泛的覆盖范围、详尽的变量设计和连续的追踪调查特性，为深入分析社会经济现象提供了坚实的数据保障。通过这一数据库，能够获取包括家庭经济状况、人口结构、教育水平、就业状况以及消费模式等多维度的详尽信息，为探讨特定社会现象背后的影响因素、作用机制及发展趋势奠定了坚实的数据基础。

CFPS 通过对全国 25 个省份的 162 个县的 635 个社区（或村庄）进行抽样调查，得到社区、家庭、成年人和儿童四个层面的数据。CFPS 已于 2010、2012、2014、2016 和 2018 年进行了五次调查。该调查采用了分层多阶段的抽样方法，对全国人口具有 95% 的代表性（Xie，2012）。该数据详细收集了家庭成员的工作及收入信息，涵盖工作、教育、家庭人口等研究主题，同时也详细记录了家庭的各项收入和消费状况，为研究女性劳动时间和家庭福利问题提供了可靠的数据支持。CFPS 数据采用科学、随机的抽样方式，调查数据具有良好的代表性，数据质量较高。本研究选取 CFPS2014—2018 年数据为研究样本，主要原因是 CFPS2010 和 CFPS2012 年数据缺少有关主要变量的被调查项（如人情礼金），以及控制变量中调查项内容设计差异（如家务劳动时间），故而舍弃 2010 年和 2012 年的样本。在处理上述各类数据的过程中，剔除了缺失值以及无效数据，截尾处理，同时进行了加权处理①，使样本具有全国代表性。本书研究样本以劳动力劳动年龄为基础，考虑到老龄化社会的到来，劳动力面临到了退休年龄但"退而不休"的处境，根据本书研究主题，劳动时间的价值不受退休政策的影响，基于以上考虑将女性非农劳动力样本中劳动力年龄段放宽限制为 16—64 岁。

（二）变量选取

根据研究主题和数据可得性，本研究选取了家庭经济状况、家庭居住环境、家

---

① CFPS 数据库使用 PPS 抽样，需结合抽样权数（王峰、米子川，2020），因此在实证分析中，使用 CFPS 项目组公布的"个人截面权数"进行加权，使样本具有全国代表性。

庭社会关系,以及个体的主观心理状态作为本研究的被解释变量体系。这一选择旨在全面而深入地剖析家庭福祉的多元维度。其中,家庭经济状况作为衡量家庭物质基础的重要指标,直接反映了家庭的经济安全与生活水平;家庭居住环境则涵盖了物理空间的舒适度、安全性及整体氛围,对家庭成员的生活质量有着不可忽视的影响;家庭社会关系则涵盖了家庭成员间的互动、与外部社会网络的连接,是评估家庭社会融入度与支持网络强度的关键;而主观心理状态,作为个体对幸福与满足感的直接感受,是理解家庭福利主观层面的重要窗口。为了深入探究上述被解释变量背后的驱动因素,本研究将劳动时间作为核心解释变量,旨在揭示其如何直接或间接地作用于家庭福祉的各个层面。劳动时间作为衡量个体工作投入与努力程度的关键指标,不仅关乎家庭经济资源的获取,还可能通过一系列连锁反应,对家庭的整体福祉产生深远影响。在选取其他控制变量时,广泛借鉴了经典理论框架与学界已有的深入研究。这些控制变量的引入,旨在剔除或控制那些可能影响被解释变量但与核心解释变量(即劳动时间)无直接关联的因素,从而确保研究结论的准确性与可靠性。通过综合考量,我们精选了一系列与家庭经济、社会、心理等多个维度紧密相关的控制变量,以期在控制这些潜在干扰因素的基础上,更清晰地揭示劳动时间与家庭福祉之间的复杂关系。因此,本部分的实证模型引入的相关变量的基本情况如下:

被解释变量为家庭综合福利和家庭分项福利,其中家庭分项福利可分为家庭经济状况、家庭居住环境、家庭社会关系、主观心理状态作为本章的被解释变量衡量。

家庭经济状况指标:主要选择家庭储蓄率作为代理变量来衡量。关于家庭储蓄率的衡量需要通过计算得出,借鉴 Chamon and Prasad、马光荣和周广肃、苏华山等的做法,将家庭储蓄率定义为以下三种方法,本研究使用第一种方法来衡量被解释变量,其他两种方法作为稳健性检验。①

第一种家庭储蓄率是直接根据其经济学含义,用家庭收入减去家庭消费支出,再除以家庭收入,记为 savinga。表达式如下:

$$savinga =(家庭收入 - 家庭消费支出)/家庭收入。$$

第二种家庭储蓄率,对于家庭而言,面对诸如医疗、教育等非传统且不确定性较高的支出项目,其短期内的消费模式往往会经历显著的波动。特别是教育经费,作为一项具有显著阶段性和刚性需求的支出,它对于家庭财务规划构成了不可忽视的影响。鉴于此,为了更准确地衡量家庭在满足基本生活需求之外的储蓄能力,本研究需要首先识别并剔除这些非经常性但必要的开支,如医疗与教育费用,从而界定出更为纯粹的、用于满足日常消费需求的支出部分。基于家庭总收入,本研究扣除上述经过细致分类与计算的常规消费性开支,这一步骤旨在剥离出家庭可用于储蓄或投资的剩余资金。接着,通过将这一剩余资金量除以家庭总收入,本研究得到了一个反映家庭储蓄倾向与能力的指标,即第二种家庭储蓄率(记为 savingb)。此计算方法不仅体现了家庭在应对不确定性与刚性支出压力下的财务灵活性,还为深入理解家庭储蓄行为的内在逻辑及其与社会经济环境之间的相互作用关系提供了量化工具。概括来讲,用家庭收入扣除常规消费支出后,再除以家庭收入,记为 savingb,得到第二种家庭储蓄率,表达式如下:

$$savingb =[家庭收入 - (家庭消费支出 - 医疗支出 - 教育支出)]/家庭收入。$$

第三种家庭储蓄率,家庭收入的对数减去家庭消费支出的对数,记作 savingc,表达式如下:

$$savingc = Ln(家庭收入) - Ln(家庭消费)。$$

① 根据储蓄率 savinga 的分布发现,有很明显的向左拖尾的特征,少量样本的负储蓄率绝对值很大,最小值达到 -4159(2018 年),这些极端值代表着一些非正常情况,为了避免极端数值对实证结果的负面影响,参考万广华等、李雪松和黄彦彦的处理方法,对 savinga/savingb 采取左侧截尾处理,删除 savinga/savingb 小于 -200% 的观测值。

家庭居住环境指标:选择自有住房拥有数量和家居整洁程度的复合指标作为代理变量来衡量。家庭居住环境反映的是房屋的居住需求和舒适程度,该值越大,表明有更高的舒适度,该指标对居住功能的实现都有正向的影响。自有住房拥有数量和家居整洁程度代表家庭居住条件和质量,分别选取样本问卷中"您家现住房归谁所有""除现住房是否还有房产"和"家居整洁程度"的回答来衡量。

家庭社会关系指标:选择人情礼支出作为代理变量来衡量。结合现有相关文献的研究以及 CFPS 数据库的特征,使用人情礼支出来衡量家庭社会关系。选取样本问卷中"包括实物和现金,过去 12 个月,家庭人情礼支出"的回答来衡量。

主观心理状态指标:选择幸福感作为代理变量来衡量。选取样本问卷中"有多幸福(分)"题项,根据被调查者自己的主观幸福感受进行回答,以此作为研究主观心理状态的替代指标。

核心解释变量。选取劳动时间为核心解释变量。学界在研究劳动时间时,采用的衡量指标一般为周工作时间为衡量指标。同时对劳动时间从三个方面进行衡量:第一,劳动时间连续变量;第二,加入劳动时间平方项;第三,将劳动时间投入划分为:(1,30]小时、(30,40]小时、(40,50]小时、(50,60]小时、(60,max]小时,这五个时间段。从三个层面衡量劳动时间,可以分别从劳动时间对家庭福利分项和综合的影响趋势、影响程度以及与其具体关系的角度,全面揭示其对家庭福利的影响。

其他控制变量。本部分研究探讨女性劳动时间对家庭经济状况、家庭居住环境、家庭社会关系、主观心理状态以及家庭综合福利的影响,考虑到模型经济含义上的合理性,被解释变量不同就需要引入不同的控制变量,本部分主要针对相对一致的控制变量类型进行介绍,具体针对不同模型中选取的其他几个控制变量在家庭福利分项的回归分析中具体说明。基于研究主题,家庭福利分项的控制变量主要分三类:个人特征、工作特征和家庭特征。第一类是个人特征变量,包括年龄、是否城市户籍、婚姻状况、受教育程度、健康状况等。第二类是工作特征,包括是否签订合同、个人收入、单位性质等。第三类是家庭特征,包括家庭规模、少儿人口数、老年人口数、家务劳动时间、医疗保健支出、家庭重大事件等。为了控制地区经济发展水平之间的差异,引入了个体所在省市的人均 GDP。并且增加了职业、地区和年份固定效应。

表 5 – 2　主要变量指标定义

	变量名	变量符号	变量定义及赋值
被解释变量	家庭经济状况	savinga	连续型变量,家庭储蓄率＝(总收入 – 消费支出)/总收入
	家庭居住环境	fhouseb	离散型变量,包括自有住房拥有数量与家庭整洁程度的复合指标
	家庭社会关系	lnscexp	连续型变量,人情礼支出,取自然对数
	主观心理状态	hap	离散型变量,主观幸福感
解释变量	劳动时间	worktime	连续型变量,每周工作时长
		worktime2	连续型变量,每周工作时长的平方
		worktime3	离散型变量,≤30 小时 ＝1,30—40 小时 ＝2,40—50 小时 ＝3,50—60 小时 ＝4,>60 小时 ＝5
第一类控制变量	年龄	age	连续型变量,调查年度年龄
	是否城市户籍	register	离散型变量,城市户籍 ＝1,非城市户籍 ＝0
	受教育程度	educ	离散型变量,文盲 ＝1,小学初中 ＝2,高中 ＝3,大专、本科 ＝4,研究生及以上 ＝5
	健康状况	health	离散型变量,不健康 ＝1,一般 ＝2,比较健康 ＝3,很健康 ＝4,非常健康 ＝5
	婚姻状况	marriage	离散型变量,在婚 ＝1,其他 ＝0
	是否为党员	member	离散型变量,党员 ＝1,其他 ＝0
	是否参与养老保险	insurance	离散型变量,参与养老保险 ＝1,其他 ＝0

续表

	变量名	变量符号	变量定义及赋值
第二类 控制变量	是否签订合同	contract	离散型变量,签订劳动合同、聘用合同或录用 协议 = 1,其他 = 0
	小时收入	lnwage	连续型变量,个人收入/(每周工时 * 52),取 自然对数
	工作单位	workplace	离散型变量,党政机关、政府部门、事业单位、 国有企业、集体企业 = 1,其他 = 0
第三类 控制变量	家庭规模	familysize	离散型变量,家庭总人口
	少儿人口数	child	离散型变量,家庭 14 岁及以下人口数量
	老年人口数	old	离散型变量,家庭 65 岁及以上人口数量
	家务劳动时间	housework	连续型变量,小时/日
区域特征	人均 GDP	lnavgdp	连续型变量,所在省份人均 GDP,取自然对数

表 5 - 3　主要变量客观性事实统计

		均值	标准差	中值	最小值	最大值	样本量
家庭经济状况	savinga	0.08	0.61	0.23	-2	0.99	9795
家庭居住环境	fhouseb	4.73	1.14	5	1	6	8610
家庭社会关系	lnscexp	7.92	1.11	8.01	1.61	10.31	9283
主观心理状态	hap	7.79	2.01	8	0	10	7143
劳动时间	worktime	51.09	18.57	50	6	105	10308
年龄	age	35.28	11.06	34	16	64	10308
是否城市户籍	register	0.35	0.48	0	0	1	10308
受教育程度	educ	2.55	0.94	2	1	5	10008
健康状况	health	3.25	1.09	3	1	5	10278
婚姻状况	marriage	0.72	0.45	1	0	1	10308
是否为党员	member	0.02	0.15	0	0	1	10308

		均值	标准差	中值	最小值	最大值	样本量
是否参与养老保险	insurance	0.61	0.49	1	0	1	9547
是否签订合同	contract	0.45	0.5	0	0	1	7637
小时收入	lnwage	2.01	0.98	2.11	0	4.68	8400
工作单位	workplace	0.2	0.4	0	0	1	10001
家庭规模	familysize	4.16	1.84	4	1	17	10308
少儿人口数	child	0.51	0.73	0	0	6	10308
老年人口数	old	1.31	0.81	1	0	3	10308
家务劳动时间	housework	1.83	1.42	1.86	0	16	9499
人均GDP	lnavgdp	10.78	0.37	10.66	10.18	11.85	10308

注:截面数据的加权调整均使用 CFPS 提供的、经过抽样设计和无应答权重调整的全国样本个人权数,下同。

(三)回归模型

计量模型需要考虑被解释变量的属性,本章根据衡量家庭经济状况、家庭居住环境、家庭社会关系和主观心理状态变量的特征,主要构建以下几类计量模型:

OLS(最小二乘法)模型要求被解释变量为连续变量,具体计量模型为:

$$Y_{1i} = a_0 + a_1 worktime_i + \alpha X_i + \vartheta_i + \varepsilon_i \tag{5.1}$$

其中,Y_{1i}为被解释变量,分别表示家庭经济状况(savinga)、家庭社会关系(lnscexp)。$worktime_i$为解释变量,表示劳动时间投入,利用每周工作时长来衡量。X_i为对应的控制变量集合,ϑ_i表示职业、地区、年份固定效应,ε_i为随机扰动项。

Oprobit 模型将被解释变量视为排序变量看待,需要使用潜变量推导出 MLE(极大似然估计)估计量。

$$Y_{2i}^* = b_0 + b_1 worktime_i + \beta X_i + \vartheta_i + \varepsilon_i \tag{5.2}$$

其中,Y_{2i}^*分别表示第i个被解释变量,Y_{2i}与存在一定的数量关系。当Y_{2i}^*低于临界值C_1时,被解释变量为最小值($Y_{2i} = 1$);高于C_1但低于C_2时,被解释变量更大($Y_{2i}=2$);以此类推,当Y_{2i}^*高于C_6时,被解释变量为最大值($Y_{2i}=6$)。如公式(5.3)所示:

$$Y_{2i} = \begin{cases} 1 & Y_{2i}^* \leqslant C_1 \\ 2 & C_1 < Y_{2i}^* \leqslant C_2 \\ \vdots & \vdots \\ m & Y_{2i}^* > C_{j-1} \end{cases} \tag{5.3}$$

假设$\varepsilon_{ijk} \sim N(0,1)$分布,X表示所有解释变量,$\Phi(\cdot)$表示累计分布函数,则$Y_{2i}$可以表示为:

$$P(Y_{2i}=1) = \Phi(C_1 - X\beta) \tag{5.4}$$

$$P(Y_{2i}=2) = \Phi(C_2 - X\beta) - \Phi(C_1 - X\beta) \tag{5.5}$$

$$\cdots\cdots$$

$$P(Y_{2i}=6) = 1 - \Phi(C_6 - X\beta) \tag{5.6}$$

其中,Y_{2i}为被解释变量,分别表示家庭居住环境(fhouseb)、主观心理状态(hap)。worktime为解释变量,表示劳动时间投入,由每周工作时长来衡量。X_i为对应的控制变量集合,ϑ_i分别表示职业、地区、年份固定效应,ε_i为随机扰动项。

为了分析女性劳动时间投入对家庭福利分项的影响关系,分别在公式(5.1)和(5.2)中引入劳动时间平方项(worktime2),为了分析女性劳动时间投入对家庭福利分项的影响程度,分别将公式(5.1)和(5.2)中劳动时间替换为分区间的劳动时间进行实证分析。

第二节　女性劳动时间投入与
家庭福利的描述性分析

描述性统计分析多用于样本数据及其变量关系的概述与计算。描述性统计分析,作为数据分析的初步且关键步骤,广泛应用于对样本数据集及其内部变量间关系的全面概览与量化刻画之中。这一方法旨在通过一系列统计指标与图表展示,对数据的中心趋势、离散程度、分布形态以及变量间的相互关联进行直观而深入的描述。描述性统计分析不仅限于简单地汇总样本数据的基本信息,如均值、中位数等中心趋势指标,还进一步探索数据的变异性与稳定性,通过标准差、四分位距等离散程度指标来揭示。同时,利用直方图、箱线图等图形工具,能够直观展示数据的分布形态,包括是否对称、是否存在异常值等特征。因而,描述性统计分析在数据处理与分析流程中占据重要地位,它不仅是理解数据结构与特性的有效手段,也是后续高级统计分析方法应用的前提与基础,对于确保研究结论的准确性与可靠性具有重要意义。

本节主要从家庭经济状况、家庭居住环境、家庭社会关系以及主观心理状态四个维度考察了女性不同组劳动时间投入的差异性影响,系统地探索了女性劳动时间投入差异性的多元影响因素。家庭经济状况作为基础性因素,直接关联到女性参与劳动市场的决策与投入程度。不同经济水平的家庭,其成员间的经济贡献需求、资源配置策略以及女性所面临的经济压力各异,进而影响了她们在劳动市场上的时间分配。家庭居住环境的优劣,包括居住条件的现代化程度、周边设施的完善性以及居住区的整体安全环境等,均对女性的劳动时间投入产生间接但深远的影响。良好的居住环境能够减轻家务负担,从而使女性可以将更多精力用于职业发展。家庭社会关系网络的构建与维护也是不可忽视的影响因素,家庭成员间的支持程度、社交网络中的资源获取能力以及社会期望的压力等,都在不同程度上塑造了女性对于劳动时间投入的认知与行为选择。从主观心理状态层面出发,女性的个人价值观、职业满意度、工作家庭冲突的感受以及心理健康状况等,均是其决定劳动时间投入的重要内在驱动力。这些因素相互作用,共同构建了女性劳动时间分配的复杂心理机制。因而,本节通过细致入微的考察,揭示了家庭经济状况、居住环境、社会关系网络及主观心理状态等多维度因素对女性劳动时间投入差异性的综合影响,为深入理解女性劳动参与行为提供了丰富的实证依据。

一、劳动时间和家庭福利的分项分析

本书的被解释变量包括家庭福利分项和综合内容,即家庭经济状况、家庭居住环境、家庭社会关系、主观心理状态,解释变量为劳动时间。本部分主要描述主要变量的总体特征,包括均值、标准差、最小值、最大值,结合主要变量样本分布,反映了同一变量不同类别的差异。在探讨劳动时间作为解释变量的研究中,本部分的核心是阐述描述劳动时间这一主要变量的总体特征,旨在通过一系列统计指标来刻画其分布形态,同时结合样本数据的具体分布,揭示同一变量在不同类别或群体间的差异性。首先关注的是劳动时间的均值(Mean),它代表了样本中劳动时间的平均水平,能够直观展示劳动时间的集中趋势。其次,标准差(Standard Deviation)作为衡量数据离散程度的重要指标,反映了劳动时间围绕均值的波动情况,标准差越大,说明劳动时间在不同个体或群体间的差异越显著。最小值(Minimum)和最大值(Maximum)的呈现,则揭示了劳动时间可能达到的最低与最高界限,这对于理解劳动时间的极端情况以及潜在的影响因素具有重要意义。为了更全面地了解劳动时间的分布特性,我们进一步结合样本数据的分布形态进行分析。这通常涉及绘制直方图或密度图等图形工具,以直观展示劳动时间的分布情况,包括是否呈现正态分布、偏态分布或其他特定形态。同时,通过分组或分类的方式(如按性别、年龄、职业类型等),我们可以对比不同类别或群体间劳动时间的差异,探究其背后的社会经济因素或个人特征影响。

因而,本部分通过计算并呈现劳动时间的均值、标准差、最小值、最大值等统计指标,结合样本数据的具体分布形态,全面而深入地描述了劳动时间的主要特征及其在不同类别或群体间的差异性。这不仅为后续的统计分析提供了基础数据支持,也为深入理解劳动时间的影响因素与机制奠定了重要基础。

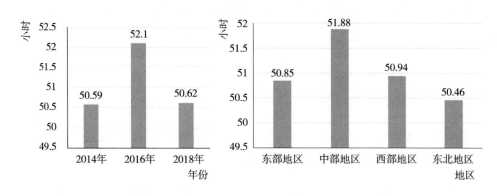

(a)按年份分女性劳动时间条形图　　　　(b)按地区分女性劳动时间条形图

图5-1　按年份和地区分女性劳动时间条形图

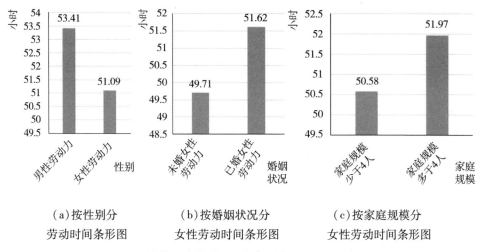

(a)按性别分　　　　(b)按婚姻状况分　　　　(c)按家庭规模分
劳动时间条形图　　　女性劳动时间条形图　　　女性劳动时间条形图

图5-2　按性别、婚姻状况、家庭规模分劳动时间条形图

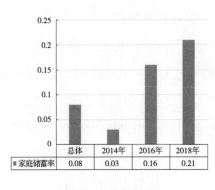

图 5 - 3　按年份分
家庭经济状况条形图

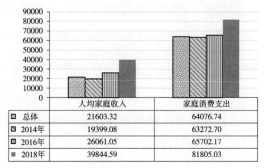

	人均家庭收入	家庭消费支出
总体	21603.32	64076.74
2014年	19399.08	63272.70
2016年	26061.05	65702.17
2018年	39844.59	81805.03

图 5 - 4　按年份分
人均家庭收入、家庭消费支出条形图

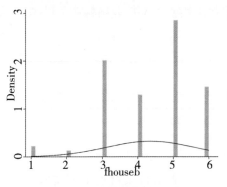

图 5 - 5　家庭居住环境条形图①

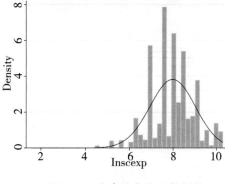

图 5 - 6　家庭社会关系直方图

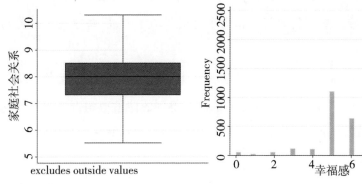

图 5 - 7　家庭社会关系箱型图

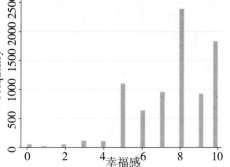

图 5 - 8　主观心理状态样本分布条形图

① 注:矩形的高度对应样本数占总样本的比例。

根据描述性统计分析的图 5-1 至图 5-8 可以得出以下结论：

第一，根据图 5-1 和图 5-2，从劳动时间方面可以看出，女性劳动时间均值为 51.09 小时，占男性劳动力劳动时间 95.66%，均超过了法定劳动时间。不同群体间的女性在劳动时间的均值上存在显著的差异性，通过对历年数据的纵向比较，可以清晰地观察到一种趋势性变化：女性劳动时间起初呈现出逐年递增的态势，随后却出现了回落的现象，这一先升后降的模式可能映射了社会经济结构变迁与女性劳动参与模式的动态调整。当我们将视角转向地域维度，对不同地区女性劳动时间进行对比分析时，可以发现中部地区的女性普遍展现出更长的劳动时间。这一差异背后，可能蕴含着地区间经济发展水平的不均衡以及行业结构布局的差异性。具体而言，中部地区可能由于特定的产业结构或经济发展阶段，对女性劳动力的需求更为旺盛，或是该区域的女性在劳动力市场中扮演了更为积极的角色。此外，进一步细分样本，探讨婚姻状况与家庭规模对女性劳动时间的影响时，结果显示已婚女性及家庭规模较大的女性群体，其劳动时间普遍更长。这一现象深刻揭示了女性在社会与家庭双重角色中的责任与负担。已婚状态可能意味着女性需要兼顾家庭与职业的双重责任，而家庭规模的扩大则直接增加了家庭日常运营与照顾家庭成员的时间成本。因此，这些女性为了维持家庭的经济运转与生活质量，往往不得不投入更多的时间和精力于有偿劳动之中，从而导致了其劳动时间的相对延长。

第二，根据图 5-3 和图 5-4，从家庭经济方面可以看出，家庭储蓄率均值为 8%，这与马光荣和周广肃、昌忠泽和姜珂的研究得到的储蓄率相近。比较不同年份的家庭储蓄率可以发现，家庭储蓄率逐年上升，与我国高储蓄率的现状，居民偏好储蓄的现实相符。人均家庭收入均值为 2.16 万元，居民收入水平逐年提高；家庭消费支出均值为 6.41 万元，家庭消费支出逐年增加。比较人均家庭收入和家庭消费支出可以发现，前者增长率最多为 52.89%，后者增长率最多为 31.40%，体现了"高储蓄、低消费"居民经济水平的特征。

第三,根据图5-5至图5-8,从家庭非经济方面可以看出,家庭居住环境的样本分布显示,家庭居住环境为5时占比最高,家庭居住环境整体呈偏态分布,说明了居民对家庭居住环境中保障性和整洁性的需求。家庭社会关系的分布显示,对该变量取自然对数后比原来结果满足正态分布,根据箱型图显示,取自然对数之后可以较好地处理极端值以及非正态分布等问题,体现了人情礼节与社会关系中,人缘、社会地位等信息之间复杂的相互作用与相互影响。

在深入剖析家庭社会关系的数据分布特征时,本研究通过对其应用自然对数转换,能够显著改善原始数据的分布形态,使之更趋近于正态分布。这一转换过程不仅优化了数据的统计特性,还为后续分析提供了更为坚实的基础。具体而言,箱型图在处理极端值方面的显著优势,它有效地平滑了数据中的极端波动,使得分析更加聚焦于数据的主体分布特征,减少个别极端值的干扰。另外,这种转换还深刻体现了家庭社会关系中的复杂互动机制。人情礼节、人缘积累以及社会地位等要素在家庭社会网络中相互交织、彼此影响,共同构成了家庭社会关系网络的多维图景。自然对数转换后的数据,更加精准地捕捉到了这些要素之间的内在联系与相互性,使得我们能够更加深入地理解家庭社会关系网络的结构特征与动态变化。对家庭社会关系变量采取自然对数转换,不仅是对数据分布形态的优化处理,更是对家庭社会关系复杂本质的一种深刻洞察。这一转换不仅解决了数据分析中的技术难题,更为我们揭示了家庭社会关系网络中人情礼节、人缘、社会地位等要素之间错综复杂的相互关系,为深入理解家庭社会关系的内在逻辑提供了有力支持。主观心理状态的分布显示,根据其衡量指标看出女性主观幸福感平均值为7.79,处于较高水平,主观幸福感为8分占比最高,为29.04%,反映了总体主观心理状态水平较高。

二、女性劳动时间与家庭福利的关系分析

本章节的核心聚焦于主要变量间错综复杂关系的详尽阐述,特别是劳动时间与家庭经济状况、居住环境的舒适度与安全性、家庭内外部社会关系的紧密程度，以及个体主观心理状态之间的多维度关联分析。通过这一深入剖析，我们旨在初步勾勒出女性劳动时间投入与家庭整体福利水平之间可能存在的趋势性关联，为后续深入探讨劳动时间与各项家庭福利指标之间的具体相关性奠定理论基础，并据此为全面分析两者间复杂关系提供清晰的逻辑框架与研究路径。具体而言，我们将细致考察劳动时间如何作为关键驱动因素，直接或间接地影响家庭经济资源的积累、居住条件的改善、社会网络的拓展与深化，以及家庭成员主观幸福感的提升。这一分析过程不仅要求我们对各变量间的直接效应进行量化评估，还需深入探究潜在的间接作用机制与中介效应，以全面揭示劳动时间对家庭福利的多层次、多维度影响。在此基础上，我们期望能够初步判断女性劳动时间增加对家庭福利的总体影响趋势，是呈现正向促进还是存在某种程度的边际效应递减，亦或是受到其他未观测因素的调节而表现出更为复杂的非线性关系。这一判断不仅有助于我们更准确地把握劳动时间与家庭福利之间的内在联系，也为后续研究提供了明确的方向与思路，即如何通过优化劳动时间配置、提升劳动效率与质量，以最大化地促进家庭福利的全面提升。

表 5-4　女性劳动时间与家庭福利分项的关系描述性分析

劳动时间	≤30 小时	30—40 小时	40—50 小时	50—60 小时	>60 小时	平均
家庭经济状况	2%	7%	9%	9%	8%	8%
家庭居住环境	4.72	4.90	4.71	4.69	4.62	4.73%
家庭社会关系	8.04	8.04	7.92	7.80	7.87	7.92%
主观心理状态	7.68	8.01	7.68	7.75	7.74	7.79%

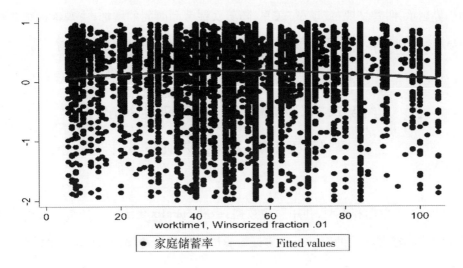

图 5 - 9　女性劳动时间与家庭经济状况散点图

根据描述性统计分析的表 5 - 4 和图 5 - 9 可以得出以下结论：

第一，女性劳动时间与家庭经济状况的关系显示，周工时为 40—50 小时和 50—60 小时家庭经济状况高于平均水平，随着女性劳动时间投入增加，家庭经济状况总体呈现增长态势。女性劳动时间与家庭居住环境的关系显示，周工时在 30—40 小时的家庭居住环境水平最高。女性劳动时间与家庭社会关系显示，周工时在少于 30 小时和 30—40 小时的家庭社会关系高于平均水平。女性劳动时间与主观心理状态的关系显示，女性在周工时 30—40 小时的主观心理状况得分最高。

第二，女性劳动时间与家庭经济状况的相关性显示，通过非线性的拟合曲线可以看出两者呈现微弱的"倒"U"型"关系，说明随着劳动时间投入的增加，家庭经济状况有先增加后降低的趋势。女性劳动时间与家庭居住环境的变动趋势显示，两者呈现"波动型"关系，因此两者关系还要控制其他因素进一步分析。女性劳动时间与家庭社会关系趋势显示，两者呈现"梯型"关系，随着劳动时间投入增加，家庭社会关系总体呈先增加后持平再减少的趋势。女性劳动时间与主观心理状态的变动趋势显示,两者呈现"波动型"关系,随着女性劳动时间的增加,主观幸福感并无明显线性或非线性变化,两者关系的考察还要综合考虑其他因素的影响。

第三节 女性劳动时间投入的
家庭福利效应的分项分析

结合以上数据和模型,利用微观数据,借助 Stata16.0 统计软件考察女性劳动时间对家庭经济状况的影响进行实证检验以及稳健性检验,实证结果详见表 5 - 5、表 5 - 6 以及表 5 - 7。

一、女性劳动时间投入对家庭经济状况的影响和机制分析

(一)女性劳动时间投入对家庭经济状况的影响分析

本节中潜在的问题是女性劳动时间投入可能是内生的:一方面,存在遗漏变量的问题。对于家庭经济状况,当地的风俗、文化等不可观测的变量,可能既会影响女性劳动时间投入,同时影响家庭储蓄行为,从而产生内生性。另一方面,家庭经济状况也会影响女性劳动时间的长短。

为克服内生性问题,本部分采用工具变量法进行两阶段估计。工具变量是否有效取决于工具变量是否同时满足工具变量是否与内生解释变量存在偏相关关系以及工具变量是否外生两个必要条件。本章选择同行业其他女性劳动力的平均劳动时间(ivworktime)作为工具变量,并采用两阶段回归(2SLS)的方法解决女性劳动时间和家庭福利分项之间的内生性问题。选取工具变量的原因在于,同行业、同性别的劳动时间会对样本女性的劳动时间产生影响,但不会影响样本家庭经济状况,工具变量符合"相关性"与"外生性"的条件。

普通最小二乘法和工具变量法的回归结果如表 5 - 5 所示。表 5 - 5 中第(1)

列是在储蓄率 a 定义下的回归结果,女性劳动时间的系数为正,回归系数为 0.342。第(2)列是使用工具变量后的估计结果。一阶段回归结果均显示,同一行业其他女性劳动力的平均劳动时间对女性劳动时间的影响系数在 1% 水平显著,一阶段的 F 值均远大于临界值。根据 Stock and Yogo(2005)的经验,F 值大于 10% 的临界值为 16.38,故用同行业其他女性劳动力平均劳动时间做工具变量是合适的,且不存在弱工具变量选择问题。第(3)列是加入劳动时间平方项的回归结果,女性劳动时间一次项回归系数为正,二次项系数为负,统计结果显示两者可能存在倒"U"型关系。

表 5-5　女性劳动时间投入对家庭经济状况的影响

	(1) OLS	(2) 2SLS	(3) OLS	(4) OLS
劳动时间	0.342***	1.122**	0.525***	
	(0.000)	(0.039)	(0.001)	
劳动时间平方项			-0.00255*	
			(0.072)	
劳动时间 (低于 30 小时 = 参照组)				
(30,40]				12.45**
				(0.033)
(40,50]				16.85***
				(0.004)
(50,60]				16.83***
				(0.005)
(60,max)				20.78***
				(0.001)

	（1）OLS	（2）2SLS	（3）OLS	（4）OLS
年龄	0.190	0.236	0.437***	0.221
	(0.385)	(0.299)	(0.000)	(0.318)
是否城市户籍	-12.17***	-10.86***	-7.205***	-12.24***
	(0.000)	(0.001)	(0.000)	(0.000)
受教育程度	0.379	1.210	-0.510	0.0418
	(0.850)	(0.565)	(0.611)	(0.983)
健康状况	0.592	1.008	0.612	0.528
	(0.644)	(0.441)	(0.356)	(0.681)
婚姻状况	-4.297	-5.296	-5.149**	-4.326
	(0.308)	(0.226)	(0.017)	(0.307)
是否为党员	4.180	3.072	2.673	4.109
	(0.508)	(0.647)	(0.513)	(0.514)
是否参与养老保险	-0.0138	-0.181	0.334	-0.115
	(0.996)	(0.948)	(0.819)	(0.966)
是否签订合同	-2.952	-2.707	-0.443	-3.575
	(0.255)	(0.301)	(0.765)	(0.177)
小时收入	11.94***	16.79***	11.18***	11.74***
	(0.000)	(0.000)	(0.000)	(0.000)
家庭规模	2.565***	2.918***	2.513***	2.614***
	(0.002)	(0.001)	(0.000)	(0.001)
少儿人口数	2.048	1.706	-2.181**	1.947
	(0.306)	(0.404)	(0.037)	(0.330)
老年人口数	-0.770	-0.687	-1.899*	-0.986
	(0.715)	(0.748)	(0.081)	(0.640)

续表

	（1）	（2）	（3）	（4）
	OLS	2SLS	OLS	OLS
家务劳动时间	− 1.981 *	− 1.199	− 0.865	− 2.003 *
	（0.060）	（0.313）	（0.104）	（0.058）
医疗保健支出	− 3.542 ***	− 3.563 ***	− 2.465 ***	− 3.520 ***
	（0.000）	（0.000）	（0.000）	（0.000）
是否拥有住房	11.65 ***	13.02 ***	9.812 ***	11.52 ***
	（0.001）	（0.000）	（0.000）	（0.001）
人均GDP	8.223	10.50 *	2.406	7.751
	（0.136）	（0.078）	（0.367）	（0.162）
职业固定效应	控制	控制	控制	控制
地区固定效应	控制	控制	控制	控制
年份固定效应	控制	控制	控制	控制
Underidentification test		66.09 ***		
Cragg-Donald Wald F statistic		209.83		
		[16.38]		
常数	− 137.5 **	− 222.2 **	− 75.73 **	− 129.2 **
	（0.029）	（0.013）	（0.014）	（0.041）
N	6610	6610	6610	6610
R^2	0.104	0.072	0.080	0.104
F	11.23	10.56	18.09	10.19

注：*、**、***分别表示为10%、5%、1%水平显著，括号里报告的是 p 值。方括号内为在10%的显著性水平上 Stock-Yogo 弱工具变量识别 F 检验的临界值。

由表 5 - 5 可知：

第一，女性劳动时间投入有利于提升家庭经济状况。从女性劳动时间的系数显著性来看，工具变量的估计结果显示，女性劳动时间系数显著为正，且系数为 1.122。以上回归结果表明，女性劳动时间投入对家庭经济状况具有显著的促进作用，具体来说，女性劳动时间周工时每增加 1 小时，家庭经济状况平均提升 1 个百分点。劳动时间更长的人拥有更高的储蓄能力和投资能力。储蓄的一个动机是防范未来的不确定性，比如收入、失业或者健康状况不佳。预防性的储蓄动机可以解释女性增加劳动时间投入使得收入上升，储蓄率并未下降。中国的社会和私人保险市场仍处于发展的阶段，因此人们有很强的从事预防性储蓄的动机（汪伟，2015），已有研究也证明了居民储蓄行为存在显著的预防性动机（石红梅，2006）。

第二，女性劳动时间对家庭经济状况的影响关系为倒"U"型，存在阶段性影响。经计算发现，女性每周劳动时间达到约 102 小时的拐点后开始对家庭经济状况产生抑制作用，但这一劳动时间远超过国家规定的最高延长的工作时间，因此在实际生活中并不存在这种情况。可以初步判定现阶段女性劳动时间对家庭经济状况具有积极的促进作用。从回归结果来看，劳动时间越长对家庭经济状况影响越强烈。以周工时短于 30 小时为参照组，周工时为 30—40 小时、40—50 小时、50—60 小时、超过 60 小时这四组对家庭经济状况的影响程度整体上逐渐增大，假设 1 得到全部验证。一方面，个体增加劳动时间会增加个人收入，家庭的总收入在短期内显著上升，更多的收入意味着更多的储蓄。另一方面，我国家庭存在明显的习惯消费效应（黄娅娜和宗庆庆，2014），消费水平在短期内不会发生很大变化。在两者作用下，家庭经济状况在超过 60 小时时间段影响程度最大。

第三，个人收入、家庭规模、拥有住房会提升家庭经济状况，婚姻状况、签订合同和医疗保健支出会降低家庭经济状况。收入水平对家庭经济状况具有显著的正向促进作用，符合相对收入假说，与李雪松和黄彦彦的研究结果相一致。家庭规模对家庭经济状况具有显著促进作用,符合家庭储蓄需求理论,也是家庭规模经济效应的体现(顾思蒋、夏庆杰,2018)。家庭拥有住房显著促进了家庭经济状况,说明拥有住房资产是家庭储蓄的重要方式(Campbell and Cocco,2007;易行健等,2015)。医疗保健支出增加会提高家庭消费支出,进而降低家庭经济状况(郑媛,2013)。未婚状态的劳动力可能为了提高在婚姻市场上的竞争优势而增加储蓄率,所产生的"婚姻效应"满足竞争性储蓄理论(Wei and Zhang,2011),在某种程度上,婚姻是一个降低风险的机构,个人成员相互保险,以防生活水平发生冲击性变化。

(二)女性劳动时间投入对家庭经济状况的稳健性检验

为了获得更加可靠的研究结论,本书基于变量定义、模型替换做了稳健性检验。回归结果在表5-6中给出。从计量结果表明,女性劳动时间对家庭经济状况有促进作用,与上文被解释变量定义的结果符合,表明本书所得结论是稳健的。

表5-6　女性劳动时间投入对家庭经济状况的影响稳健性检验

	更换变量定义		模型替换		
	(1)	(2)	(3)	(4)	(5)
	家庭储蓄率 b	家庭储蓄率 c	家庭储蓄率 a	家庭储蓄率 b	家庭储蓄率 c
劳动时间	1.129***	1.025***	1.389***	1.572***	0.945***
	(0.000)	(0.000)	(0.004)	(0.006)	(0.005)
控制变量	控制	控制	控制	控制	控制
职业固定效应	控制	控制	控制	控制	控制
地区固定效应	控制	控制	控制	控制	控制
年份固定效应	控制	控制	控制	控制	控制

	更换变量定义		模型替换		
	(1)	(2)	(3)	(4)	(5)
	家庭储蓄率 b	家庭储蓄率 c	家庭储蓄率 a	家庭储蓄率 b	家庭储蓄率 c
常数	-209.2***	-183.1***	-199.3***	-163.8*	-135.7***
	(0.000)	(0.000)	(0.009)	(0.064)	(0.009)
Underidentification test	66.12***	182.73***			
Cragg-Donald Wald F statistic	209.92	187.95			
Likelihood			-40143.27	-36165.50	-34783.29
	[16.38]	[16.38]			
N	6610	5564	6610	6610	5564
R²	0.039	0.039			
F	19.83	15.78			

注：*、**、***分别表示为10%、5%、1%水平显著，括号里报告的是 p 值。方括号内为在10%的显著性水平上 Stock-Yogo 弱工具变量识别 F 检验的临界值。

(三)女性劳动时间投入对家庭经济状况的机制分析

那么女性劳动时间提升家庭经济状况的原理是什么呢？对现有的研究结果进行了梳理发现，女性的劳动时间投入提高了家庭经济水平，这主要是因为增加了家庭的预防性储蓄动力，并通过实证研究证明了女性劳动时间投入对家庭的预防性储蓄动机的作用。而与储蓄水平有直接关系的是居民的消费水平和收入水平，不同程度的劳动时间投入对家庭的收入和消费又会产生怎样的影响？因此，本节进一步分析女性劳动时间投入对家庭收入和家庭消费支出的影响。

女性劳动时间投入对家庭收入的回归结果如表5-7所示。与前文相同，一阶段回归结果均显示，同一行业其他女性劳动力的平均劳动时间对女性劳动时间的影响系数在1%水平显著，一阶段的 F 值均远大于临界值。根据 Stock and Yogo

(2005)的经验值,F 值大于 10% 的临界值为 16.38,故用同行业其他女性劳动力平均劳动时间做工具变量是合适的,且不存在弱工具变量选择问题。表 5-7 中第(1)(2)(3)列分别为女性劳动时间长短、劳动时间平方项及不同程度对家庭收入的影响,回归结果在 5% 或 1% 的水平上显著。第(4)(5)(6)列为女性劳动时间长短、劳动时间平方项及不同程度对家庭消费支出的影响,回归结果在 5% 或 1% 的水平上显著。

根据表 5-7 可知:

第一,女性劳动时间长短会显著促进家庭增收,两者呈倒"U"型的非线性关系。平均来看,在加入个人、家庭及地区层面的一系列控制变量后,女性劳动时间投入对家庭收入产生正向效应。女性增加劳动时间投入,工作量随之加大,可以带来更多的物质回报,如工资、奖金、福利等,既是自身投入与实际产出一致的体现,也是工作价值的实现,获得的经济回报也是家庭财富积累的主要来源。与家庭经济状况相似,女性每周劳动时间达到约 104 小时的拐点后开始对家庭收入产生抑制作用,但这一劳动时间远超过国家规定的最高延长的工作时间,因此在实际生活中不会出现这种情况。可以初步判定现阶段女性劳动时间对家庭收入具有积极的促进作用。

第二,不同劳动时间投入程度有助于家庭创收,影响呈递增式上升。从不同劳动时间段的回归结果看,女性劳动时间投入越长对家庭收入影响越明显。以每周少于 30 小时为参照组,周工时为 30—40 小时、40—50 小时、50—60 小时、超过 60 小时这四组对家庭收入的影响程度逐渐增大。女性增加劳动时间的直接影响是增加个人收入,使得家庭的总收入上升,当周工时超过 60 小时以上时,其对家庭收入的影响是十分明显的,达到 50.23%。

第三,女性劳动时间与家庭消费支出呈倒"U"型的非线性关系。从家庭总消费支出来看,平均而言女性劳动时间投入会对家庭消费产生负作用。引入劳动时间平方项可以发现,女性劳动时间对家庭消费的负作用并不是贯穿始终,每周劳动时间达到约67小时后开始对家庭收入产生抑制作用,结合女性平均周工时约51小时,可以初步判定现阶段女性劳动时间对家庭消费支出为促进作用。

表5-7 女性劳动时间投入对家庭收入和家庭消费支出的影响

	家庭收入			家庭消费支出		
	(1)	(2)	(3)	(4)	(5)	(6)
劳动时间	0.00566**	0.0128***		-0.00798**	0.00833***	
	(0.050)	(0.000)		(0.015)	(0.000)	
劳动时间平方项		-0.0000610***			-0.0000617***	
		(0.000)			(0.001)	
劳动时间(低于30小时=参照组)						
(30,40]			0.214***			0.111***
			(0.000)			(0.001)
(40,50]			0.271***			0.0984***
			(0.000)			(0.004)
(50,60]			0.303***			0.160***
			(0.000)			(0.000)
(60,max)			0.407***			0.159***
			(0.000)			(0.000)
控制变量	控制	控制	控制	控制	控制	控制
职业固定效应	控制	控制	控制	控制	控制	控制
地区固定效应	控制	控制	控制	控制	控制	控制
年份固定效应	控制	控制	控制	控制	控制	控制

续表

	家庭收入			家庭消费支出		
	(1)	(2)	(3)	(4)	(5)	(6)
常数	4.873 ***	4.625 ***	4.878 ***	7.139 ***	5.904 ***	5.987 ***
	(0.000)	(0.000)	(0.000)	(0.000)	(0.000)	(0.000)
Underidentification test	203.99 ***			203.99 ***		
Cragg-Donald Wald F statistic	209.59 [16.38]			209.59 [16.38]		
N	6610	6610	6610	6610	6610	6610
R^2	0.381	0.382	0.380	0.191	0.229	0.229
F	143.9	145.5	134.6	68.43	69.90	65.24

注：*、**、***分别表示为10%、5%、1%水平显著,括号里报告的是 p 值。方括号内为在10%的显著性水平上 Stock – Yogo 弱工具变量识别 F 检验的临界值。

第四,不同程度劳动时间投入对家庭消费支出的敏感性不同。从不同程度女性劳动时间投入来看,根据回归结果,女性劳动时间投入越长对家庭消费支出影响越明显。以每周少于30小时为参照组,周工时为30—40小时、40—50小时、50—60小时、超过60小时这四组对家庭消费支出的影响程度均有所增加,当周工时在50—60小时,其对家庭消费支出的影响程度最大,达到17.35%。总的来看,长时间的劳动投入会影响消费:一方面消费具有惯性,短期内不会明显变化;另一方面,劳动时间会挤占闲暇时间,没有外出旅游的时间,没有外出购物的时间,会阻碍家庭消费支出的增长。

二、女性劳动时间投入对家庭居住环境的影响分析

女性劳动时间投入对家庭带来的影响可以通过家庭居住环境的变化体现,住房是家庭福利的重要组成部分,根据家庭的居住环境可以在一定程度上判断家庭的住房需求固定资产和收入状况,并以此作为女性劳动时间投入效果的依据。本节选取拥有房屋数量和家居整洁程度的复合指标作为居住环境的衡量指标。

基于已有研究,家庭居住环境往往与家庭所担负的金融负债和现住房价值相关,从家庭居住环境的经济属性看,金融负债和现住房价值都会影响家庭自有住房拥有的数量,因此在以家庭居住环境作为被解释变量时,将金融负债和现住房价值作为控制变量。

女性劳动时间投入对家庭居住环境的回归结果如表5-8所示。第(1)至(6)列为女性劳动时间长短、劳动时间平方项及不同程度对家庭居住环境的影响。(1)至(3)列报告了Oprobit模型的估计结果,进行主要分析,(4)-(6)列分别报告了OLS模型的估计结果,作为稳健性检验。

由表5-8可知:

第一,女性增加劳动时间投入促进家庭居住环境提升。观测可知,无论是将家庭社会环境作为有序变量采用Oprobit模型,还是视为连续变量的OLS模型回归,女性劳动时间的回归系数均显著为正,说明女性劳动时间有利于优化家庭居住环境。核心解释变量在不同的估计方法下都显著提升了家庭居住环境。从女性劳动时间投入来看,周工时每增加1小时,家庭居住环境提升0.15,提升幅度占家庭居住环境均值(4.73)的3.17%。居住环境是家庭福利的因素之一,对居住条件的要求除了满足生存和生活条件的需求,还越来越看重住房的视觉感受和舒适程度。投入更多的时间从事市场劳动,满足对于提高家庭住房条件、改善家庭居住环境的需求。

第二,女性劳动时间投入对家庭居住环境的影响关系为倒"U"型,存在阶段性影响。经计算可得,女性每周劳动时间达到约69小时后开始对家庭居住环境产生抑制作用。结合女性劳动时间投入的均值,可以初步判定现阶段女性劳动时间对家庭居住环境具有积极的促进作用。以短于周工时30小时为参照组,除了40—50

小时,周工时 30—40 小时、50—60 小时,超过 60 小时这三组对家庭居住环境的影响程度均增加,尤其是当劳动时间投入在 50—60 小时和超过 60 小时,对家庭居住环境优化超过 15%,研究假设 2 得到全部验证。女性劳动时间投入到一定程度会对家庭居住环境产生不利影响,可能的原因是,劳动时间投入到一定程度,可能满足家庭居住环境的经济属性,由于减少分配在家庭中时间投入,无法满足环境属性,导致家庭居住环境总体呈下降趋势。

表 5 – 8　女性劳动时间投入对家庭居住环境的影响

	Oprobit			稳健性检验:更换模型		
	（1）	（2）	（3）	（7）	（8）	（9）
劳动时间	0.00151*	0.00642**		0.00130*	0.00546**	
	(0.079)	(0.028)		(0.076)	(0.028)	
劳动时间平方项		−0.0000467*			−0.0000396*	
		(0.075)			(0.077)	
劳动时间（低于 30 小时 = 参照组）						
(30,40]			0.127**			0.112**
			(0.017)			(0.013)
(40,50]			0.0742			0.0666
			(0.169)			(0.146)
(50,60]			0.162***			0.135***
			(0.003)			(0.004)

	Oprobit			稳健性检验:更换模型		
	（1）	（2）	（3）	（7）	（8）	（9）
（60,max）			0.162***			0.136***
			(0.003)			(0.004)
年龄	0.00447***	0.00464***	0.00458***	0.00402***	0.00418***	0.00412***
	(0.002)	(0.001)	(0.002)	(0.001)	(0.001)	(0.001)
受教育程度	0.0743***	0.0702***	0.0725***	0.0646***	0.0611***	0.0625***
	(0.000)	(0.000)	(0.000)	(0.000)	(0.000)	(0.000)
小时收入	0.0597***	0.0641***	0.0661***	0.0492***	0.0529***	0.0542***
	(0.000)	(0.000)	(0.000)	(0.001)	(0.000)	(0.000)
工作单位类型	0.121***	0.119***	0.115***	0.0940***	0.0923***	0.0877***
	(0.001)	(0.002)	(0.003)	(0.003)	(0.003)	(0.006)
家庭规模	0.0540***	0.0542***	0.0547***	0.0503***	0.0504***	0.0508***
	(0.000)	(0.000)	(0.000)	(0.000)	(0.000)	(0.000)
少儿人口数	−0.0188	−0.0185	−0.0188	−0.0158	−0.0156	−0.0158
	(0.347)	(0.355)	(0.348)	(0.355)	(0.363)	(0.357)
家务劳动时间	−0.00864	−0.00789	−0.00699	−0.00629	−0.00568	−0.00493
	(0.409)	(0.452)	(0.505)	(0.482)	(0.525)	(0.581)
金融负债	−0.00526	−0.00504	−0.00512	−0.00539*	−0.00519*	−0.00525*
	(0.143)	(0.162)	(0.154)	(0.082)	(0.094)	(0.090)
家庭储蓄率	−0.0107	−0.0123	−0.0124	−0.000737	−0.00200	−0.00198
	(0.671)	(0.628)	(0.624)	(0.972)	(0.924)	(0.924)
现住房价值	0.111***	0.110***	0.110***	0.0902***	0.0894***	0.0892***
	(0.000)	(0.000)	(0.000)	(0.000)	(0.000)	(0.000)
人均GDP	−0.0833	−0.0837	−0.0783	−0.0751	−0.0755	−0.0720
	(0.179)	(0.177)	(0.208)	(0.148)	(0.146)	(0.166)

续表

职业、地区和	Oprobit			稳健性检验:更换模型		
	(1)	(2)	(3)	(7)	(8)	(9)
职业、地区和年份固定效应	控制	控制	控制	控制	控制	控制
常数				5.248***	5.158***	5.171***
				(0.000)	(0.000)	(0.000)
N	6447	6447	6447	6447	6447	6447
Log likelihood	−7937.6946	−7936.1541	−7932.8613			
R²				0.407	0.407	0.408
F				300.3	288.1	266.4

注:*、**、***分别表示为10%、5%、1%水平显著,括号里报告的是 p 值。

第三,年龄、受教育程度、个人收入、工作单位类型、家庭规模和现住房价值均对家庭居住环境有促进作用。已有研究也证实,家庭居住环境改善的需求会随年龄增长而增加(Neutebum and Brounen,2007)。受教育水平提高和收入的增加会提升购买力,购房意识会相应增加(Alkan etal,2014)。工作单位类型不同,公积金影响的效应会有差异,进而对家庭居住环境产生不同的影响。家庭居住环境变化一般以家庭为单位,一般来说,家庭规模越大,家庭住房空间和数量需求会增加,现住房价值是家庭对居住环境需求状况的反映,所以家庭规模和现住房价值对家庭住房需求呈正相关关系。家庭储蓄率对家庭居住环境不显著的原因可能是储蓄对家庭居住环境的影响具有两重性:在存量储蓄方面,储蓄对家庭的作用呈现出积极的财富效应,也就是资本的积累将促进居民选择购房;从增量储蓄的观点来看,储蓄对家庭的作用是一种替代作用,即如果家庭选择购买住房,那么家庭储蓄率就会下降。

三、女性劳动时间投入对家庭社会关系的影响分析

女性劳动时间投入对家庭社会关系如表 5－9 所示。第（1）至（3）列分别为女性劳动时间长短、劳动时间平方项及不同程度对家庭社会关系的影响。

由表 5－9 可知：

第一，女性增加劳动时间投入有利于促进家庭社会关系。从女性劳动时间的系数显著性来看，回归结果显示，女性劳动时间系数显著为正。具体来说，女性劳动时间周工时每增加 1 小时，家庭社会关系平均增加 0.27 个百分点。女性增加劳动时间投入可以增强她们的自信，并融入到社会群体中去，不断建立良好的人际关系，这对于家庭的生存和发展有着重要的意义。女性进入劳动力市场，与社会群体或同事间合作沟通，为了自身的生存和发展要与他人建立一定的人际关系。增加劳动时间投入意味着有更多的时间投入到劳动力市场和与他人交流中，也是维护社会关系网络的一种方式，为家庭带来社会资源，从而提升家庭社会关系。

表 5－9　女性劳动时间投入对家庭社会关系的影响

	（1）	（2）	（3）
劳动时间	0.00272***	－0.00585**	
	（0.001）	（0.036）	
劳动时间平方项		0.0000815***	
		（0.001）	
劳动时间（低于30小时＝参照组）			
（30,40]			0.0314
			（0.538）
（40,50]			－0.0659
			（0.201）

续表

	（1）	（2）	（3）
（50,60]			-0.00922
			(0.860)
（60,max）			0.0742
			(0.163)
年龄	0.00467**	0.00431**	0.00445**
	(0.020)	(0.032)	(0.027)
是否城市户籍	-0.0457	-0.0422	-0.0443
	(0.133)	(0.164)	(0.145)
受教育程度	0.0803***	0.0873***	0.0829***
	(0.000)	(0.000)	(0.000)
健康状况	0.0224*	0.0231*	0.0200
	(0.065)	(0.057)	(0.101)
婚姻状况	0.233***	0.234***	0.233***
	(0.000)	(0.000)	(0.000)
是否为党员	0.263***	0.267***	0.260***
	(0.003)	(0.002)	(0.003)
小时收入	0.166***	0.161***	0.153***
	(0.000)	(0.000)	(0.000)
工作单位类型	0.116***	0.117***	0.0983***
	(0.001)	(0.001)	(0.005)
少儿人口数	-0.173***	-0.171***	-0.172***
	(0.000)	(0.000)	(0.000)
老年人口数	-0.0664***	-0.0654***	-0.0692***
	(0.002)	(0.002)	(0.001)
家务劳动时间	0.00280	0.00184	0.00181
	(0.791)	(0.861)	(0.864)

	(1)	(2)	(3)
家庭储蓄率	− 0.0839 ***	− 0.0824 ***	− 0.0809 ***
	(0.000)	(0.000)	(0.000)
人均 GDP	0.792 ***	0.797 ***	0.798 ***
	(0.000)	(0.000)	(0.000)
职业、地区和年份固定效应	控制	控制	控制
常数	− 1.902 ***	− 1.773 ***	− 1.788 ***
	(0.002)	(0.004)	(0.004)
N	6882	6882	6882
R^2	0.132	0.134	0.133
F	41.83	40.67	37.49

注:*、**、***分别表示为10%、5%、1%水平显著,括号里报告的是 p 值。

第二,女性劳动时间投入对家庭社会关系的影响关系为"U"型,没有阶段性影响。从两者关系来看,女性劳动时间一次项为负,二次项为正,从统计结果看两者呈"U"型曲线关系。经计算发现,女性每周劳动时间达到约 36 小时后开始对家庭社会关系产生促进作用。以短于周工时 30 小时为参照组,各区间的劳动时间对家庭社会关系的影响不敏感,假设 3 得到全部验证。女性劳动时间投入对家庭社会关系没有阶段性影响,可能的原因是,社会关系的维系、社会网络规模的拓宽往往需要有积累的过程,劳动时间投入的区间差异,不会直接影响社会关系的变化,因此不同程度劳动时间投入对家庭社会关系可能无明显影响。

第三,健康状况、婚姻状况、个人收入和工作单位类型对家庭社会关系有正向影响,少儿人口数、老年人口数和家庭储蓄率对家庭社会关系有负向影响。健康状况、婚姻状况、个人收入和国有企业单位与家庭社会关系呈现出明显的正相关关系。一般来说,健康状况良好、已婚、较高的个人收入以及工作单位为国有企业可能会促进家庭社会关系的拓宽。少儿人口数、老年人口数和家庭储蓄率与家庭社会关系呈现明显的负相关关系,家庭中孩子和老人数量多,家庭倾向于储蓄,可能会抑制家庭成员的社会交往。

四、女性劳动时间投入对主观心理状态的影响分析

主观心理状态既是对现实生活的主观反映,也是对自身存在与发展状况的一种积极的心理体验,基于已有研究,主观心理状态往往与家庭负债和事故变动相关,因此在以主观心理状态作为被解释变量时,将重大事件支出(lnscimp)和金融负债(lnnonhouses)作为控制变量。

女性劳动时间投入对主观心理状态的回归结果如表5－10所示。第(1)至(6)列分别为女性劳动时间长短、劳动时间平方项及不同程度对家庭居住环境的影响。(1)至(3)列报告了 Oprobit 模型的估计结果,(4)至(6)列分别报告了 OLS 模型的估计结果。

由表5－10 的估计结果可知:

第一,女性劳动时间投入对主观心理状态影响趋势为正向。回归系数显示,观测可知,无论是将主观幸福感作为有序变量采用 Oprobit 模型,还是视为连续变量的 OLS 模型回归,女性劳动时间的回归系数均显著为正,即主观心理状态随着女性劳动时间的增加呈现上升的趋势。因此,劳动时间投入有利于主观心理状态提升。

表5－10 女性劳动时间投入对主观心理状态的影响

	Oprobit			稳健性检验:更换模型		
	(1)	(2)	(3)	(4)	(5)	(6)
劳动时间	0.00527**	−0.00727		0.0111***	−0.00560	
	(0.014)	(0.298)		(0.004)	(0.658)	
劳动时间平方项		0.000121*			0.000161	
		(0.059)			(0.165)	

	Oprobit			稳健性检验:更换模型		
	（1）	（2）	（3）	（4）	（5）	（6）
劳动时间（低于30小时＝参照组）						
（30,40]			0.0473			0.189
			(0.723)			(0.439)
（40,50]			−0.0583			−0.0373
			(0.666)			(0.880)
（50,60]			0.000856			0.0447
			(0.995)			(0.856)
（60,max)			0.182			0.502*
			(0.197)			(0.052)
年龄	−0.00831*	−0.00837*	−0.00868**	−0.0142*	−0.0143*	−0.0152*
	(0.058)	(0.056)	(0.048)	(0.074)	(0.072)	(0.057)
是否城市户籍	0.0505	0.0590	0.0599	0.0211	0.0319	0.0426
	(0.504)	(0.436)	(0.429)	(0.879)	(0.818)	(0.759)
受教育程度	−0.0935*	−0.0749	−0.0829	−0.0722	−0.0474	−0.0553
	(0.067)	(0.150)	(0.111)	(0.440)	(0.618)	(0.561)
健康状况	0.195***	0.193***	0.194***	0.361***	0.359***	0.362***
	(0.000)	(0.000)	(0.000)	(0.000)	(0.000)	(0.000)
婚姻状况	0.396***	0.391***	0.386***	0.777***	0.769***	0.752***
	(0.000)	(0.000)	(0.000)	(0.000)	(0.000)	(0.000)
是否为党员	4.014	4.042	4.043	1.471	1.506	1.519
	(0.876)	(0.875)	(0.875)	(0.460)	(0.450)	(0.446)
小时收入	0.137***	0.125***	0.112**	0.270***	0.253***	0.231***
	(0.002)	(0.005)	(0.012)	(0.001)	(0.002)	(0.005)

	Oprobit			稳健性检验:更换模型		
	(1)	(2)	(3)	(4)	(5)	(6)
家庭规模	−0.0109	−0.0139	−0.0151	−0.0238	−0.0275	−0.0327
	(0.543)	(0.440)	(0.407)	(0.472)	(0.407)	(0.329)
少儿人口数	−0.0761	−0.0705	−0.0708	−0.125	−0.117	−0.117
	(0.177)	(0.212)	(0.210)	(0.222)	(0.253)	(0.256)
家务劳动时间	−0.00200	−0.00287	−0.00503	−0.0253	−0.0264	−0.0276
	(0.942)	(0.917)	(0.855)	(0.612)	(0.595)	(0.581)
家庭储蓄率	0.0402	0.0379	0.0433	0.0569	0.0527	0.0626
	(0.414)	(0.442)	(0.379)	(0.531)	(0.562)	(0.491)
重大事件支出	−0.00853	−0.00738	−0.00753	−0.00613	−0.00443	−0.00479
	(0.278)	(0.350)	(0.341)	(0.670)	(0.759)	(0.741)
金融负债	0.00316	0.00177	0.00288	0.00783	0.00592	0.00706
	(0.669)	(0.812)	(0.697)	(0.564)	(0.664)	(0.604)
人均 GDP	−0.00881	−0.00210	−0.0306	−0.0347	−0.0257	−0.0862
	(0.952)	(0.988)	(0.835)	(0.896)	(0.923)	(0.747)
职业、地区和年份固定效应	控制	控制	控制	控制	控制	控制
常数				5.726[*]	5.955[**]	6.797[**]
				(0.055)	(0.046)	(0.023)
N	1157	1157	1157	1157	1157	1157
Log likelihood	−2063.8971	−2062.1149	−2063.6591			
R^2				0.092	0.094	0.094
F				4.411	4.323	4.055

注:[*]、[**]、[***]分别表示为10%、5%、1%水平显著,括号里报告的是 p 值。

第二,女性劳动时间投入对主观心理状态影响未构成非线性关系,没有阶段性影响。从两者关系来看,女性劳动时间一次项为负但不显著,二次项显著为正。可以计算出女性每周劳动时间达到可能的极值点为 30 小时。从不同劳动时间投入程度来看,以短于周工时 30 小时为参照组,各区间的劳动时间对主观心理状态的影响不敏感,研究假设 4 得到部分验证。女性劳动时间投入对主观心理状态不具有阶段性影响,可能的原因是,女性劳动时间投入增加是一种"理性选择",尤其对于双职工家庭来说,女性劳动力是主动延长劳动时间,女性劳动增加劳动时间投入,其主观心理状态不会随之下降,其阶段性也不明显。

第三,健康状况、已婚状态和个人收入对主观心理状态有积极影响。其他控制变量也对主观心理状态有一定的影响:个体特征中,健康状况好、已婚状态则主观心理状态越好。回归结果显示,女性健康状况、婚姻状况因素均在 1% 的显著性水平上对主观心理状态有显著性影响。健康状况越好,则主观心理状态越高;婚姻状况的结果显示,已婚状态对主观心理状态有促进作用。工作特征中,个人收入对主观心理状态有正向影响,女性的小时工资在 1% 水平上有显著影响。

第四节　女性劳动时间投入的
家庭福利效应的综合分析

在现实生活中,很多现象和问题都无法运用经典数学方法加以描述和解决,如贫困、温饱、福利等模糊概念的量化研究,而由 L. A. Zadeh 于 1965 年提出的模糊数学方法为解决此类无法明确精准界定的问题提供了一种可行的方法,在实践中被广泛应用于不同的研究领域,如公平性研究、福利分析以及贫困的衡量中(Enrica,2000)。

一、家庭福利效应的综合测度

（一）模糊评价方法介绍

福利是一个多功能、多侧面、内容丰富的概念,福利在本质上的模糊性和复杂性,使得精确界定相当困难。很多学者对福利评价进行了尝试性研究,采用了多种方法如描述性统计、多变量方法和模糊数学方法等(Sara,2001)。从福利的广泛和在一定程度上模糊的概念,模糊数学方法和多变量方法更适合福利测度的框架(Sen,1996),因此模糊综合评价是测度社会福利、农户福利常用的方法(Sara,2001;Grasso,2002;Kuklys,2005;高进云,2007;周义等,2014;樊士德、张尧,2020)。模糊综合评价是模糊数学中的主要内容,是对受多种因素影响的事物作出全面评价的一种十分有效的多因素决策方法,主要是利用模糊数学的方法,对受到多个因素影响的事物,按照一定的评判标准,给出事物获得某个评语的可能性。其特点是评价结果不是绝对地肯定或否定,而是以一个模糊集合来表示。它具有结果清晰、系统性强的特点,能较好地解决模糊的、难以量化的问题,适合各种非确定性问题的解决。

家庭福利在本质上的模糊性和复杂性使得无法精确地将其界定清楚,已有研究根据研究主题和研究重点确定家庭福利的内涵,单一客观或主观指数指标测度家庭福利存在偏颇性,难以真实反映家庭福利水平,本研究立足家庭需求和家庭功能构建包含四项家庭功能性活动,试图建立一个主观与客观相结合的复合指标体系,以考察家庭福利水平,在模糊综合评价法基础上计算家庭福利水平变动态势。

模糊综合评价方法的主要内容包括:一是设定福利的模糊函数,确定目标的指标集和评价集;二是确定隶属函数和权重,确定各因素的权重及隶属度值进而建立模糊评判矩阵;三是指标体系构建及取值,通过模糊运算得到评判矩阵与因素的权向量,得到模糊评价综合结果。本研究采用模糊评价法来计算家庭福利水平变动态势,为女性劳动时间投入对家庭综合福利的影响提供参考,主要思路是,根据模糊评价法确定家庭福利隶属函数,基于设定的各指标最大值和最小值计算各评价指标的隶属度,按照变异系数方法计算其权重,最后综合加总构成家庭福利。

(二)家庭福利的模糊综合评价

家庭福利的模糊综合评价主要内容为,立足家庭需求和家庭功能,选取家庭经济状况、家庭居住环境、家庭社会关系和主观心理状态四个维度对应的指标,根据代表性指标形成评价的指标体系;基于设定的各指标最大值和最小值计算各评价指标的隶属度;按照可变权重计算方法计算隶属度的加权系数;结合得到的指标隶属度值及其加权系数综合加总构成家庭福利。构建家庭福利的模糊综合评价,具体步骤解释如表5-11所示。

表5-11 家庭福利评价步骤总结

步骤	模糊综合评价方法	家庭福利评价的应用
隶属度及其加权系数构成家庭福利的指标体系	目标指标评价体系由隶属度和权重构成	家庭福利指标评价体系由各分项指标及其加权系数构成
为家庭福利的具体指标做归一化处理,求指标隶属度值	对各项具体指标做归一化处理,求指标隶属度值	根据各分项家庭福利指标所属变量类型计算隶属度值
测算指标隶属度值的加权系数	根据主观赋值法或客观赋值法确定加权系数	根据客观赋值法确定加权系数
将指标隶属度值和加权系数加总构成综合值	根据初级指标隶属度和加权系数,计算综合隶属度	根据各分项家庭福利指标和加权系数,计算家庭综合福利

第一,隶属度及其加权系数构成家庭福利的指标体系。根据模糊评价方法,需要通过模糊集 X 来表示家庭的福利状况,根据集合论的要求,一个对象对应于一个集合,并且互斥,要么属于,要么不属于。这种集合论本身并无法处理具体的模糊概念。而对于模糊数学来说,在模糊集合中,给定范围内元素对它的隶属关系不一定只有"是"或"否"两种情况,而是用介于 0 和 1 之间的实数来表示隶属程度,还

存在中间过渡状态。扎德认为,指明各个元素的隶属集合,就等于指定了一个集合。当隶属于 0 和 1 之间的值时,就是模糊集合。扎德采用模糊集合理论来建立模糊语言的数学模型,使研究的内容数量化、形式化,即针对研究的模糊现象,用 0—1 之间的连续数来表征它从属于某一标准的隶属程度,这样就把模糊现象进行了定量描述。

将家庭福利状况表示为模糊集 X,设女性劳动力增加劳动时间投入可能变化的福利内容为 X 的子集 W,则第 n 个家庭福利函数可表示为 $W^{(n)} = \{x, \mu_w(x)\}$,其中 $x \in X, \mu_w(x)$ 则是 x 对 W 的隶属度,$\mu_w(x) \in [0,1]$,一般设定隶属度为 1 时福利处于绝对好的状态,为 0 时状况绝对差,隶属度值越大表示家庭的福利状况越好。因此,选择的隶属函数是否适当,直接影响了评价结果的准确性、合理性。对于隶属函数的选择,主要依赖于研究的内容和指标的性质。

福利由于其多元性和模糊性而无法被精准界定,Sen(1985,1992)提出的可行能力理论认为可以通过评价各种功能性活动和可行能力来评价福利状况。本节主要确定隶属函数和权重,为指标体系构建及取值作参考。首先需要设定隶属函数,即将不同类型的指标进行归一化处理。建立隶属函数是用来描述某对象具有模糊性质或属于某个模糊概念的程度。运用模糊方法的关键问题之一在于选择合适的隶属函数。隶属函数的选择依赖于研究背景和指标的类型,带有主观因素,以客观实际为基础。例如,对于一个普通的集合 U,空间中任一元素 x,要么 $x \in A$,要么 $x \notin A$,两者独立。这一特征可用一个函数表示为:

$$A(x) = \begin{cases} 0 & x \notin A \\ 1 & x \in A \end{cases} \tag{5.7}$$

即为集合 A 的特征函数。将在普通集合中只取 0、1 两值推广到模糊集中为 [0,1] 区间。即,若对论域(研究的范围)U 为全域,若 U 中的任一元素 x,都有一个数 $A(x) \in [0,1]$ 与之对应,则称 A 为 U 上的模糊集,A(x) 称为 x 对 A 的隶属度,当 x 在 U 中变动时,A(x) 就称为 A 的隶属函数。隶属度表示在模糊集合中每一个元素属于模糊集合的隶属程度。隶属度 A(x) 越接近于 1,表示 x 属于 A 的程度越高,A(x) 越接近于 0,表示 x 属于 A 的程度越低,用取值于区间[0,1]的隶属函数 A(x) 表征 x 属于 A 的程度高低。

基于图 4-3,本研究立足家庭需求和家庭功能构建家庭福利指标体系。其中,家庭功能包含家庭经济状况、家庭居住环境、家庭社会关系和主观心理状态四个维度,对应家庭储蓄率、家庭居住环境复合指标、人情礼节支出和主观幸福感四个指标。

第二,为家庭福利的具体指标作归一化处理,求指标隶属度值。一般情况下,指标变量分为三种类型:虚拟二分变量、连续变量和虚拟定性变量(Miceli,1998)。设 $x_{i.}$ 是由初级指标 x_{ij} 决定的家庭福利的第 i 个功能子集,家庭福利的初级指标为 $x = [x_{11},\cdots,x_{ij}\cdots]$,其中 $i = 1,2,3\cdots I$,I 表示评价家庭福利的各项指标的个数;$j = 1,2,3\cdots J_{(i)}$,$J_{(i)}$ 表示第 i 个功能性活动中评价指标的数量,每个功能性活动中的评价指标个数有可能不同。

从虚拟二分变量来看,选择虚拟二分变量的情况一般是因为对象是非模糊的,只存在两种情况,非此即彼,其隶属函数可写为:

$$\mu(x_{ij}) = \begin{cases} 0 & x_{ij} = 0 \\ 1 & x_{ij} = 1 \end{cases} \tag{5.8}$$

此式表示,当家庭拥有商品 x_{ij} 时,该指标对于第 i 个功能子集的隶属度等于 1,没有时为 0。

从连续型变量来看,当指标变量为连续值时,通常采用连续型隶属函数,常用的隶属函数有梯形分布、岭形分布、抛物形分布及正态分布等。Cerioli 和 Zani(1990)将连续变量的隶属函数定义为:

$$\text{升半梯形分布的隶属函数}\quad \mu(x_{ij}) = \begin{cases} 0 & 0 \leqslant x_{ij} \leqslant x_{ij}^{min} \\[2mm] \dfrac{x_{ij} - x_{ij}^{min}}{x_{ij}^{max} - x_{ij}^{min}} & x_{ij}^{min} < x_{ij} < x_{ij}^{max} \\[2mm] 1 & x_{ij} \geqslant x_{ij}^{max} \end{cases} \quad (5.9)$$

$$\text{降半梯形分布的隶属函数}\quad \mu(x_{ij}) = \begin{cases} 0 & 0 \leqslant x_{ij} \leqslant x_{ij}^{min} \\[2mm] \dfrac{x_{ij}^{max} - x_{ij}}{x_{ij}^{max} - x_{ij}^{min}} & x_{ij}^{min} < x_{ij} < x_{ij}^{max} \\[2mm] 1 & x_{ij} \geqslant x_{ij}^{max} \end{cases} \quad (5.10)$$

其中，x_{ij}^{max} 表示的上限，即如果家庭第 i 个功能子集中第 j 个指标的取值大于或等于这个数，那么其状况肯定是好的；x_{ij}^{min} 则表示 x_{ij} 的下限，即如果指标值小于或等于这个数，其状况肯定是差的。$\mu(x_{ij})$ 值越大，说明福利状况越好。(5.9)式表示指标 x_{ij} 与福利状况呈正相关关系，即 x_{ij} 的值越大福利状况越好，而(5.10)式表示 x_{ij} 与福利状况为负相关关系，适用于福利状况随指标反向变动的情况。

从虚拟定性变量来看，连续型变量可以对研究现象进行准确的定量描述，但在对家庭福利进行评估时，所研究的内容常常无法得到定量的数据。对于这类问题，可以选择通过语言定性描述，这种定性描述一般按照强弱程度进行分组，即虚拟定性变量。虚拟定性变量是对研究对象进行不同程度的主观评价。例如在对一种状况进行满意程度的评价时，可以设置：很满意、一般满意、不满意、很不满意这 4 种状态。假设一项研究中有 m 种状态，为这 m 中状态依次赋值 $x_{ij} = \{x_{ij}^{(1)}, \cdots,$ $x_{ij}^{(m)}\}$，这些值等距分布，值越大表示福利状况越好。通常设：$x_{ij}^{(1)} < \cdots < x_{ij}^{(1)} < \cdots < x_{ij}^{(m)}$，且 $x_{ij}^{(1)} = 1(l = 1, \cdots, m)$（Miceli，1998）。如果该指标为正指标，则变量值越大表示家庭福利状况越好；如果该指标为逆指标，则变量值越小表示家庭福利状况越好。

Cerioli 和 Zani(1990)将这类虚拟定性变量的隶属函数设为：

$$\mu(x_{ij}) = \begin{cases} 0 & x_{ij} \leqslant x_{ij}^{min} \\ \dfrac{x_{ij} - x_{ij}^{min}}{x_{ij}^{max} - x_{ij}^{min}} & x_{ij}^{min} < x_{ij} < x_{ij}^{max} \\ 1 & x_{ij} \geqslant x_{ij}^{max} \end{cases}$$ (5.11)

其中,x_{ij}^{max}和x_{ij}^{min}分别表示指标最大和最小的取值。

从家庭福利变量类型来看,各分项家庭福利涉及的类型是连续型变量和虚拟定性变量,家庭经济状况为连续型变量,且在进行隶属度计算时,指标最大值、最小值均取数据调查样本家庭储蓄率的最大值及最小值。具体数值为家庭储蓄率最大值为1,最小值为 – 2。家庭居住环境复合指标为虚拟定性变量,该变量最大值为6,最小值为1。家庭社会关系为连续型变量,且在进行隶属度计算时,指标最大值、最小值均取数据调查样本家庭人情礼支出的最大值及最小值。最大值为10.31,最小值为1.61。主观心理状态为虚拟定性变量,变量最大值为10,最小值为0。

第三,测算指标隶属度值的加权系数。一般隶属函数的加权系数确定方法主要包括两种:一种方法为主观赋值法,如德尔菲法、层次分析法。其主要原理是通过专家打分或在经验总结的基础上确定各项指标的重要程度,进而确定相应权重,但该方法受评判对象的专业水平、对于所研究问题的认识程度的影响,有着较大的随意性和不确定性。另一种方法是客观赋值法,这一方法从实际数据出发,通过一定的数学方法寻求数据的规律性,在确定数据的重要程度的基础上给出各指标的加权系数,其代表方法包括变异系数法等。本研究借鉴 Cerioli 和 Lemmi(1995)[1]的方法,将指标的加权系数定义为:

$$\omega_{ij} = ln\Big[\frac{1}{\mu(x_{ij})}\Big]$$ (5.12)

---

[1] Cheli, B., Lemmi, A. "A 'Totally' Fuzzy and Relative Approach to the Multidimensional Analysis of Poverty." *Economic Notes*, 1995, 24(1):115 – 133.

其中，$\dfrac{1}{\overline{\mu}(x_{ij})} = \dfrac{1}{n}\sum_{p=1}^{n}\mu(x_{ij})^{(p)}$ 反映 n 个女性劳动力的家庭第 i 个功能子集中第 j 项指标的均值。

第四，将指标隶属度值和加权系数加总构成综合值。在获得初级指标隶属度和权重的基础上，就可计算综合隶属度即家庭综合福利，Cerioli 和 Zani（1990）提出使用（5.13）式的加总公式：

$$f(x_{i.}) = \frac{1}{n}\sum_{j=1}^{k}\overline{\mu}(x_{ij}) * \omega_{ij} / \sum_{j=1}^{k}\omega_{ij} \tag{5.13}$$

其中，k 表示在第 i 个功能子集中包含 k 个初级指标。该公式可保证在其他家庭福利状况不变的情况下，提高某个家庭福利指标隶属度水平，家庭整体福利水平是增加的。

二、女性劳动时间投入的家庭福利效应分析

女性劳动时间投入对家庭福利的回归结果如表 5 - 12 所示。根据回归结果，表 5 - 12 中第（1）列女性劳动时间的系数为正。第（2）列是加入劳动时间平方项的回归结果，女性劳动时间一次项回归系数为正，二次项系数为负，统计结果显示两者可能存在倒"U"型关系。第（3）列不同程度女性劳动时间投入的回归结果。

由表 5 - 12 可知：

第一，女性增加劳动时间投入有利于家庭福利效应增进。从女性劳动时间的系数显著性来看，估计结果显示，女性劳动时间系数在 1% 的水平上显著为正。以上回归结果表明，女性劳动时间投入对家庭福利具有显著的促进作用。上述结果证明了女性劳动对家庭的价值贡献，也在一定程度上解释了我国女性高劳动参与的部分原因。

第二，女性劳动时间对家庭福利影响的关系为倒"U"型，存在阶段性影响。经计算发现，女性每周劳动时间达到 68.26 小时后开始对家庭福利的影响产生抑制作用，由于这一数字远超当前女性每周劳动平均时长，可以初步判定现阶段女性劳

动时间对家庭福利具有积极的促进作用。从回归结果来看,劳动时间投入越长对家庭福利的影响越强烈。以周工时短于30小时为参照组,周工时为30—40小时、40—50小时、50—60小时、超过60小时这四组对家庭福利的影响程度均大于参照组。家庭福利效应在周工时超过60小时时间段的影响程度最大。

第三,年龄、受教育程度、已婚状态、个人收入、家庭规模、拥有住房会提升家庭福利效应。年龄的增长、受教育程度的提高、已婚状态则家庭福利效应越高。回归结果显示,女性年龄、受教育程度、已婚状态、个人收入、家庭规模、拥有住房等因素均在1%的显著性水平上对家庭福利有显著性影响。

表 5 – 12　女性劳动时间投入对家庭福利的影响

	(1)	(2)	(3)
劳动时间	0.0383 ***	0.157 ***	
	(0.006)	(0.001)	
劳动时间平方项		− 0.00115 **	
		(0.011)	
劳动时间 (低于30小时＝参照组)			
(30,40]			1.761 **
			(0.040)
(40,50]			1.573 *
			(0.074)
(50,60]			2.067 **
			(0.021)
(60,max)			2.963 ***
			(0.001)
年龄	0.0610 *	0.0660 *	0.0629 *
	(0.078)	(0.057)	(0.069)

续表

	（1）	（2）	（3）
是否城市户籍	0.114	0.0181	0.103
	（0.818）	（0.971）	（0.834）
受教育程度	0.760**	0.679**	0.728**
	（0.016）	（0.032）	（0.023）
健康状况	0.156	0.158	0.151
	（0.450）	（0.444）	（0.465）
婚姻状况	1.449**	1.442**	1.444**
	（0.034）	（0.035）	（0.035）
是否为党员	4.334	4.416	4.245
	（0.183）	（0.174）	（0.192）
小时收入	2.396***	2.477***	2.424***
	（0.000）	（0.000）	（0.000）
家庭规模	0.461***	0.492***	0.471***
	（0.001）	（0.001）	（0.001）
少儿人口数	−2.704***	−2.782***	−2.731***
	（0.000）	（0.000）	（0.000）
老年人口数	−1.199***	−1.219***	−1.237***
	（0.000）	（0.000）	（0.000）
家务劳动时间	0.207	0.231	0.211
	（0.252）	（0.202）	（0.243）
是否拥有住房	2.218***	2.167***	2.200***
	（0.000）	（0.000）	（0.000）
金融负债	0.106**	0.114**	0.108**
	（0.040）	（0.028）	（0.037）
人均 GDP	10.87***	10.83***	10.88***
	（0.000）	（0.000）	（0.000）

	(1)	(2)	(3)
职业、地区和 年份固定效应	控制	控制	控制
常数	−109.3***	−111.6***	−109.2***
	(0.000)	(0.000)	(0.000)
N	4364	4364	4364
R^2	0.116	0.117	0.116
F	21.79	21.24	19.67

注：*、**、***分别表示为10%、5%、1%水平显著，括号里报告的是 p 值。

第五节　研究发现

本章从女性劳动时间和家庭福利的关系出发，借助 CFPS 微观调查数据和相关宏观数据进行实证回归分析，实现劳动供给与家庭福利关联的构建。通过劳动时间连续项、劳动时间平方项以及劳动时间分区间的方式考察女性劳动时间投入对家庭经济状况、家庭居住环境、家庭社会关系和主观心理状态的影响趋势、关系和程度，基于实证结果，女性劳动时间投入对家庭福利分项的影响的研究假设验证情况归纳如表 5 - 13 所示。

本章从实证分析的角度，考察女性劳动时间投入的家庭福利效应。具体从三个方面反映女性劳动时间投入的家庭福利效应。主要结论如下：

第一，从女性劳动时间投入对家庭福利分项和综合的影响趋势来看，回归结果显示，女性劳动时间每周增加 1 小时，家庭经济状况平均提升 1 个百分点；家庭居住环境提升 0.15，提升幅度占家庭居住环境均值（4.73）的 3.17%；，家庭社会关系平均增加 0.27 个百分点;主观心理状态提升 0.53%;家庭福利提高 0.04%。可以得出,女性劳动时间投入对各项家庭福利和家庭综合福利均有正向影响,即女性劳动时间投入的经济效应、居住效应、社交效应和心理效应和家庭福利效应。上述发现表明,女性劳动时间投入体现了其家庭福利效应的影响趋势,证明了女性劳动对家庭的价值贡献。

第二,从女性劳动时间投入对家庭福利分项和综合的影响关系来看,回归结果显示,女性劳动劳动时间投入与家庭经济状况之间存在拐点,为 102 小时,远超过国家规定的最高延长的工作时间;与家庭居住环境之间存在拐点,为 69 小时;与家庭社会关系之间存在拐点,为 36 小时;与主观心理状态之间不存在拐点;与家庭福利之前存在拐点,为 68 小时。可以得出,女性劳动时间投入分别对家庭经济状况、家庭居住环境和家庭福利的影响关系为倒"U"型;对家庭社会关系的影响关系为"U"型。上述发现表明,女性劳动时间投入体现了其家庭福利效应的影响关系,解释了我国女性的劳动参与率高的部分原因。根据对各项家庭福利的影响关系差异,体现了女性劳动时间投入但职场责任与妻职母职存在边界冲突和时间矛盾。

表 5 – 13　女性劳动时间对家庭福利分项影响的研究假设验证

序号	假设内容		验证情况
H1	H1a:从影响趋势看,女性劳动时间投入与家庭经济状况存在正向关系	是	H1 全部验证
	H1b:从影响关系看,女性劳动时间投入与家庭经济状况存在倒"U"型关系	是	
	H1c:从影响程度看,女性劳动时间投入与家庭经济状况存在阶段性关系	是	

序号	假设内容		验证情况
H2	H2a:从影响趋势看,女性劳动时间投入对家庭居住环境有正向影响	是	H2 全部验证
	H2b:从影响关系看,女性劳动时间投入与家庭居住环境存在倒"U"型关系	是	
	H2c:从影响程度看,女性劳动时间投入与家庭居住环境存在阶段性关系	是	
H3	H3a:从影响趋势看,女性劳动时间投入与家庭社会关系存在正向关系	是	H3 全部验证
	H3b:从影响关系看,女性劳动时间投入与家庭社会关系存在"U"型关系	是	
	H3c:从影响程度看,女性劳动时间投入与家庭社会关系不存在阶段性关系	是	
H4	H4a:从影响趋势看,女性劳动时间投入对主观心理状态有正向影响	是	H4 部分验证
	H4b:从影响关系看,女性劳动时间投入与主观心理状态存在"U"型关系或倒"U"型关系	否	
	H4c:从影响程度看,女性劳动时间投入与主观心理状态存在阶段性关系	否	

　　第三,从女性劳动时间投入对家庭福利分项和综合的影响程度来看,回归结果显示,以短于周工时 30 小时为参照组,女性劳动时间超过 60 小时对家庭经济状况影响更显著;女性周工时超过 60 小时对家庭居住环境促进作用效果凸显,对家庭居住环境优化超过 15%;对家庭社会关系不敏感;对主观心理状态的影响不敏感;对家庭综合福利影响更显著。可以得出,女性劳动时间投入分别对家庭经济状况、家庭居住环境和家庭综合福利存在阶段性影响,对家庭社会关系和主观心理状态

没有阶段性影响。上述发现表明,女性劳动时间投入体现了其家庭福利效应的影响程度,解释了我国女性的劳动参与率高的部分原因,根据对家庭福利分项的影响程度不同,揭示了在劳动力市场竞争压力和生育政策调整一系列因素作用下,女性的自身发展、家庭发展和社会和谐面临一定的挑战。

第六章　女性劳动时间投入的
家庭福利效应的异质性分析

　　为了检验劳动时间投入的家庭福利效应的性别差异和异质性,本章重点从性别比较与异质性方面展开研究。基于微观调查数据,探讨劳动时间投入的家庭福利效应的性别差异,并比较不同家庭类别女性劳动时间投入的家庭福利效应的异质性。研究思路与第五章类似,仍然从连续变量、平方项以及分区间三个方面分别分析劳动时间对家庭福利的差异性影响,来进一步说明女性劳动时间的家庭福利效应。

第一节　劳动时间投入的
家庭福利效应的性别差异分析

　　我国高度重视男女平等和女性的就业参与,从供给侧看,我国女性的劳动参与率、劳动时间长度一直居于世界的前位,表明我国女性积极投入了经济社会发展的各个领域,通过劳动力市场实现了自我发展与自身价值。从需求侧来看,随着人口老龄化和少子化程度的提高,我国劳动力供求格局已发生变化。人口红利式微,正在向劳动供给总量不足演变,经济的发展使生产的可能性边界不断向外推延,消费者对产品的需求、厂商对劳动力的需求都在增加,仅靠男性劳动力早已不能满足市场的要求,女性是充实劳动供给、推动经济社会发展的重要力量。从劳动供给深度看,"996""007"等工作时间制度成为网络上讨论的热点话题,劳动时间问题进入学者们的研究视野。在现有的相关文献中,已有学者对劳动时间投入与个人经济行为进行过深入探讨(Kuroda and Yamamoto,2019;张琪、初立明,2021;马红梅、代亭亭,2022)。然而,作为时间配置研究的重要组成部分,现有研究对劳动时间的家庭效应重视不够。尤其基于性别视角,两性的时间配置如何在就业和家庭领域平等发展仍是一个亟待解决的重要话题。

本节采用与第五章中相同的方法和计量模型,结合 CFPS 微观数据,考察了男性劳动时间投入对家庭福利分项和综合的影响,即分别从经济效应、居住效应、社交效应、心理效应以及家庭福利效应五个方面考察,接着对回归结果进行分析,并与女性劳动时间投入结果作性别比较。

一、劳动时间投入的家庭福利效应分项的性别差异分析

(一)劳动时间投入的经济效应的性别差异分析

表6-1是男性劳动时间和不同程度的劳动时间投入分别对家庭经济状况、人均家庭收入和家庭消费支出影响的回归结果,进一步从性别视角探讨劳动时间投入对经济效应及其机制的影响。根据回归结果,男性劳动时间、劳动时间平方项、劳动时间分段对家庭经济状况均在1%的水平上显著;对人均家庭收入在10%或1%水平上显著;对家庭消费支出在1%的水平上显著。

由表6-1及表6-2的回归结果,可得出以下几点结论:

第一,男性劳动时间投入对家庭经济状况的影响为正,影响程度相比女性先高后低,极值点低于女性。从平均水平看,男性和女性劳动时间投入对家庭经济状况均有正向影响,且男性劳动时间投入对家庭经济状况的影响程度低于女性。男性样本中,劳动时间每增加一个单位,家庭经济状况提高约 0.75%;女性样本中劳动时间每增加一个单位,家庭经济状况提高约 1.12%。从劳动时间平方项看,男性劳动时间投入与家庭经济状况之间呈现倒"U"型的非线性关系,经计算发现,男性每周劳动时间达到 85.35 小时的拐点后开始对家庭经济状况产生抑制作用,该极值点虽小于女性劳动时间的极值点,但仍远超过国家规定所允许的的最高延长工作时间,因此该拐点并不具有实际意义。具体而言,倒"U"型曲线的存在意味着,在达到拐点之前男性劳动时间的增加确实能够显著提升家庭经济状况,因为更多的劳动投入往往伴随着更高的经济回报。然而,一旦劳动时间越过这一临界点,继续增加劳动时间非但不能进一步改善家庭经济状况,反而可能因过度劳动导致生产效率下降、健康状况恶化、家庭关系紧张等一系列负面后果,最终对家庭经济产生不利影响。该结果表明,在追求家庭经济改善的同时,必须注重工作与生活的平衡,避免陷入过度劳动的陷阱,以确保长期的经济福利与生活质量。

从劳动时间分区间看,男性样本中,相比周工时小于 30 小时,每周 30—40 小时和 40—50 小时的劳动时间,对家庭经济状况的影响分别为 9.24% 和 12.64%,影响程度均低于女性样本。因此,可以初步判定现阶段男性劳动时间对家庭经济状况具有积极的促进作用。

表 6 – 1 男性劳动时间投入对家庭经济状况的影响

	家庭经济状况				家庭收入		家庭消费支出		
	(1)	(2)	(3)	(4)	(5)	(6)	(7)	(8)	(9)
劳动时间	0.750***	0.886***		0.00635*	0.0236***		−0.0230***	0.00863***	
	(0.004)	(0.000)		(0.096)	(0.000)		(0.000)	(0.000)	
劳动时间平方项		−0.00519***			−0.000153***			−0.000731***	
		(0.000)			(0.000)			(0.000)	
劳动时间(低于30小时=参照组)									
(30,40]			9.238***			0.311***			0.194***
			(0.000)			(0.000)			(0.000)
(40,50]			12.64***			0.389***			0.146***
			(0.000)			(0.000)			(0.000)
(50,60]			18.37***			0.442***			0.131***
			(0.000)			(0.000)			(0.000)
(60,max)			21.29***			0.506***			0.128***
			(0.000)			(0.000)			(0.000)
控制变量、固定效应	控制	控制	控制	控制	控制	控制	控制	控制	控制

续表

	家庭经济状况			家庭收入			家庭消费支出		
	(1)	(2)	(3)	(4)	(5)	(6)	(7)	(8)	(9)
Underidentification test	184.21***			135.33***			135.33***		
Cragg-Donald	186.82			136.75			136.75		
Wald F statistic	[16.38]			[16.38]			[16.38]		
常数	−81.57**	−49.83**	−40.23*	3.979***	3.485***	3.977***	8.416***	5.890***	6.113***
	(0.022)	(0.035)	(0.076)	(0.000)	(0.000)	(0.000)	(0.000)	(0.000)	(0.000)
N	11126	11126	11126	10417	10417	10417	10417	10417	10417
R^2	0.074	0.090	0.090	0.366	0.373	0.369	−0.039	0.161	0.162
F	34.54	37.71	35.24	219.7	92.71	86.42	62.01	73.78	69.25

注：*、**、***分别表示为10%、5%、1%水平显著，括号里报告的是 p 值。方括号内为在10%的显著性水平上 Stock-Yogo 弱工具变量识别 F 检验的临界值。

表6－2　劳动时间投入的经济效应的性别差异

		劳动时间	劳动时间极值点	<30小时	30－40小时	40－50小时	50－60小时	>60小时
家庭经济状况	男性	0.75***	85.35	参照组	9.24***	12.64***	18.37***	21.29***
	女性	1.12**	102.94	参照组	12.45**	16.85***	16.83***	20.78***
人均家庭收入（%）	男性	0.64*	77.12	参照组	36.48***	47.55***	55.58***	65.86***
	女性	0.57**	104.92	参照组	23.86***	31.13***	35.39***	50.23***
家庭消费支出（%）	男性	-2.33***	59.03	参照组	21.41***	15.72***	13.99***	13.66***
	女性	-0.8**	67.5	参照组	11.74***	10.34***	17.35***	17.23***

注:表格内人均家庭收入与家庭消费支出对应的效应为指数换算,即 exp( )－1。

第二,男性劳动时间投入对人均家庭收入的影响为正,影响程度高于女性,极值点低于女性。从平均水平看,男性和女性劳动时间投入对人均家庭收入均有正向影响,且男性劳动时间投入对人均家庭收入的影响程度高于女性。男性样本中,劳动时间每增加一个单位,人均家庭收入增加0.64%,约为女性的1.1倍。从劳动时间平方项看,男性劳动时间投入与人均家庭收入之间呈现倒"U"型的非线性关系,经计算发现,男性每周劳动时间达到约77小时的拐点后开始对人均家庭产生抑制作用,该极值点虽小于女性劳动时间的极值点,但仍高于目前男性平均劳动时间。从劳动时间分区间看,男性样本中,相比周工时小于30小时,其余各区间劳动时间投入对人均家庭收入的影响分别增加36.48%、47.55%、55.58%和65.86%,均高于女性,且差距逐渐增加。因此,可以初步判定现阶段男性劳动时间对人均家庭收入亦具有积极的促进作用。

第三,男性劳动时间投入对人均家庭消费支出的影响为负,影响程度相比女性先高后低,极值点低于女性。从平均水平看,男性和女性劳动时间投入对家庭消费支出均有负向影响,且男性劳动时间投入对家庭消费支出的影响程度高于女性。男性样本中,劳动时间每增加一个单位,家庭消费支出减少2.33%,约为女性2.91

倍。从劳动时间平方项看，男性劳动时间投入与家庭消费支出之间呈现倒"U"型的非线性关系，经计算发现，男性每周劳动时间达到约 59 小时的拐点后开始对家庭消费支出产生抑制作用，该极值点小于女性劳动时间的极值点，略高于目前男性平均劳动时间，可以初步判定现阶段男性劳动时间对家庭消费支出是积极作用。从劳动时间分区间看，男性样本中，相比周工时小于 30 小时，其余各区间劳动时间投入对家庭消费支出逐渐增加，尤其在 30—40 小时和 40—50 小时区间，相比女性增加程度更高。

综上，劳动时间投入对家庭经济状况产生的经济效应表现出明显的性别差异。与男性相比，女性劳动时间投入对家庭经济状况的正向影响更大，且与衡量家庭经济状况的家庭储蓄率之间存在倒"U"型关系，相比低于 30 小时的周工时，每周30—40 小时和 40—50 小时的区间对家庭经济状况影响程度更高。此外，劳动时间投入对家庭经济状况的影响机制也表现出明显的性别差异。与女性样本相比，男性劳动时间投入对人均家庭收入的正向影响更高，且与人均家庭收入之间存在倒"U"型关系，相比周工时小于 30 小时，各区间劳动时间投入对人均家庭收入影响均高于女性。与女性样本相比，男性劳动时间投入对家庭消费支出的负向影响更高，且与家庭消费支出之间存在倒"U"型关系，相比周工时小于 30 小时，在 30—40小时和 40—50 小时区间，相比女性对家庭消费支出影响程度更高。

（二）劳动时间投入的居住效应的性别差异分析

表 6 - 3 报告了采用 Oprobit 模型计量的估计结果，表 6 - 4 报告了回归对应的边际效应估计结果，其中被解释变量为家庭居住环境，核心解释变量分别为劳动时间、劳动时间平方项以及劳动时间分段的回归结果，进一步从性别视角探讨劳动时间投入对居住效应的影响。

由表 6 - 3、表 6 - 4 回归结果可知：

第一，与男性相比，女性劳动时间投入对家庭居住环境的影响更显著。从回归系数的显著性水平上来看，男性样本中，劳动时间投入对家庭居住环境影响不显著;女性样本中,劳动时间投入对家庭居住环境在 10% 的水平上显著。从回归系数的方向来看,男性和女性劳动时间投入对家庭居住环境均有正向影响,女性劳动时间的边际效应为正,高于男性。因此,女性劳动时间投入对家庭居住环境的正向作用更明显。

第二,与男性相比,女性劳动时间投入对家庭居住环境的影响呈明显的倒"U"型关系,极值点更大。从回归系数的显著性水平上来看,男性样本中,劳动时间的一次项系数和二次项系数均在 10% 的水平上显著,女性样本中,劳动时间的一次项系数和二次项系数在 10% 或 5% 的水平上显著。从回归系数的方向和大小来看,男性样本中一次项系数为正,二次项系数为负,且极值点为 64.6 小时,呈倒"U"型关系。女性样本中,一次项系数为正,二次项系数为负,且极值点约为 68.6 小时。因此,男性和女性的劳动时间对家庭居住环境的影响均呈倒"U"型关系。

表 6 - 3　男性劳动时间投入对家庭居住环境的影响

	（1）	（2）	（3）
劳动时间	0.000860	0.00515*	
	（0.256）	（0.051）	
劳动时间平方项		- 0.0000399*	
		（0.084）	
劳动时间 （低于 30 小时 = 参照组）			
（30,40]			0.0385
			（0.446）
（40,50]			- 0.00194
			（0.970）
（50,60]			0.0642
			（0.204）

续表

	（1）	（2）	（3）
（60，max）			0.0401
			（0.425）
控制变量、固定效应	控制	控制	控制
N	9159	9159	9159
Log pseudolikelihood	−10798.113	−10796.664	−10796.81

注：*、**、***分别表示为10%、5%、1%水平显著，括号里报告的是 p 值。

表6−4　劳动时间投入的居住效应的性别差异

		边际效应					
		oprobit_1	oprobit_2	oprobit_3	oprobit_4	oprobit_5	oprobit_6
劳动时间	男性	−0.00000688	−0.00000704	−0.000228	−0.0000987	0.000188	0.000153
	女性	−0.0000161*	−0.0000171*	−0.000387*	−0.000179*	0.000301*	0.000298*
劳动时间极值点	男性	64.63 小时					
	女性	68.78 小时					
<30 小时		参照组	参照组	参照组	参照组	参照组	参照组
30—40小时	男性	−0.00031	−0.00032	−0.01022	−0.00443	0.00842	0.0068
	女性	−0.00135***	−0.00144***	−0.0327***	−0.01518***	0.02546***	0.02521***
40—50小时	男性	0.000016	0.000016	0.00051	0.00022	−0.00042	−0.00034
	女性	−0.00079	−0.00084	−0.019	−0.00884	0.0148	0.0147
50—60小时	男性	−0.00051	−0.00053	−0.017	−0.00737	0.014	0.0114
	女性	−0.00172***	−0.00183***	−0.0415***	−0.0193***	0.0323***	0.0320***
>60小时	男性	−0.00032	−0.00033	−0.0106	−0.00461	0.00877	0.00713
	女性	−0.0017***	−0.00183***	−0.0414***	−0.0193***	0.0323***	0.0320***

第三，与男性相比，女性劳动时间投入分区间对家庭居住环境的影响更明显。从回归系数的显著性水平上来看，相比周工时小于30小时，男性样本中，劳动时间在各区间的回归系数均不显著，女性样本中，除了每周40—50小时的劳动时间，其

他区间劳动时间在 5% 或 1% 水平上显著。从回归系数的方向来看,男性样本中,相比周工时短于 30 小时,劳动时间在各区间的回归系数有正有负,女性样本中,劳动时间在各区间的回归系数均为正。因此,相比周工时短于 30 小时,女性劳动时间投入分区间对家庭居住环境的影响更显著。

综上,劳动时间投入对家庭居住环境产生的居住效应表现出明显的性别差异。与男性相比,女性劳动时间投入对家庭居住环境的影响更显著,且与家庭居住环境之间存在倒"U"型关系,相比周工时小于 30 小时,每周劳动时间在 30—40 小时、50—60 小时与长于 60 小时的时间段对家庭居住环境影响程度更高,而男性劳动时间与家庭居住环境之间存在倒"U"型关系,从劳动时间平均项和劳动时间分区间来看,对家庭居住环境均不显著。因此,女性劳动时间投入对居住效应的影响更显著。

(三)劳动时间投入的社交效应的性别差异分析

表 6-5 报告了采用 OLS 模型进行的计量估计结果,其中被解释变量为家庭社会关系,核心解释变量分别为劳动时间、劳动时间平方项以及劳动时间分段的回归结果,进一步从性别视角探讨劳动时间投入对社交效应的影响。

由表 6-5、表 6-6 回归结果可知:

第一,与男性相比,女性劳动时间投入对家庭社会关系的促进作用高于男性。从回归系数的显著性水平上来看,无论男性样本还是女性样本,劳动时间投入对家庭社会关系均在 1% 的水平上显著。从回归系数的方向和大小来看,男性和女性劳动时间投入对家庭社会关系均有正向影响,女性劳动时间的回归系数为0.00272,意味着劳动时间每增加一个单位,家庭社会关系提高约 0.27%,高于男性。因此,女性劳动时间投入对家庭社会关系的正向作用更明显,说明女性进入劳动力市场中,相比男性更有利于对互助、互惠等社会关系的提升。

第二,与男性相比,女性劳动时间投入对家庭社会关系的影响呈明显的"U"型关系。从回归系数的显著性水平上来看,男性样本中,劳动时间的一次项系数在

5%的水平上显著,二次项系数不显著,表明男性劳动时间投入与家庭社会关系之间没有倒"U"型关系,女性样本中,劳动时间的一次项系数和二次项系数在1%或5%的水平上显著,呈现明显的"U"型曲线。从回归系数的方向和大小来看,男性样本中一次项系数为正,二次项系数为负,但不构成非线性关系,女性样本中,一次项系数为负,二次项系数为正,且极值点约为35.89小时。因此,女性劳动时间对家庭社会关系的影响更明显,且呈"U"型关系。

第三,与男性相比,女性劳动时间投入分区间对家庭社会关系的影响不明显。从回归系数的显著性水平上来看,相比周工时短于30小时,男性样本中,劳动时间在每周40—50小时和50—60小时的回归系数分别在10%和5%的水平上显著。女性样本中,劳动时间在各区间的回归系数均不显著。从回归系数的方向来看,相比周工时小于30小时,男性样本中,劳动时间在各区间的回归系数均为正,女性样本中,劳动时间在各区间的回归系数有正有负。因此,相比周工时小于30小时,男性劳动时间投入在每周40—50小时和50—60小时对家庭社会关系的影响更显著。

表6-5　男性劳动时间投入对家庭社会关系的影响

	(1)	(2)	(3)
劳动时间	0.00196 ***	0.00548 **	
	(0.004)	(0.019)	
劳动时间平方项		− 0.0000328	
		(0.116)	
劳动时间 (低于 30 小时 = 参照组)			
(30,40]			0.0383
			(0.387)

续表

	（1）	（2）	（3）
（40,50]			0.0763*
			（0.085）
（50,60]			0.0866**
			（0.048）
（60,max）			0.0701
			（0.116）
控制变量	控制	控制	控制
职业固定效应	控制	控制	控制
地区固定效应	控制	控制	控制
年份固定效应	控制	控制	控制
常数	−0.235	−0.337	−0.186
	（0.637）	（0.502）	（0.708）
N	10104	10104	10104
R^2	0.116	0.116	0.116
F	52.98	51.04	47.15

注：*、**、***分别表示为10%、5%、1%水平显著，括号里报告的是 p 值。

表6-6　劳动时间投入的社交效应的性别差异

		劳动时间	劳动时间极值点	<30 小时	30—40 小时	40—50 小时	50—60 小时	>60 小时
家庭社会关系	男性	0.20***	—	参照组	3.90	7.93*	9.05**	7.26
（%）	女性	0.27***	35.89	参照组	3.19	−6.81	0.93	7.71

注：表格内人均家庭收入与家庭消费支出对应的效应为指数换算，即 exp( ) −1。

　　综上，劳动时间投入对家庭社会关系产生的社交效应表现出明显的性别差异。与男性相比，女性劳动时间投入对家庭社会关系的影响更显著，且与家庭社会关系之间存在"U"型关系,男性劳动时间投入分区间对家庭社会关系更显著,相比周工时小于30小时,每周劳动时间在50—60小时对家庭社会关系影响程度更高。因此,女性劳动时间投入、女性劳动时间平方项、男性劳动时间投入分区间对社交效应的影响更显著。

(四)劳动时间投入的心理效应的性别差异分析

表6-7报告了采用Oprobit模型进行的计量估计结果,其中被解释变量为主观心理状态,核心解释变量分别为劳动时间、劳动时间平方项以及劳动时间分段的回归结果,进一步从性别视角探讨劳动时间投入对心理效应的影响。

由表6-7、表6-8的回归结果可知:

第一,与男性相比,女性劳动时间投入对主观心理状态的影响更显著。从回归系数的显著性水平上来看,男性和女性的劳动时间均在5%的水平上显著。从回归系数的方向和边际效应来看,男性样本中,劳动时间投入对由低到高的心理状态影响表现为从正向到负向,而女性样本中,劳动时间投入对由低到高心理状态影响表现为从负向到正向。因此,女性劳动时间投入对主观心理状态整体表现为积极作用,男性劳动时间投入对主观心理状态整体表现为消极作用。

第二,男性和女性劳动时间投入对主观心理状态均不构成非线性关系。从回归系数的显著性水平上来看,男性样本中,劳动时间的一次项系数在10%的水平上显著,二次项系数不显著,类似的,女性样本中,劳动时间的一次项系数不显著,二次项系数在10%的水平上显著。从回归系数的方向和大小来看,男性样本中一次项系数为负,二次项系数为正,但未形成"U"型曲线,女性样本中,一次项系数为负,二次项系数为正,也未形成"U"型曲线。因此,男性和女性劳动时间投入与主观心理状态之间不构成非线性关系。

表 6 - 7 男性劳动时间投入对主观心理状态的影响

	（1）	（2）	（3）
劳动时间	- 0.00327 **	- 0.0104 *	
	（0.045）	（0.074）	
劳动时间平方项		0.0000662	
		（0.203）	
劳动时间 （低于 30 小时 = 参照组）			
（30,40]			- 0.220 **
			（0.036）
（40,50]			- 0.335 ***
			（0.001）
（50,60]			- 0.149
			（0.149）
（60,max）			- 0.122
			（0.246）
控制变量	控制	控制	控制
职业、地区和 年份固定效应	控制	控制	控制
N	1817	1817	1817
Log likelihood	- 3292.9452	- 3292.1341	- 3288.1636

注：*、**、***分别表示为 10%、5%、1%水平显著，括号里报告的是 p 值。

表6-8 劳动时间投入的心理效应的性别差异

		边际效应					
		oprobit_1	oprobit_2	oprobit_3	oprobit_4	oprobit_5	oprobit_6
劳动	男性	0.0000246	0.0000131	0.0000316*	0.0000915*	0.000116*	0.000491**
时间	女性	−0.000117**	−0.0000318	−0.0000455*	−0.0000931**	−0.000162**	−0.000737**
<30小时		参照组	参照组	参照组	参照组	参照组	参照组
30—40	男性	0.0016*	0.0009	0.0021*	0.0062**	0.0078**	0.0328**
小时	女性	−0.0010	−0.0003	−0.0004	−0.0008	−0.0015	−0.0066
40—50	男性	0.00243**	0.00131*	0.00322**	0.00940***	0.0119***	0.0500***
小时	女性	0.00127	0.00035	0.000501	0.00103	0.0018	0.00819
50—60	男性	0.00108	0.000584	0.00143	0.00418	0.00529	0.0223
小时	女性	−0.0000187	−0.00000513	−0.00000736	−0.0000151	−0.0000264	−0.00012
>60	男性	0.000884	0.000479	0.00117	0.00343	0.00433	0.0182
小时	女性	−0.00397	−0.00109	−0.00156	−0.00321	−0.00561	−0.0255
		oprobit_7	oprobit_8	oprobit_9	oprobit_10	oprobit_11	
劳动	男性	0.000292**	0.000158**	0.00000581	−0.000243**	−0.000982**	
时间	女性	−0.000379**	−0.000269**	−0.000143	0.000436**	0.00154**	
<30小时		参照组	参照组	参照组	参照组	参照组	
30—40	男性	0.0196**	0.0107**	0.0005	−0.0164**	−0.0657**	
小时	女性	−0.0034	−0.0024	−0.0013	0.0039	0.0138	
40—50	男性	0.0299***	0.0163***	0.000707	−0.0250***	−0.100***	
小时	女性	0.00419	0.00297	0.00157	−0.00481	−0.0171	
50—60	男性	0.0133	0.00724	0.000315	−0.0111	−0.0445	
小时	女性	−0.0000615	−0.0000436	−0.000023	0.0000706	0.00025	
>60	男性	0.0109	0.00593	0.000258	−0.00913	−0.0365	
小时	女性	−0.0131	−0.00925	−0.00489	0.015	0.0532	

注:男性和女性劳动时间投入均不存在极值点,表格未列出劳动时间平方项的边际效应。

第三,与男性相比,女性劳动时间投入分区间对主观心理状态的影响不敏感。从回归系数的显著性水平上来看,相比周工时小于 30 小时,男性样本中,劳动时间在每周 30—40 小时和 40—50 小时的回归系数分别在 5% 和 1% 的水平上显著,女性样本中,劳动时间在各区间的回归系数均不显著。从回归系数的方向和边际效应来看,相比周工时小于 30 小时,男性样本中,劳动时间在各区间的回归系数均为负,在每周 30—40 小时和 40—50 小时的负向效应更强,女性样本中,劳动时间在各区间的回归系数有正有负。因此,相比周工时小于 30 小时,男性劳动时间投入分区间对主观心理状态的影响更显著。

综上,劳动时间投入对主观心理状态产生的心理效应表现出明显的性别差异。与男性相比,女性劳动时间投入对心理效应的影响为正,男性和女性均与心理效应不构成非线性关系,相比小于 30 小时周工时,男性每周劳动时间在 30—40 小时、40—50 小时对心理效应影响更强。

二、劳动时间投入的家庭福利效应综合的性别差异分析

表 6 – 9 报告了采用 OLS 模型进行的计量估计结果,其中被解释变量家庭福利综合指标,包括家庭经济状况、家庭居住环境、家庭社会关系以及主观心理状态,核心解释变量分别为劳动时间、劳动时间平方项以及劳动时间分段的回归结果,进一步从性别视角探讨劳动时间投入的家庭福利效应。

表 6 – 9　男性劳动时间投入对家庭福利的影响

	（1）	（2）	（3）
劳动时间	0.0225 **	0.115 ***	
	（0.039）	（0.002）	
劳动时间平方项		– 0.000869 **	
		（0.010）	

	（1）	（2）	（3）
劳动时间 （低于 30 小时 = 参照组）			
（30,40]			1.518 **
			(0.030)
（40,50]			1.286 *
			(0.069)
（50,60]			1.150
			(0.102)
（60,max)			1.341 *
			(0.064)
控制变量	控制	控制	控制
职业、地区、 年份固定效应	控制	控制	控制
常数	- 87.79 ***	- 90.50 ***	- 86.76 ***
	(0.000)	(0.000)	(0.000)
N	6805	6805	6805
R^2	0.102	0.103	0.102
F	29.56	28.73	26.52

注：*、**、***分别表示为10%、5%、1%水平显著，括号里报告的是 p 值。

表 6 - 10　劳动时间投入的家庭福利综合效应的性别差异

		劳动时间	劳动时间 极值点	<30 小时	30—40 小时	40—50 小时	50—60 小时	>60 小时
家庭福利	男性	0.0225 **	73.06	参照组	1.518 **	1.286 *	1.150	1.341 *
（%）	女性	0.0383 ***	68.26	参照组	1.761 **	1.573 *	2.067 **	2.963 ***

由表 6 – 9、表 6 – 10 的回归结果可知：

第一，与男性相比，女性劳动时间投入对家庭福利促进作用高于男性。从回归系数的显著性水平上来看，男性样本中，劳动时间投入对家庭福利的影响在 5% 的水平上显著，女性样本中，劳动时间投入对家庭福利的影响在 1% 的水平上显著。从回归系数的方向和大小来看，男性和女性劳动时间投入对家庭福利均有正向影响，女性劳动时间的回归系数为 0.0383，意味着劳动时间每增加一个单位，家庭福利提高约 0.04%，约为男性的 1.7 倍。因此，平均来看，女性劳动时间投入对家庭福利的正向作用更明显。

第二，男性和女性劳动时间投入对家庭福利的影响均呈明显的倒“U”型关系。从回归系数的显著性水平上来看，男性样本中，劳动时间的一次项系数和二次项系数分别在 1% 和 5% 的水平上显著。女性样本中，劳动时间的一次项系数在 1% 的水平上显著，二次项系数在 5% 的水平上显著。从回归系数的方向和大小来看，男性样本中一次项系数为正，二次项系数为负，表明男性劳动时间投入与家庭福利之间呈明显的倒“U”型曲线，经计算可得，极值点为 73.06 小时，女性样本中，一次项系数为正，二次项系数为负，两者呈现明显的倒“U”型曲线经计算可得，极值点为 68.26 小时，因此，男性和女性劳动时间对家庭福利均有非线性影响。

第三，与男性相比，女性劳动时间投入分区间对家庭福利的影响更大。从回归系数的显著性水平上来看，相比周工时小于 30 小时，男性样本中，除了在每周 50—60 小时区间，其他区间均在 5% 或 10% 的水平上显著，女性样本中，劳动时间在各区间的回归系数均显著。从回归系数的方向来看，相比周工时小于 30 小时，男性和女性劳动时间在各区间的回归系数基本为正，女性样本中，各区间劳动时间投入对家庭福利的影响分别增加 1.76%、1.57%、2.07%、2.97%，均高于男性。因此，女性劳动时间投入对家庭福利的影响更显著。

综上，劳动时间投入的家庭福利效应表现出明显的性别差异。相较于男性，女性在家庭福利构建过程中所投入的劳动时间展现出更为突出的影响力，这种影响力不仅显著,而且呈现出一种独特的倒"U"型关系模式。具体而言,即随着女性劳动时间的增加,家庭福利起初会经历一个正向增长的阶段,但当劳动时间超过某一临界点后,家庭福利的增长速度会逐渐放缓,甚至可能转为负向影响,形成一种先升后降的趋势。进一步细化分析,当我们将女性劳动时间划分为不同的区间进行考察时,可以发现这种倒"U"型关系在不同区间内对家庭福利的影响同样显著,但具体表现形式和程度可能有所差异。这种分区间探讨的方法,有助于我们更精确地理解女性劳动时间与家庭福利之间的复杂关系,以及在不同劳动时间阶段下,女性劳动对家庭福祉产生的不同效应。因而,女性在家庭中的劳动时间投入,包括其直接效应(即劳动时间本身)以及通过平方项体现的间接效应(即劳动时间的非线性影响),还有在不同劳动时间区间内的差异化影响,均对家庭福利产生了显著且深刻的作用。这一发现强调了在制定相关政策、优化家庭资源配置以及促进性别平等时,应充分考虑女性劳动时间的这一独特性质。

第二节　不同家庭类别女性劳动时间投入的家庭福利效应的异质性分析

前面对劳动时间投入的家庭福利效应的性别差异进行了分析,那么女性劳动时间投入的家庭福利效应是否存在异质性? 家庭承担着提供基本需要和其成员的全面发展的主要职能,家庭福利提升是实现全体人民共同富裕的应有之义。女性劳动力是人力资源的重要组成部分,其时间配置对自身和家庭发展等至关重要,探讨女性劳动对家庭的贡献是推进家庭可持续发展的内在要求。

家庭具有重要的福利功能,在社会成员生存及发展中有重要价值。女性进入劳动力市场,不仅关系到个人发展,很大程度上影响到家庭效用和社会发展。从已有研究看,关于家庭福利的探讨主要从影响因素和指标构建两个层面展开。其中,影响因素主要包括宏观政策、经济环境、劳动力流动等角度（Ciupureanu 和 Roman；樊士德、张尧，2020；宋坤、徐源，2023），指标构建主要涉及经济和非经济要素，探讨多维度测算方法等（Ravallion 等，2019；Thorbecke，2011；Sen，2014；裴劲松、矫萌，2021）。尽管学者对于福利水平测度及其影响因素分析的研究已经较为丰富，但是针对劳动供给的家庭福利效应的文献目前较少，并且现有学者探究女性劳动时间投入对其家庭福利的影响。在公共场域，女性全面参与社会劳动，成为经济建设和家庭生计的重要贡献者，不同婚姻状况和家庭规模中的女性将时间投入在劳动力市场中是否会导致家庭福利变化，这一重要问题在已有研究中很大程度上被忽略了。因而探究女性劳动时间投入对于家庭福利的可能影响，不仅有助于更好地理解家庭需求，了解家庭福利的短板所在，而且有助于推动和完善工时制度的相关政策。

整体而言，目前学术界对女性劳动时间投入与家庭福利之间的内在关联缺乏足够的重视，也并未得出一致性结论。由于家庭福利测度多聚焦于经济层面，其所得结论很可能存在片面性，对现实指导意义有限。那么在充分考虑家庭福利内涵的前提下，不同家庭规模和婚姻状况下女性劳动时间投入对家庭福利的影响是否存在分层？对这些问题的研究不仅有助于从家庭福利这一新视角理解劳动时间的家庭效果，拓展时间配置相关前沿研究，更为增进家庭福利、推动家庭可持续发展提供更多实践依据。

一、从婚姻状况看劳动时间投入的家庭福利效应的分析

表 6 - 11 报告了按婚姻状况分为未婚女性和已婚女性样本，采用 OLS 模型进行的计量估计结果，其中被解释变量家庭福利综合指标，包括家庭经济状况、家庭居住环境、家庭社会关系以及主观心理状态，核心解释变量分别为劳动时间、劳动时间平方项以及劳动时间分段的回归结果，进一步从婚姻状况探讨劳动时间投入对家庭福利的影响趋势、影响关系和影响程度。

表6-11　女性劳动时间投入对主观心理状态的影响

	（1）	（2）	（3）	（4）	（5）	（6）
	未婚	已婚	未婚	已婚	未婚	已婚
劳动时间	-0.0288	0.0505***	-0.217*	0.267***		
	(0.397)	(0.001)	(0.062)	(0.000)		
劳动时间平方项			0.00187*	-0.00208***		
			(0.091)	(0.000)		
劳动时间（低于30小时=参照组）						
(30,40]					-1.582	2.354**
					(0.466)	(0.011)
(40,50]					-5.283**	3.506***
					(0.015)	(0.000)
(50,60]					-3.670	3.346***
					(0.103)	(0.001)
(60,max)					-4.125*	4.460***
					(0.075)	(0.000)
控制变量	控制	控制	控制	控制	控制	控制
职业固定效应	控制	控制	控制	控制	控制	控制
地区固定效应	控制	控制	控制	控制	控制	控制
年份固定效应	控制	控制	控制	控制	控制	控制
常数	-148.9***	-97.89***	-144.5***	-101.9***	-141.5***	-97.97***
	(0.000)	(0.000)	(0.000)	(0.000)	(0.000)	(0.000)
N	890	3474	890	3474	890	3474
R^2	0.183	0.111	0.186	0.116	0.191	0.114
F	7.740	17.28	7.569	17.37	7.283	15.87

注：*、**、***分别表示为10%、5%、1%水平显著，括号里报告的是 p 值。

根据表 6-11 的回归结果可知：

第一，与未婚女性相比，已婚女性劳动时间投入对家庭福利的促进作用更高。从回归系数的显著性水平上来看，未婚女性样本中，劳动时间投入对家庭福利的影响不显著，女性样本中，劳动时间投入对家庭福利的影响在 1% 的水平上显著。从回归系数的方向和大小来看，未婚女性劳动时间投入对家庭福利有负向影响，已婚女性劳动时间投入对家庭福利有正向影响，女性劳动时间的回归系数为 0.0505，意味着劳动时间每增加一个单位，家庭福利增进约 0.05%。因此，平均来看，已婚女性劳动时间投入对家庭福利的正向作用更明显。

第二，未婚、已婚女性劳动时间投入分别对家庭福利的影响呈明显的"U"型和倒"U"型关系。从回归系数的显著性水平上来看，未婚女性样本中，劳动时间的一次项系数和二次项系数均在 10% 的水平上显著，已婚女性样本中，劳动时间的一次项系数和二次项系数均在 1% 的水平上显著。从回归系数的方向和大小来看，未婚女性样本中一次项系数为负，二次项系数为正，两者呈现明显的"U"型曲线，经计算可得，极值点约为 58.02 小时。已婚女性样本中，一次项系数为正，二次项系数为负，两者呈现明显的倒"U"型曲线，经计算可得，极值点约为 64.18 小时，因此，未婚女性和已婚女性劳动时间投入对家庭福利均有非线性影响。

第三，与未婚女性相比，已婚女性劳动时间投入分区间对家庭福利的影响更大。从回归系数的显著性水平上来看，相比周工时小于 30 小时，未婚女性样本中，40—50 小时区间的劳动时间在 5% 的水平上显著，超过 60 小时的劳动时间在 10% 的水平上显著。已婚女性样本中，30—40 小时的劳动时间在 5% 的水平上显著，其他区间的劳动时间的回归系数均在 1% 的水平上显著。从回归系数的方向来看，相比周工时小于 30 小时，未婚女性劳动时间在各区间的回归系数均为负，在每周 40—50 小时和超过 60 小时的劳动时间投入对家庭福利的影响分别减少 5.28%、4.13%。已婚女性样本中，各区间劳动时间投入对家庭福利的影响分别增加 2.35%、3.51%、3.35%、4.46%。因此，已婚女性劳动时间投入对家庭福利的影响更显著。

综上,劳动时间投入对家庭福利产生的家庭福利效应表现出明显的婚姻状况差异。与未婚女性相比,已婚女性劳动时间投入对家庭福利的影响更显著,也与家庭福利之间存在倒"U"型关系,分区间来看也对家庭福利的影响更显著,未婚女性劳动时间与家庭福利之间存在"U"型关系。因此,已婚女性劳动时间投入对家庭福利影响趋势和影响程度更显著。

二、从家庭规模看劳动时间投入的家庭福利效应的分析

表6-12报告了将家庭规模分为低于4人(包括4人)和多于4人样本,采用OLS模型进行的计量估计结果,其中被解释变量家庭福利综合指标,包括家庭经济状况、家庭居住环境、家庭社会关系以及主观心理状态,核心解释变量分别为劳动时间、劳动时间平方项以及劳动时间分段的回归结果,进一步从家庭规模探讨劳动时间投入对家庭福利的影响。

表6-12　不同家庭规模女性劳动时间投入对家庭福利的影响

	(1)	(2)	(3)	(4)	(5)	(6)
	低于4人	多于4人	低于4人	多于4人	低于4人	多于4人
劳动时间	0.0574***	0.00579	0.290***	-0.0915		
	(0.001)	(0.791)	(0.000)	(0.209)		
劳动时间平方项			-0.00226***	0.000927		
			(0.000)	(0.162)		
劳动时间(低于30小时=参照组)						
(30,40]					3.004***	-0.979
					(0.006)	(0.486)

续表

	(1)	(2)	(3)	(4)	(5)	(6)
	低于4人	多于4人	低于4人	多于4人	低于4人	多于4人
(40,50]					2.918***	− 0.845
					(0.010)	(0.537)
(50,60]					3.313***	− 0.606
					(0.004)	(0.669)
(60,max)					5.353***	− 1.325
					(0.000)	(0.348)
控制变量	控制	控制	控制	控制	控制	控制
职业固定效应	控制	控制	控制	控制	控制	控制
地区固定效应	控制	控制	控制	控制	控制	控制
年份固定效应	控制	控制	控制	控制	控制	控制
常数	− 104.1***	− 126.8***	− 108.8***	− 125.5***	− 105.0***	− 126.1***
	(0.000)	(0.000)	(0.000)	(0.000)	(0.000)	(0.000)
N	2795	1569	2795	1569	2795	1569
R^2	0.130	0.154	0.134	0.155	0.133	0.154
F	16.51	11.19	16.49	10.84	15.22	10.02

注：*、**、***分别表示为10%、5%、1%水平显著，括号里报告的是 p 值。

根据表 6 - 12 的回归结果可知：

第一，与家庭人数多于 4 人相比，家庭人数低于 4 人的女性劳动时间投入对家庭福利促进作用更显著。从回归系数的显著性水平上来看，家庭人数多于 4 人的样本中，女性劳动时间投入对家庭福利的影响不显著，家庭人数低于 4 人的样本中，女性劳动时间投入对家庭福利的影响在 1% 的水平上显著。从回归系数的方向和大小来看，家庭人数多于 4 人的女性劳动时间投入对家庭福利有正向影响，家庭人数低于4人女性劳动时间投入对家庭福利有正向影响,女性劳动时间的回归系数为0.0574,意味着劳动时间每增加一个单位,家庭福利增进约0.06%。因此,平均来看,家庭规模相对小的女性劳动时间投入对家庭福利的正向作用更明显。

第二,家庭人数低于4人的女性劳动时间投入对家庭福利的影响呈明显的倒"U"型关系。从回归系数的显著性水平上来看,家庭人数多于4人的女性样本中,劳动时间的一次项系数和二次项系数均不显著,家庭人数低于4人劳动时间的一次项系数和二次项系数均在1%的水平上显著。从回归系数的方向和大小来看,家庭人数多于4人的女性样本中一次项系数为负,二次项系数为正,家庭人数低于4人的女性样本中,一次项系数为正,二次项系数为负,两者呈现明显的倒"U"型曲线,经计算可得,极值点约为64.16小时,因此,家庭规模相对小的女性劳动时间投入对家庭福利有非线性影响。

第三,与家庭人数多于4人相比,女性劳动时间投入分区间对家庭福利的影响更大。从回归系数的显著性水平上来看,相比周工时小于30小时,家庭人数低于4人的女性样本中,各区间的女性劳动时间投入均在1%的水平上显著。家庭人数多于4人的女性样本中,劳动时间在各区间的回归系数均不显著。从回归系数的方向来看,相比周工时小于30小时,家庭人数低于4人的女性劳动时间在各区间的回归系数均为正,各区间劳动时间投入对家庭福利的影响分别增加3%、2.92%、3.31%、5.35%。家庭人数多于4人的女性样本中,各区间劳动时间投入对家庭福利的影响为正。因此,家庭规模相对小的女性劳动时间投入对家庭福利的影响更显著。

综上,劳动时间投入对家庭福利产生的家庭福利效应表现出明显的家庭规模差异。与家庭人数多于4人的女性样本相比,家庭规模相对小的女性劳动时间投入对家庭福利的影响更显著,也与家庭福利之间存在倒"U"型关系,分区间来看也对家庭福利的影响更显著。因此,家庭规模相对小的女性劳动时间投入对家庭福利的影响趋势、影响关系和影响程度更显著。

第三节　研究发现

本章主要考察女性劳动时间投入的家庭福利效应的异质性,以劳动时间、劳动时间平方项以及分区间三个维度作为劳动时间投入的衡量指标,来分析劳动时间的家庭福利效应的性别差异,并从婚姻状况和家庭规模方面进一步探析女性劳动时间的家庭福利效应的异质性。主要结论如下:

第一,基于表 6 - 2、表 6 - 4、表 6 - 6、表 6 - 8、表 6 - 10,从经济效应来看,女性劳动时间投入的经济效应较男性强;经济效应最大化的极值点比男性长 17.59 小时;相比周工时小于 30 小时,影响程度最多比男性多 4.21% 。从居住效应来看,女性劳动时间投入的居住效应最大化的极值点为 68.78 小时;相比周工时小于 30 小时,女性劳动时间投入对居住效应的影响程度比男性高。从社交效应来看,女性社交效应最小化的极值点为 35.89 小时;相比周工时小于 30 小时,女性劳动时间投入对社交效应的影响程度比男性弱。从心理效应来看,女性劳动时间投入对心理效应的影响为正,男性劳动时间投入对心理效应的影响为负;相比周工时小于 30 小时,女性劳动时间投入对心理效应的影响程度低于男性。从家庭福利效应来看,女性劳动时间投入的家庭福利效应较男性强;家庭福利效应最大化的极值点为 68.26 小时;相比周工时小于 30 小时,女性劳动时间投入对家庭福利的影响程度高于男性,最高达 1.62% 。女性劳动时间每增加一个单位,家庭福利提高约 0.04% ;与家庭福利之间存在倒“U”型关系;分区间来看也对家庭福利的影响更显著。相比周工时小于 30 小时,劳动时间在每周超过 60 小时对家庭福利的影响程度最高,为 2.96% ,而男性劳动时间在每周 60 小时对家庭福利的影响程度最高可达 1.34% 。上述发现表明,双职工家庭之所以成为一种普遍趋势,女性对家庭福利的边际贡献具有增值作用,或许是重要考量之一。但也发现女性的收入效应低于男性,男女收入的现实差距,女性家庭的边际效应高于男性,职业女性呈现难以平衡工作和生活的困窘状态,而且劳动回报偏低,无法达成福利最大化目标。如何注重劳动回报尤其注重劳动回报差距,要关注的是如何缩小收入差距,扩大中等收入群体,解决好低收入人群的增收问题。

第二,从婚姻状况来看,已婚女性劳动时间投入对家庭福利的正向影响较未婚女性强,家庭福利效应最大化的极值点为 64.18 小时。已婚女性劳动时间每增加一个单位,家庭福利增进约 0.05%,也与家庭福利之间存在倒"U"型关系,分区间来看也对家庭福利的影响更显著,未婚女性劳动时间与家庭福利之间存在"U"型关系,意味着家庭福利效应随劳动时间投入增加先减少后增加。上述发现表明,已婚女性的家庭福利贡献大于未婚女性,意味着家庭责任促进了女性的成长和担当。

第三,从家庭规模来看,家庭规模较小的女性劳动时间投入对家庭福利的影响更大,女性劳动时间每增加一个单位,家庭福利增进约 0.06%;家庭规模较小的女性劳动时间投入与家庭福利之间关系更明显,且极值点为 64.16 小时;相比周工时小于 30 小时,女性劳动时间投入对家庭福利的影响程度最高达 5.35%。上述发现表明,养育责任大小也对家庭福利效应带来影响,无论是儿童养育和老人的赡养,对家庭而言不仅包括直接的经济成本,还包括间接的时间成本、机会成本等,如何通过公共政策助力家庭、助力女性,女性扮演既有自己事业的职业女性又能成为母亲的双重角色是最好的政策取向。

第七章　女性劳动时间投入的
家庭福利效应再审视与应对措施

　　在学术研究中,实证分析扮演着至关重要的角色,它不仅是剖析现实世界中具体现象与问题的事实基石,更是通过数据驱动的方法论,为理解复杂社会现象提供了强有力的证据支持。与此同时,现实问题作为实证分析的出发点与归宿,不仅为分析过程设定了明确的理论框架与研究方向,还赋予了实证分析深刻的实践意义与理论价值。实证分析通过对大量数据的收集、整理与分析,运用统计方法与计量模型,揭示出隐藏在数据背后的规律与趋势,从而为我们理解现实问题提供了直观、量化的视角。因而,实证分析与现实问题之间存在相互依存、相互促进的关系。一方面,实证分析需要现实问题作为理论导向,以确保研究的针对性与实用性;另一方面,现实问题的复杂性与多样性又不断激发着实证分析的创新潜力,推动着研究方法的进步与完善。在这一动态平衡中,学术研究得以不断向前发展,为人类社会的进步贡献智慧与力量。

　　笔者在前文中对女性劳动时间投入的家庭福利效应进行了深入分析,并从性别、婚姻状况和家庭规模等方面进行了异质性分析。本章在此基础上,进一步联系现实问题,尝试理解女性劳动时间投入的家庭福利效应的内在原因,在劳动价值、性别角色和家庭福利方面提供启示。本研究致力于深入剖析女性劳动时间投入对家庭福利效应的多维度影响，并超越单一视角，对性别差异、婚姻状况及家庭规模等变量进行细致的异质性探讨，以期全面揭示其背后的复杂机制，为理解女性劳动价值、促进性别平等以及优化家庭福利政策提供新的视角与启示。本研究不仅能够丰富相关领域的理论基础，还能够为现实问题中的政策制定与实践操作提供有价值的参考。

本研究不仅关注女性劳动时间的直接经济贡献，还深刻反思了其在劳动价值重塑、性别角色定位以及家庭福利提升等方面的深层次意义。通过性别比较，本研究揭示了不同性别在劳动时间投入与家庭福利关系上的显著差异，以及这些差异如何受到社会结构、文化观念等多重因素的制约与影响。同时，对婚姻状况和家庭规模的考量，使我们能够更加细致地描绘出不同家庭背景下，女性劳动时间投入对家庭福利产生的差异化效应。

第一节　女性劳动时间的家庭福利效应的总结论

本研究通过实证分析从多维度阐述女性劳动时间投入对家庭福利的影响，发现女性劳动时间投入对家庭福利的影响具有积极效应，并且该积极效应在男性样本中也存在。同时，女性劳动时间投入对家庭福利的影响在不同家庭类别中存在异质性。

一、从女性总体看，劳动时间投入的家庭福利效应结论

通过第五章的实证分析，可以发现女性劳动时间投入对家庭福利有显著影响。分家庭福利内容看，女性劳动时间投入对家庭福利存在以下效应：一是两者之间存在经济效应，且这种影响呈现非线性和阶段性；二是两者之间存在居住效应，且这

种影响呈现非线性和阶段性;三是两者之间存在社交效应,且这种影响呈现非线性;四是两者之间存在心理效应。

本研究立足于微观数据库,通过综合运用 OLS(普通最小二乘法)、2SLS(两阶段最小二乘法)以及 Oprobit(有序概率模型)等高级计量经济学工具,深入剖析了女性劳动时间投入对其家庭福利产生的多维度影响。不仅在实证分析中细致考察了经济效应、居住效应以及综合家庭福利效应,而且通过精确的回归分析,将这些效应依据劳动时间的不同区间进行了细致的划分与评估。结果显示,在不同劳动时间段内,女性劳动时间的上述效应均展现出显著且各具特色的变化趋势。

为了进一步直观呈现并深入解析这些实证发现,我们采用了图形化表达的方式(具体如图 7 - 1 所示),通过绘制散点图、折线图或条形图等,将女性劳动时间与家庭福利效应之间的复杂关系直观化、可视化。不仅增强了分析结果的直观性和说服力,也为后续的政策制定与学术研究提供了更为清晰、具体的参考依据。通过这一图形化展示,本研究能够更直观地观察到女性在不同劳动时间区间内,其劳动投入如何转化为家庭福利的改善,以及这些改善在不同维度上的具体表现,从而为我们全面、深入地理解女性劳动与家庭福利之间的内在联系提供了有力的支撑。

第一,从家庭经济福利看,女性劳动时间投入对经济效应的影响比较突出。研究发现,总体而言,劳动报酬是劳动时间投入的价格表现,本书实证分析得出,女性劳动时间连续项、平方项和分区间均促进经济效应提升。同时,女性劳动时间平均值为 51.09 小时,处于经济效应提升阶段。平均来看,女性劳动周工时每增加 1 小时,经济效应提升 1.12%;按区间看,不同劳动时间区间对经济效应的影响存在差异,其中,相比周工时小于 30 小时,女性劳动时间投入的经济效应为12.45%—20.78%,女性周工时超过 60 小时对经济效应影响最大,为 20.78%。对经济效应的影响机制进行研究发现,经济效应提升主要因为女性劳动时间投入带来的家庭创收作用,女性周工时超过 60 小时对人均家庭收入的影响最高可达 50.23%。

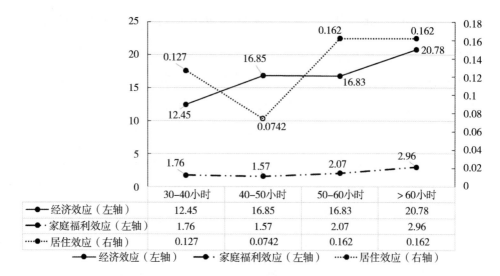

图7-1 分区间女性劳动时间投入的家庭福利效应

注:图中实心标注表示实证结果显著,空心标注表示实证结果不显著

第二,从家庭非经济福利看,女性劳动时间投入对居住效应和心理效应的影响更大。研究发现,劳动时间分为连续性、平方项和分区间分析,分别对居住效应、社交效应和心理效应产生不同影响。平均来看,女性劳动时间投入对心理效应影响最大,平均每周增加1小时,心理效应提升0.53%。女性劳动时间投入对居住效应和社交效应的影响均有极值点,极值点分别为68.78小时和35.89小时,既有统计意义又有实际意义。女性劳动时间投入的社交效应为"U"型曲线,周工时超过35.89小时,社交效应增加;女性劳动时间投入的居住效应为倒"U"型曲线,周工时短于68.78小时,居住效应增加。按区间看,不同劳动时间区间对居住效应的影响存在差异,女性周工时超过60小时对居住效应影响最大,为16.2%。

第三,从家庭综合福利看,女性劳动时间投入有益于增进家庭福利效应。研究发现,综合来看,女性劳动时间投入能够增进家庭福利效应,无论劳动时间分为连续性、平方项,还是分区间分析,对家庭福利的影响都为显著正向影响。平均来看,女性劳动时间投入会提升家庭福利效应,平均每周增加1小时,家庭福利效应提升

0.04%。按极值点看,女性周工时短于 68 小时对家庭福利的影响表现为促进作用,女性周工时超过 68 小时,对家庭福利的影响表现为抑制作用。按区间看,不同劳动时间区间对家庭福利的影响存在差异,其中,相比周工时小于 30 小时,女性劳动时间投入的家庭福利效应为1.57%—2.96%,女性周工时在超过 60 小时区间对家庭福利的影响最大,为 2.96%。

二、从性别角度看,劳动时间投入的家庭福利效应结论

本研究中,通过第六章的实证分析,可以得出男性劳动时间投入对家庭福利有显著影响,且劳动时间投入对家庭福利的影响存在性别差异。分家庭福利内容看,劳动时间投入对家庭福利的影响存在性别差异,即两者之间的经济效应、居住效应、社交效应和心理效应均存在性别差异,且这种差异在非线性和阶段性关系中仍存在。劳动时间投入的家庭福利效应存在性别差异,且这种差异在非线性和阶段性关系中仍存在。

本研究基于成熟微观数据库(CFPS),采用 OLS(普通最小二乘法)、2SLS(两阶段最小二乘法)及 Oprobit(有序概率模型)等多元计量分析工具,从性别差异的独特视角出发,系统探究了劳动时间对家庭福利产生的深远影响。通过严谨的实证回归分析,本研究揭示了劳动时间的经济效应在不同性别群体间展现出的鲜明对比与显著差异。

本研究通过数据表格,以更加直观且全面地展现两者关系(如表 7-1 所示),该表格不仅涵盖了劳动时间作为连续变量的影响分析,还进一步细化了不同时间区间内劳动时间对家庭福利各分项及整体福利水平的具体作用。通过这一精细化的数据呈现方式,本研究旨在清晰阐述劳动时间投入如何以性别为媒介,差异化地作用于家庭福利的多个维度,包括但不限于经济收益、居住、社交、心理等方面。

此外,表格的引入不仅增强了研究结论的可读性和可验证性,也为后续的政策制定与学术研究提供了宝贵的量化依据。通过深入分析表格中的数据,有利于更加精准地把握性别差异在劳动时间家庭福利效应中的具体表现,进而为促进性别平等、优化家庭福利政策提供有力的数据支撑和理论参考。

第一,从家庭经济福利看,女性劳动时间投入的经济效应为男性的1.49倍。总体而言,男性和女性劳动时间投入能够促进经济效应,且存在性别差异。平均来看,女性劳动时间投入的经济效应比男性高,是男性的1.49倍;按区间看,不同劳动时间区间对经济效应的影响存在性别差异,相比周工时小于30小时,周工时为30—40小时和40—50小时区间,女性劳动时间投入的经济效应相比男性多,最多达4.21%,周工时50—60小时和超过60小时区间,男性劳动时间投入的经济效应相比女性多,最多达1.54%。对经济效应的影响机制的性别分析发现,男性样本的经济效应提升也是因为劳动时间投入带来的家庭创收作用,男性劳动时间投入对家庭创收效应高于女性,是女性的1.12倍;分区间看,相比周工时小于30小时,男性劳动时间投入的家庭创收效应均高于女性,最多达20.19%。

表7-1 劳动时间投入的家庭福利效应的性别差异

		劳动时间	极值点	<30小时	30-40小时	40-50小时	50-60小时	>60小时
经济效应	男性	0.75***	85.35**	参照组	9.24***	12.64***	18.37***	21.29***
	女性	1.12**	102.94**	参照组	12.45**	16.85***	16.83***	20.78***
人均家庭收入(%)	男性	0.64*	77.12**	参照组	36.48***	47.55***	55.58***	65.86***
	女性	0.57**	104.92**	参照组	23.86***	31.13***	35.39***	50.23***
居住效应	男性	0.00086	64.63*	参照组	0.0385	-0.00194	0.0642	0.0401
	女性	0.00151*	68.78**	参照组	0.127**	0.0742	0.162***	0.162***
社交效应(%)	男性	0.20***	85.55	参照组	3.9	7.93*	9.05**	7.26
	女性	0.27***	35.89***	参照组	3.19	-6.81	0.93	7.71
心理效应	男性	-0.00327**	78	参照组	-0.220**	-0.335***	-0.149	-0.122
	女性	0.00527**	29.96	参照组	0.0473	-0.0583	0.000856	0.182

续表

		劳动时间	极值点	<30 小时	30－40 小时	40－50 小时	50－60 小时	>60 小时
家庭福利效应 （％）	男性	0.0225 **	73.06 **	参照组	1.518 **	1.286 *	1.15	1.341 *
	女性	0.0383 ***	68.26 ***	参照组	1.761 **	1.573 *	2.067 **	2.963 ***

第二，从家庭非经济福利看，劳动时间投入的居住效应、社交效应和心理效应性别差异明显。研究发现，女性劳动时间投入对居住效应均有显著影响，男性样本中不显著。劳动时间投入的社交效应存在性别差异，平均来看，女性劳动时间投入对社交效应显著，且极值点为35.89小时，男性样本中不显著；分区间看，相比周工时小于30小时，男性劳动时间投入在50—60小时区间的社交效应显著。劳动时间投入的心理效应存在性别差异，女性劳动时间投入对心理效应显著为正，而男性样本显著为负，心理效应绝对值为女性的1.62倍。

第三，从家庭综合福利看，女性家庭福利效应高于男性。研究发现，综合来看，劳动时间投入能够增进家庭福利效应，劳动时间投入对家庭福利影响趋势、影响关系和影响程度均存在性别差异。平均来看，劳动时间投入会提升家庭福利效应，平均每周增加1小时，女性劳动时间的家庭福利效应提升0.04%，男性劳动时间的家庭福利效应提升0.02%。按极值点看，劳动时间与家庭福利效应均为倒"U"型关系，女性周工时小于68小时对家庭福利的影响表现为促进作用，男性样本中短于73小时对家庭福利的影响表现为促进作用。按区间看，不同劳动时间区间对家庭福利的影响存在性别差异，其中，相比周工时小于30小时，各区间下女性劳动时间投入的家庭福利效应均显著，男性样本中超过60小时小时区间的家庭福利效应最大，为1.34%，占女性的45.26%。

三、从家庭类别看，劳动时间投入的家庭福利效应结论

通过第六章的实证分析，可以得出已婚女性和家庭规模较小的劳动时间投入

对家庭福利有显著影响。从家庭综合福利看,劳动时间投入对家庭福利的影响在不同家庭类别中存在差异,且这种差异在非线性和阶段性关系中仍存在。

本研究依托微观数据,利用 OLS 模型等计量模型从家庭因素角度分析劳动时间的家庭福利效应的异质性,根据实证回归结果,不同家庭类别的女性劳动时间投入的家庭福利效应存在差异,因此,对以上结果通过列表显示(见表 7 - 2),以总结劳动时间投入的家庭福利效应的异质性差异。

表 7 - 2　不同家庭类别女性劳动时间投入的家庭福利效应

	劳动时间	极值点	< 30 小时	30 - 40 小时	40 - 50 小时	50 - 60 小时	> 60 小时
未婚女性	- 0.0288	58.02 *	参照组	- 1.582	- 5.283 **	- 3.67	- 4.125 *
已婚女性	0.0505 ***	64.18 ***	参照组	2.354 **	3.506 ***	3.346 ***	4.460 ***
家庭规模 ≤4 人	0.0574 ***	64.16 ***	参照组	3.004 ***	2.918 ***	3.313 ***	5.353 ***
家庭规模 >4 人	0.00579	49.35	参照组	- 0.979	- 0.845	- 0.606	- 1.325

第一,从婚姻状况看,已婚女性劳动时间投入的家庭福利效应更明显。研究发现,总体而言,已婚女性劳动时间投入能够促进家庭福利效应,而未婚女性劳动时间对家庭福利影响不明显。从劳动时间连续项看,已婚女性劳动时间投入显著促进家庭福利效应提升,平均来看,女性劳动时间投入每周增加 1 小时,家庭福利效应提升 0.05%,未婚女性样本不显著且为负向。按极值点看,不同婚姻状况的女性劳动时间投入对家庭福利的影响呈现相反变化趋势,未婚女性周工时小于 58.02 小时,对家庭福利的影响表现为抑制作用,已婚女性周工时小于 64.18 小时,对家庭福利的影响表现为促进作用。按区间看,婚姻状况女性分劳动时间区间对家庭

福利的影响存在差异,其中,相比周工时小于 30 小时,已婚女性劳动时间投入的家庭福利效应为2.35%—4.46%,未婚女性劳动时间投入的家庭福利效应在 40—50 小时以及超过 60 小时区间显著,分别为 −5.28% 和 −4.13%。

第二,从家庭规模看,家庭规模小的女性劳动时间投入的家庭福利效应更突出。研究发现,总体而言,家庭规模小的女性劳动时间投入能够更明显地促进家庭福利效应,而家庭规模大的女性劳动时间对家庭福利影响不明显。从劳动时间连续项看,家庭规模不多于 4 人的女性劳动时间投入显著促进家庭福利效应提升,平均来看,女性劳动时间投入每周增加 1 小时,家庭福利效应提升 0.06%,家庭规模多于 4 人的女性样本不显著。按极值点看,不同家庭规模的女性劳动时间投入对家庭福利的影响存在差异,家庭规模不多于 4 人的女性周工时小于 64.16 小时,对家庭福利的影响表现为促进作用,家庭规模多于 4 人的女性样本不显著。按区间看,不同家庭规模的女性分劳动时间区间对家庭福利的影响存在差异,其中,相比周工时小于 30 小时,家庭规模较小的女性劳动时间投入的家庭福利效应为2.92%—5.35%,家庭规模较大的女性劳动时间投入的家庭福利效应不明显。

第二节　女性劳动时间投入的家庭福利效应的总判定与反思

本书的实证研究表明,女性劳动时间投入对家庭福利影响存在家庭福利效应,具体来说,女性劳动时间投入对经济效应、居住效应、社交效应和心理效应均有显著影响。结合理论分析和实证分析,本节对女性劳动时间投入的家庭福利效应进行再反思,联系现实问题,以得到政策启示。

一、从劳动价值看,女性劳动投入对家庭的贡献验证了马克思理论

从劳动价值看,女性劳动时间的福利效应验证了劳动时间投入对家庭具有生存之基、发展之源和快乐之本的价值。第一,劳动时间投入是维持家庭生存的基础。劳动时间投入是一种谋生手段,劳动者为了满足衣食住行等基本生存需要,必须从事生产物质生活资料的必然劳动。劳动时间投入带来劳动报酬的提高,进而为家庭带来物质层面的资源,体现劳动的经济价值,是劳动力赖以生存的基础。第二,劳动时间投入也是家庭发展的必要条件。生存需求得到满足,会刺激家庭对安全和社会的需求,增加劳动时间投入成为"理性选择",实现经济和社会地位向上流动的需要,有利于家务劳动社会化或智能化,增加居住舒适度,同时,劳动时间投入增加,职业交往接触增加,人情往来频繁,增加家庭人情礼支出,促进家庭社会关系,满足家庭更高层次的需求。第三,劳动时间投入的目标是自我实现。劳动不仅解决谋生问题,更是人创造自身、获得自我存在、彰显自我价值从而实现全面发展的过程。通过分析女性劳动时间投入对家庭福利的影响,体现劳动的价值所在,劳动在维持生存、推动自身与家庭发展、成就个人的价值过程中,既是实现美好生活的需要,也对人的自由全面发展具有重要意义。

新中国成立以来,政府大力倡导男女平等,观念的开放以及技术进步使得大量女性参与到劳动力市场。自1990年以来,中国女性劳动参与率始终保持在60%左右①,长期保持在世界较高水平。女性增加劳动供给并争取获得更高的收入,提高了女性的经济能力,从多方面提升了女性的地位,并且会影响家庭和整个社会。但是,在市场经济和生育政策调整一系列因素作用下,劳动供给成为个人的决策,劳动力市场逐渐成为调节劳动需求和供给的关键因素,我国女性劳动参与率呈现下降趋势,2020年我国女性劳动参与率为59.8%,与1990年相比,下降了13.4%②。2013年开始的生育政策调整,女性更容易因家庭责任而周期性的中断,对女性的劳动参与率、劳动时间投入以及重返职场均存在不利影响,由此,生育对女性劳动

---

① World Bank. Gender Statistice[EB/OL].(202-09-17). https://databank. shihang. org/source/gender-sta-tistics。

② 数据来源:世界银行。

力市场表现为惩罚效应,生育行为会使女性劳动参与概率下降 11.74%,工资收入降低 10.7%—16.2%,多生育一名子女,市场劳动时间投入减少 4.5 小时,凸显生育价值与社会价值的矛盾与冲突。总之,女性劳动时间投入体现了劳动价值,其就业权利的获得和保障形成的优势地位,在市场经济和现实状况下面临一系列的挑战。

二、从性别视角看,女性劳动投入对家庭的边际贡献大于男性

从性别视角看,女性劳动时间投入对家庭来说具有增值作用。第一,研究发现,女性劳动时间投入对家庭经济效应与非经济效应均大于男性。利用家庭储蓄率衡量家庭经济状况,女性劳动时间投入对家庭经济的积极作用强于男性。一般认为,家庭成员中由男性充当家庭经济支柱,男性的家庭边际贡献可能更大。但本研究发现,女性劳动对家庭贡献高于男性,女性劳动时间价值从"家庭利益最大化"出发,女性劳动时间投入增加是一种"理性选择",使家庭经济状况进一步提高,尤其对于双职工家庭来说,其经济价值对家庭的经济效应体现"锦上添花"的效果。这在一定程度上体现出男性劳动是家庭收入的主要来源,满足家庭基本生存需求,而女性劳动对家庭来说具有增值作用,边际贡献更大。第二,双职工家庭成为普遍性趋势,女性既要承担家务劳动,也要承担社会劳动的责任。尤其对于年轻女性,"生育"还是"发展"的抉择更为艰难。晚婚晚育现象愈发突出,生育孩子越多,享受生育假越长,女性脱离职场越久,重新回到职场的困难就会越大,加上儿童养育成本不仅包括直接的经济成本,还包括间接的时间成本、机会成本等。由此造成了职业女性"想生不敢生""敢生养不起"的困境,难以实现"家庭角色"和"社会角色"的调和兼顾。

从我国目前现实看,男性劳动力收入水平高于女性,同等情况下职业发展前景优于女性。女性的平均薪酬为 6847 元,是男性平均薪酬的 75.9%。部分企业在人才招聘时,甚至将性别限制列入招聘标准,在招聘启事上明确指出了性别限制①。女性进入劳动力市场,可以释放传统社会单纯由男性养家糊口的角色定位,缓解在家庭压力下劳动供给对男性主观心理产生的不利影响。家庭内部性别分工仍然沿袭以女性为主的传统模式。女性的家务劳动时间为2小时6分钟,是男性的2.8倍②,同时,女性的权益和性别平等是构建和谐社会的重要方面,虽然男女平等是我国的一项基本国策,但是不平等的事实仍然存在,时间配置和收入水平的性别差异反映出性别平等在工作与家庭两个领域的发展步调不一致,社会角色和家庭角色不应分别寄于男女两性以性别为畛域的分工,而需正确认识两性的角色定位,努力实现女性在事业和家庭中的平衡。同时,企业在雇用已婚已育的女性劳动力时的顾虑会更多,如何缩小企业雇用男女职工的用工成本差距应是关注的重点。总之,女性劳动时间投入的收入效应低于男性,女性家庭的边际效应高于男性,职业女性呈现难以平衡工作和生活的困窘状态。

三、从福利效应看,劳动回报状况无法满足最大化要求

从家庭福利效应看,劳动时间投入未达到"最优劳动时间"。第一,本研究结论显示,劳动时间投入远未达到极值点。通过投入劳动时间获得收入,不仅有利于家庭地位的提高,也能够优化资源在家庭内部的分配,根据女性平均劳动时间,家庭福利效应还未达到最大化。第二,从家庭福利效应最大化的途径看,劳动时间投入会提高劳动回报水平。从增加劳动时间投入看,家庭福利效应分别在男性和女性劳动力周工时达到73小时和68小时的情况下达到最大,超出法定劳动工时70%。

我国目前现实是,周工时超过44小时的农民工占近8成。在针对11024名职

---

① 深入学习贯彻《中共中央关于加强新时代检察机关法律监督工作的意见》,浙江:公益诉讼助力妇女平等就业权益保护,https://www.spp.gov.cn/zdgz/202112/t20211213_538660.shtml。

② 数据来源:《2018全国时间利用调查报告》。

场人的调研中,近 80% 白领经常加班,每周加班 10 小时及以上者超过 20%。[1] 长期增加劳动时间会对自身健康产生不利影响,也易于降低劳动效率与劳动质量,通过增加劳动时间达到家庭福利效应最大化基本无法满足。从增加劳动回报看,面临企业技术成本受限与资本占用过多的问题,一方面经济发展水平有限,我国劳动力最低小时工资为 2.8 美元,远低于美国(7.25 美元)、日本(8.46 美元)和韩国(7.47 美元)[2],企业技术成本低,企业价值难以提升,劳动力成本分配不足,使得劳动力工资水平较低;另一方面,资本占用过多,管理层甚至离职管理层工资水平过高的现象屡见不鲜,导致劳动力收入差距大,因此,要通过增加劳动回报提升家庭福利必须解决以上问题。

从家庭福利看,劳动时间投入对家庭福利影响还处于低层次阶段。劳动时间投入是获得收入的必要条件,劳动时间多寡是提高劳动报酬乃至家庭收益的主要手段。市场经济条件下,工资收入是绝大多数劳动者和家庭经济的主要生活来源。家庭消费支出主要源于家庭成员收入,并主要关注生存需求,家庭成员若想兼顾生存需要、家庭发展和享乐需求需要时间和经济为基础。

2019 年,我国居民人均年可支配收入是 3 万元,平均月收入约 1000 元的中低收入及以下人群达 6 亿,[3]表明中低收入人群仍占主体。因此,在全面追求共同富裕背景下,如何缩小收入差距,扩大中等收入群体,需要重点解决好低收入人群的增收问题。由此可知,实现家庭福利最大化,不仅需要家庭成员的劳动投入,也需要政府和社会客观条件的支持。总之,女性劳动时间投入能够增进家庭福利,但劳动价值回报率偏低,不利于满足家庭发展以及更高层次需求。

---

① 智联招聘:2019 年白领 996 工作制专题调研报告。http://jl. news. 163. com/19/0419/18/ED558BU604118JDC. html.

② 《2020/21 年全球工资报告》,http://wtpf. secpc. org. cn/upload/images/2020/12/657e09faf8c4b628. pdf。

③ 中国网:5 月 28 日李克强总理在十三届全国人大三次会议答记者问。http://www. china. com. cn/zhibo/content_76095353. htm.

第三节　基于女性劳动时间的
家庭福利效应的相关建议和措施

通过理论与实证分析可以发现,劳动时间投入对家庭福利的影响具有促进作用,家庭福利可以通过劳动时间投入来计量的价值尺度。这一研究结论,从家庭经济状况角度,女性劳动时间投入是"按劳分配"原则的现实反映,更凸显出"劳"字内涵的丰富性,从家庭居住、社交和主观心理角度,女性劳动时间投入的非经济价值也从多维度促进家庭福利增进。同时,无论是性别分析还是对于已婚女性和家庭规模不多于4人的群体,均具有家庭福利效应。结合本书研究的总结论与再反思,从劳动价值、性别角色以及家庭福利三个层面提出建议措施和政策启示,提高劳动价值、增进家庭福利不仅是个人、家庭的事情,也关乎国家发展,需要政府、社会、市场共同为女性和家庭提供保障和支持。

一、从劳动价值方面看

针对劳动价值回报率低的问题,针对男女收入差异的问题,针对性别劳动差异的状态,必须综合考虑收入问题,在推动经济高质量发展、优化合理分配收入格局、性别就业机会均等化的基础上,扩大中等收入群体,增加低收入群体工资收入水平,缩小性别劳动差异,保障女性就业权益。

第一,在推动经济高质量发展的基础上,提高劳动者工资性收入水平。从宏观层面来看,提高劳动效率是获得报酬递增的源泉,经济高质量发展是提高劳动效率的根本基础。经济高质量发展需要劳动投入作为有力支撑,劳动投入的内涵丰富,不仅体现在劳动力存量和增量,也体现在劳动力自身生产效率。劳动力数量的增长是比较缓慢而稳定的,劳动投入的增长主要还是源于劳动效率的增加。经济高质量发展的意义在于提高劳动效率,创造更多的物质财富,增进社会整体利益水平。在此前提下,提高劳动者工资性收入水平的根本办法在于提高劳动效率。

第二,在优化合理分配收入格局的基础上,扩大中等收入群体。适应高质量发展,需要建设适应高质量发展的收入分配体系。近年来,我国居民收入持续快速增长,城乡和区域间居民收入差距继续缩小,低收入群体分配结构持续改善,居民收入来源格局更趋于合理。但收入分配仍面临宏观分配格局不够完善、分配差距仍处于高位、扩大中等收入群体的任务艰巨、收入分配体制机制有待健全等问题。应正确处理效率和公平的关系,加大普惠性人力资本投入,提高职业技能、劳动效率,增加低收入群体收入,改善中小企业主和个体工商户营商环境,着力扩大中等收入群体规模,使中低收入群体持续增收。推动实现更高质量和更充分就业,实现收入分配合理、社会公平正义、全体人民共同富裕。

与此同时,提升中低消费群体收入是提高家庭福利层级的根本路径。居民消费增长有利于优化整个宏观经济杠杆,对经济高质量发展具有重要意义。低收入群体受到收入约束而无钱消费,仍属于最基本的生存型消费。部分家庭可能无法承担医疗、教育刚性开支,更谈不上发展享乐型消费。因此提高低收入家庭收入,扩大中等收入群体,满足该群体消费需求,通过扩大消费规模、提高消费水平、改善消费结构,促进社会整体消费结构的优化升级。

第三,在性别就业机会均等化基础上,缩小性别劳动差异。缩小性别劳动差异,主要落脚点在增强人力资本投资与促进性别公平的劳动力市场政策方面。从劳动供给的角度看,应该增强女性的人力资本投资,尤其要重视教育投资。女性教育程度的提高一方面可以直接增加人力资本,有助于直接提升女性的收入水平进而减少两性差距;另一方面是接受过良好教育的女性对歧视的容忍程度会降低,进而有助于减少就业歧视。重视教育投资的形式包括受教育年限的增加和提高在职培训等方式。从劳动需求的角度看,保障女性就业合法权益是促进性别平等和就业公平的主要措施,也是保护女性人力资源,提高劳动参与率的前提条件。社会应该尽可能为两性创造公平的职业选择机会、就业环境以及公平的薪酬制度,市场分割所带来的的行业壁垒问题,会影响资源获取,阻碍劳动力市场发展,就业歧视、家庭关系和社会关系等因素会拉大收入差距,解决以上问题,应推进就业机会和收入分配公平。

二、从性别角色方面看

针对时间配置和收入的性别差异问题,针对工作家庭冲突的困境,必须综合考虑性别角色定位,促进就业家庭支持性政策、提供优良工作环境,提高劳动力幸福感,促进两性在就业和家庭领域平等发展。

第一,加大对女性生育和家务劳动价值的认同,构建男女平等价值的社会环境。《中华人民共和国民法典》第一千零八十八条规定了家务补偿制度,但没有对补偿标准作出明确的规定,法院自由裁量空间较大,以该条规定索引裁判文书以及相关案例中,得到的家务劳动补偿一般为1—5万元[①],体现出对全职主妇权益的保护不足,衡量家务劳动价值的复杂性。2023年1月1日,新修订的《中华人民共和国妇女权益保障法》正式实施。保障离婚中负担较多义务的女性有权要求经济补偿。且补偿金额,综合考虑家务劳动时间、投入家务劳动的精力、家务劳动的效益等因素,体现对家务劳动的付出和价值的重视。从家庭分工来看,通过性别平等导向的政策设计,两性平等的社会环境需要男性有更强烈的家庭责任感,扭转观念,家务劳动需要两性共担,优化时间分配结构。从社会角度,女性生育是人类再生产活动,应获得生育补偿的权利;从家庭角度,女性生育对家庭付出巨大,体现家庭延续性功能,具有重要的家庭和社会价值,但生育成本目前主要由女性及所在的企业承担。因此应提高对女性生育补偿和价值认同,配合三孩政策,为女性编织一张权益保障网,应是对生育价值承认的主要着手点。

---

① 数据来源:https://wenshu. court. gov. cn/website/wenshu/181217BMTKHNT2W0/index. html? pageId = 2025e86b2e6a59aade7d6e8b642e79d0&flyj = % E3% 80% 8A% E5% A9% 9A% E5% A7% BB% E6% B3% 95% E3% 80% 8B% E7% AC% AC40% E6% 9D% A1。

第二，完善工时制度和工作安排，构建家庭友好的工作环境。通过公共政策助力女性扮演好职业女性和母亲的双重角色是最好的政策取向。在劳动参与方面，营造有利于女性参与工作的社会氛围，传统性别身份认同规范对女性的束缚，使她们积极参与劳动力市场，充分挖掘女性就业对家庭与社会增进福利。在工时方面，在现有产假、父育假和家人护理假制度基础上，建议设置灵活工时制，缩短有家庭责任劳动者每周或每日的劳动时间，满足劳动者的育儿需求及照护其他近亲属的照护需求。在工作制度方面，鼓励企业实施弹性工作制和灵活的工作安排，有效支持女性的育儿—职场平衡。尤其需要注意的是，不能一味地制定针对企业的惩戒措施，而是需要从企业的诉求出发，通过支持企业来实现女性的工作—家庭平衡。在公共服务方面，通过家庭友好型就业措施在两性间重新分配无偿照护服务，而非构建仅对男性劳动者或部分女性劳动者友好的就业措施。从劳动者角度，实际工作中明确具体工作目标，提高劳动效率，提升劳动价值，减少劳动内卷，提高幸福感。

第三，倡导社会大众承认女性生育的社会价值，构建两性和谐发展的文化氛围。一方面，应倡导尊重女性，以性别公正为立场，正确认识女性劳动参与和女性自身发展、社会发展之间的关系，给予更多的社会福利空间，帮助女性更好地投入社会生产和承担家庭责任。另一方面，倡导社会中认识到女性生育对社会生活的重要意义。生育是社会和家庭抚育女性的职责，对女性的生育和就业进行物质和制度保障仅是有限度的承认生育的经济价值，还需提高在意识形态层面进行更广泛的社会舆论倡导，强调对女性权益的尊重和对女性价值的认可，促进性别平等和社会公正的实现。

三、从家庭福利方面看

针对福利层次低的问题、针对劳动价值和生育价值的矛盾的问题，必须综合考虑性别角色定位，正确引导青年人的婚育观，加大社会对养育子女的支持，支持和强化家庭功能，促进家庭可持续发展。

第一，从引导青年人的婚育观入手，增强其对家庭、对社会的责任感。中国目前仍是一个普婚普育的社会，自愿不生育的比例并不高。但对于正处于社会、经济和文化迅速变化之中的中国而言，结构性因素对于生育意愿和生育率的影响要远远大于发达的低生育率国家。加强对适婚青年婚育观、家庭观的教育引导，营造良好舆论氛围，建立正确的婚恋、婚育观，将生育放在整个家庭生命周期来看待，强化对家庭和社会的责任感。

第二，从生育的经济和精力成本入手，加大社会对养育子女的支持。对养育子女的社会支持应着重在时间支持与经济支持方面，增加高质量、可及性强的公共育儿服务，以降低子女的生养成本。经济支持方面，强调家庭在拥有自主生育权的同时必须承担对子女的养育责任，以"放松管制"和提供服务为主要落脚点，强调"家庭友好"和"婚姻—生育—养育友好"并将其纳入家庭政策及相关社会政策体系。应该提供可负担得起的、优质的公共育儿服务，形成能有效补充和替代家庭抚幼责任的照料资源。尤其落实针对3岁以下的普惠型公共托育服务，多措并举加强对托幼机构的支持和管理，在扩大托育服务覆盖范围的同时，确保服务的质量。

时间支持方面，在儿童养育成本集体分担成为共识的情况下，国家应采用不同的政策工具分担不同的儿童养育成本，对家庭提供支持和帮助。亲职假政策就是国家给家庭提供支持的重要政策工具之一，可分担家庭儿童养育的时间成本。亲职假就是和父母身份相关的假期，是只有生育抚育未成年人同时又工作的父母才能够享受的法定假期权益。亲职假政策，不仅能有效分担家庭儿童养育的时间成本，而且可以保护婴儿和母亲的健康，保障生育前后母亲的工作权利和家庭的经济安全。亲职假主要包括产假、陪产假、育儿假和儿童照顾假。

第三，从家庭功能与需求入手，促进家庭的可持续发展。在增强家庭发展能力的一般性政策安排基础上，要根据家庭的变化趋势以及家庭功能的弱化情况，有针对性地对家庭给予支持，通过专项政策帮助困难家庭，如通过劳动供给仍无法维持基本生存的家庭，提高家庭发展能力。政府的家庭发展政策并不能替代家庭自身的基本功能,而是要在家庭充分发挥其自身潜能的基础上,支持和强化家庭功能。

第四节　本章小结

本章在总结实证研究结论基础上,对女性劳动时间的家庭福利效应的总结论进行归纳和提炼,主要结论如下:第一,从家庭福利分项和综合角度,女性周工时超过 60 小时对经济效应的影响突出,女性劳动时间投入对居住效应和心理效应的影响更大,女性周工时在 50—60 小时对家庭福利的影响程度最大。第二,从性别视角,女性劳动时间投入的经济效应为男性的 1.49 倍,劳动时间投入的居住效应、社交效应和心理效应性别差异明显。第三,从婚姻状况角度,已婚女性劳动时间投入的家庭福利效应更明显。从家庭规模角度,家庭规模小的女性劳动时间投入的家庭福利效应突出。

在总结论的基础上,结合理论分析,将结论联系现实进行再反思,主要有以下几点:第一,从劳动价值看,女性劳动对家庭的贡献验证了马克思理论。反映出劳动价值回报率低的问题,女性在劳动力市场存在职业隔离问题,关键在于充分保障女性的权益、尊重女性的生育价值。第二,从性别视角看,女性劳动时间投入对家庭经济效应与非经济效应均大于男性。反映出时间配置和收入的性别差异问题、工作家庭冲突的困境。第三,从家庭福利效应最大化看,女性劳动时间投入未达到"最优劳动时间"。反映出福利层次低、劳动价值和生育价值的矛盾的问题。

基于以上反思,结合我国实际情况,提出以下建议和对策:第一,在推动经济高质量发展、优化合理分配收入格局、性别就业机会均等化的基础上,扩大中等收入群体,增加低收入群体工资收入水平,缩小性别劳动差异,保障女性就业权益。第二,推进就业家庭支持性政策、提供优良工作环境,提高劳动力幸福感,促进两性在就业和家庭领域平等发展。第三,正确引导青年人的婚育观,加大社会对养育子女的支持,支持和强化家庭功能,促进家庭可持续发展。

第八章　结论与展望

本章通过归纳理论分析和实证分析部分,形成研究结论。然后,从相关理论发展和实践需要的角度,指出当前研究在内容和方法方面的不足之处,并提出解决这些问题的方法,以期为后续深入研究提供理论基础。

第一节　主要结论

本书以女性劳动力为研究对象,以女性劳动供给的价值为研究范畴,关注女性劳动供给价值对家庭的贡献以及两性的劳动供给价值差异,积极探索女性合理时间配置和提升家庭福利的主要途径和政策措施。主要得出以下几点研究结论:

第一,女性劳动价值是家庭福利的重要力量。劳动时间是劳动价值的表现形式,对于维持家庭生存和发展有重要作用。女性劳动供给的价值,不仅体现在经济层面,还具有生理、心理、社会等方面的价值。女性劳动时间投入,不仅关系到个人发展,也很大程度上影响到家庭效用和社会发展。劳动回报是多数家庭福利的来源,女性的劳动价值是家庭福利的重要力量。女性劳动供给的价值如何,对家庭来说福利效应有哪些;如何测量家庭福利效应;女性劳动时间投入的家庭福利效应作用机制怎样;如何量化女性劳动时间投入的家庭福利效应大小;科学的回答以上问题对正确认识劳动价值以及家庭福利增进起着至关重要的作用。

第二,我国法定劳动工时呈现缩短化趋势,但实际劳动时间仍高于法定劳动工时。通过劳动时间与居民福利的事实,分析劳动时间制度与居民福利的发展及现状,发现法定劳动时间不断缩短,但是劳动时间过长仍是我国现阶段劳动力市场发展现状,其内在原因是为了追求经济的快速增长。实际劳动时间在性别、行业、职业间存在差异,具体表现为,男性实际劳动时间相较于女性实际劳动时间长约 2 小时;过半数行业每周要加班 4 小时以上;各职业实际劳动时间普遍超过法定劳动工时。居民家庭经济呈现"高收入、低消费、高储蓄"态势,体现出居民收入增长态势良好。居住环境极大改善,生活质量不断提高,表现为居住条件改善,居民家庭幸福感处于中等偏上水平,居民生活质量主观满意度不断改善。家庭社会网络规模逐渐扩大,社会交往形式多样发展,体现出居民拥有的社会网络规模逐渐扩大,社会关系逐渐拓宽。从上述现状可以发现,我国各项居民福利水平均呈现增进态势,实际劳动时间呈现趋稳态势。

第三,从理论分析看,结合我国劳动时间和居民福利现状,将劳动时间引入到时间配置模型中,借鉴社会福利函数,将时间配置模型引入家庭福利函数。基于需求层次理论、家庭经济学理论和可行能力理论等成熟理论,分析家庭福利的内涵和可行性。基于福利函数和时间配置模型,进一步发展了时间配置与社会福利函数,构建劳动时间投入的家庭福利模型。从理论上对家庭福利的影响因素分析,选取国家、社会、工作、家庭、个人五方主体从整体层面分析其与劳动时间和家庭福利的关系,重点从微观层面出发,建立劳动时间与家庭福利之间的形成机制,从个人因素、工作因素和家庭因素,详细分析劳动时间投入对家庭福利的影响。

第四,通过细化女性劳动时间投入对家庭福利的影响,以及多维度考察女性劳动时间对家庭福利的影响,发现女性劳动时间投入与家庭经济状况存在正向关系。女性劳动时间投入的增加会对家庭收入和家庭消费支出产生影响,女性劳动时间投入增加有利于改善家庭居住环境和家庭社会关系,并对主观心理状态,以及家庭福利产生积极影响。

第五,从女性视角看,证实了马克思劳动价值论,反映出劳动价值是衡量家庭福利的价值尺度。本研究从劳动时间细分的视角进行总结,从劳动时间连续项来看,女性劳动时间投入与家庭经济状况存在正向关系,女性劳动时间每周增加1小时,家庭经济状况平均提升1个百分点、家庭居住环境提升0.15、家庭社会关系平均增加0.27个百分点、对主观心理状态产生正向影响、有利于家庭福利效应增进;从劳动时间平方项来看,女性劳动时间与家庭经济状况之间呈现倒"U"型的非线性关系;与家庭居住环境之间呈现倒"U"型的非线性关系,与家庭社会关系呈现"U"型关系拐点分别为68小时和36小时;与家庭福利效应之间呈现倒"U"型的非线性关系。从劳动时间分区间来看,家庭经济状况随劳动时间段增加呈阶梯式上升,回归结果显示,劳动时间越长对家庭经济状况影响越强烈;周工时超过60小时对家庭居住环境促进作用效果凸显,对家庭居住环境优化超过15%;以短于周工时30小时为参照组,各区间的劳动时间对主观心理状态的影响不敏感;家庭福利效应随劳动时间段增加呈阶梯式上升。从上述分析可以发现,劳动价值是衡量家庭福利的价值尺度,对家庭经济、居住、社交和心理层面均产生影响。

第六,女性劳动对家庭边际贡献大于男性,体现职业女性为家庭提供了有力的支撑。本研究从家庭福利效应的细分视角进行总结,从经济效应来看,女性劳动时间投入对经济效应的影响较男性强,经济效应最大化的极值点比男性长17.59小时,相比周工时短于30小时,影响程度最多比男性多4.21%。从居住效应来看,女性劳动时间投入的居住效应最大化的极值点为68.78小时,相比周工时短于30小时,影响程度比男性高。从社交效应来看,女性社交效应最小化的极值点为35.89

小时,相比周工时短于 30 小时,影响程度比男性弱。从心理效应来看,女性劳动时间投入对心理产生正面效应,与男性相反。从家庭福利效应来看,女性劳动时间投入对家庭福利的影响较男性强。从上述分析可以发现,时间配置和收入水平的性别差异反映出性别平等在工作与家庭两个领域的发展步调不一致。社会角色和家庭角色不应分别寄于男女两性以性别为畛域的分工,而需正确识别两性的角色定位,发掘女性实现家庭和职业平衡的可能性。

第七,已婚女性和小于 4 人的家庭中的女性劳动时间投入对家庭福利影响的敏感性最强。本研究从婚姻状况和家庭规模视角进行总结,从婚姻状况来看,已婚女性劳动时间投入对家庭福利的正向影响较未婚女性强,家庭福利效应最大化的极值点为 64.18 小时。已婚女性劳动时间每增加一个单位,家庭福利增进约 0.05%,与家庭福利之间存在倒"U"型关系;而未婚女性劳动时间与家庭福利之间存在"U"型关系,意味着家庭福利效应随劳动时间投入增加先减少后增加。可以得出,在一定劳动时间区间内已婚女性劳动时间投入的家庭福利效应更明显。从家庭规模来看,家庭规模较小的女性劳动时间投入对家庭福利的正向影响较大,家庭福利效应最大化的极值点为 64.16 小时,相比周工时短于 30 小时,影响程度最高达 5.35%。家庭规模较小的女性劳动时间每增加一个单位,家庭福利增进约 0.06%,也与家庭福利之间存在倒"U"型关系,分区间来看也对家庭福利的影响更显著。可以得出,家庭规模小的女性劳动时间投入的家庭福利效应突出。

第八,劳动时间的家庭福利效应处于低层次阶段,劳动时间回报偏低、女性劳动价值与生育价值矛盾以及女性工作家庭冲突的问题亟待解决。本研究结论显示,女性劳动时间投入远未达到极值点,女性通过投入劳动时间获得收入,不仅有利于家庭地位的提高,也能够优化资源在家庭内部的分配。从我国目前现实看,女性积极参与劳动力市场已成为普遍现象,女性劳动时间投入对家庭和社会发挥了重要的贡献,但女性就业机会以及在收入方面平等性的渠道还有待改善。市场经济条件下,工资收入是绝大多数劳动者和家庭经济的主要生活来源。在现阶段,女性劳动时间投入对家庭福利的影响主要以经济福利为主,主要原因是,女性劳动时间回报偏低,反映出劳动者迫于职业和挣钱的压力,通过增加劳动时间投入换取基本生存的问题。从上述分析可以发现,在全面追求共同富裕背景下,重点解决好低收入人群的增收问题成为缩小收入差距,扩大中等收入群体的关键所在。

第九,保障女性就业权益,有助于促进家庭可持续发展。本研究结合总判定和反思进行总结,针对劳动价值回报率低的问题,针对男女收入差异的问题,针对性别劳动差异的状态,必须综合考虑收入问题,在推动经济高质量发展、优化合理分配收入格局、性别就业机会均等化的基础上,扩大中等收入群体,增加低收入群体工资收入水平,缩小性别劳动差异,保障女性就业权益。针对时间配置和收入的性别差异问题,针对工作家庭冲突的困境,必须综合考虑性别角色定位,促进就业家庭支持性政策、提供优良工作环境,提高劳动力幸福感,促进两性在就业和家庭领域平等发展。针对福利层次低的问题、针对劳动价值和生育价值的矛盾的问题,必须综合考虑性别角色定位,正确引导青年人的婚育观,加大社会对养育子女的支持,支持和强化家庭功能,促进家庭可持续发展。

因此,增进家庭福利,劳动价值有效体现,需要从个人、家庭、社会、国家等多方位共同努力,保障女性职业发展,完善生育支持体系,将家庭福利与女性劳动供给相结合,推动构建女性生育友好型社会,从而满足人民对美好生活的向往。

第二节　不足及展望

本研究从劳动供给价值出发,通过对已有研究进行梳理,以女性劳动时间的效果为延伸途径,基于已有理论基础,细化女性劳动时间以及从家庭经济状况、家庭居住环境、家庭社会关系、主观心理状态和家庭综合福利多维度论证了女性劳动时间对家庭福利的影响。但是由于个人的学术能力和时间限制,本书在理论方法、资

料获取和实证测度等方面不可避免地存在不足之处,也为后续研究提供了探讨与改进的方向,主要包括几个方面:

第一,本书根据家庭功能和需求层次理论确定家庭福利内涵,但家庭福利内涵丰富,在实际测量时选取指标以及测量方法可能不够全面。本研究建立的女性劳动时间对家庭经济因素、家庭非经济因素影响的关系,是在通过关键因素把握的基础上对家庭福利影响研究的一种简化分析,着重从家庭经济状况、家庭居住环境、家庭社会资本和主观心理状态来探讨家庭福利效应。囿于数据的可得性,一些其他重要的经济因素和非经济因素未能纳入分析框架之中,进一步的研究需要扩展和深化。如没有涉及生理健康、家庭关系等家庭成员具体指标,这些都与家庭福利地增进或减弱有密切的联系。在以后的深化研究中,应当对这些因素给予充分考虑,使得研究更加充实、具体和可靠,增强对现实的解释力和指导力。

第二,本书采用模糊综合评价法测算家庭福利水平,评价结果相对清晰、系统,解决了难以量化的模糊问题,但存在索引集数量很大时,隶属权重系数太小的局限性。由于福利在本质上是模糊和复杂的,难以用经典数学和统计方法进行量化描述和分析,模糊综合评价方法克服了各因子之间相互独立的局限性,是对福利水平测量常用的方法,可以较为全面地评价家庭福利水平,但是也存在隶属度相对较小不易计算的缺点。当索引集数量很大时,会出现相对隶属权重系数较小的情况。在以后的研究中,可以结合多种评价方法,进一步深入和细化,弥补单一评价方法的局限,以使评价结果更加可靠。

第三,本书从性别视角研究劳动时间的家庭福利效应,侧重于比较劳动供给价值对家庭贡献的性别差异,但未专门对夫妻样本进行探讨。本书主要通过男性和女性劳动时间的家庭福利效应,关注劳动力市场的角色差异,为全面认知性别因素所形成的劳动时间对家庭经济与非经济影响的差异提供科学依据。但未探讨家庭内部的性别关系,因而未选择夫妻样本进行深入分析,也为后续挖掘家庭分工以及家庭内部资源配置对家庭福利的影响提供进一步研究方向。

第四,本书以女性劳动时间投入为研究切入点,重点分析市场劳动时间与家庭福利的关系,但未探讨各种不同时间投入和家庭福利的关系及其影响机制,这为研究时间配置优化提供了进一步的研究方向。此外,在数据使用方面,可以利用不同的微观数据库互相佐证,以得到更准确的关于我国劳动时间对家庭福利影响的分析。

参考文献

[1] Aguirre, DeAnne, Leila Hoteit, Christine Rupp, Karim Sabbagh. Empowering the Third Billion : Women and the World of Work in 2012 [R]. Booz and Company, 2012:5 – 11.

[2] Alkan O, Karaalan A, Abar H. Factors Affecting Motives for Housing Demand: The Case of A Turkish Province [J]. Theoretical and Empirical Researches in Urban Management, 2014(9):70 – 86.

[3] Alkire. Valuing Freedoms: Sen's Capability Approach Poverty Reduction [D]. Oxford University Press, 2002.

[4] Beavers R, Hampson R. The Beavers Systems Model of Family Functioning [J]. The Association for Family Theray, 2000(22):128 – 143.

[5] Becker, Gary S. A Theory of Marriage: Part II [J] Journal of Political Economy, 1974, 82(2):S11 – S26.

[6] Blundell, R., Pistaferri, L, Saporta-Eksten, I. Children, Time Allocation and Consumption Insurance [R]. National Bureau of Economic Research, 2017.

[7] Borjas G J. The relationship Between Wages and Weekly Hours of Work: the

Role of Division Bias[J]. The Journal of Human Resources,1980,15(3):409 – 423.

[8] Browning, Martin. The Saving Behavior of a Two-person Household[J]. The Scandinavian Journal of Economics,2000,102(2):235 – 251.

[9] Bullinger C. Comparison of Local Government's Policies on Kutai and Dayak Benuaq Villages in Kutai Barat, Indonesia: Factors Influencing Village Life and House-hold Well-being Since Decentralization[M]. Bogor, Indonesia: Center for International Forestry Research,2006:35.

[10] Campbell J. Y. , Cocco J. F. How do House Prices affect Consumption? Evidence from Micro Data[J]. Review of Financial Studies,2007(54):591 – 621.

[11] Cardia, E. , Gomme, P. Market Work, Housework and Childcare: A Time Use Approach[J]. Review of Economic Dynamics,2018(29):1 – 14.

[12] Carol M. T. , Carl J. D. , Angela G. D. , Wilson H. A. , Sharon P. Assessing Family Strengths and Family Functioning Style[J]. Topics in Early Childhood Special Education,1990,10(1):16 – 35.

[13] Chamon M. D. , E. S. Prasad. Why Are Saving Rates of Urban Households in China Rising[J]. American Economic Journal Macroeconomics,2010(2):93 – 130.

[14] Clark A. E. , Paul Frijters, Michael A. Shields. Relative Income, Happiness, and Urility: Explanation for the Easterlin Paradox and Other Puzzles[J]. Journal of Economic Literature,2008(46):95 – 144.

[15] Contreras D, Plaza G. Cultural Factors in Women's Labor Force Participation in Chile[J]. Feminist Economics,2010,16(2):27 – 46.

[16] Corwin A. L. Overcoming elderspeak: Aqualitative Study of Three Alternatives [J]. The Gerontologist,2017(58):724 – 729.

[17] David Miceli. MeasuringPverty Using Fuzzy Sets, Discussion Paper[R], National Centre for Social and Economic Modeling, University of Canberra. 1998.

[18]Deolalikar A. B. Nutrition and Labor Producvivity in Agriculture:Estimates for Rural South India[J]. Review of Economics and Statistics,2018(3):406 – 413.

[19]Eichholtz Piet, Lindenthal Thies. Demographics, human capital, and the demand for housing[J]. Journal of housing economics,2014(26):19 – 32.

[20]Enrica Chappero Martinetti. A Multidimensional Assessment of Well-being Based on Sen's Functioning Approach[J], Rivista Internazionale d:scienze Sociali, 2000,108(2):207 – 239.

[21]Gleason,Suzanne M. Publicly Provided Goods and Intrafamily Resource Allocation:Famale Child Survival in India[J]. Review of Development Economics, 2003 (1):71 – 85.

[22]Gronau R. The allocation of Time of Israeli Women[J]. Journal of Political Economy. 1976(8):201 – 220.

[23]Gronau R. Leisure Home Production and Work:The Theory of the Allocation of Time Revisited[J]. Journal of Politics,1977,85(6):1099 – 1123.

[24]Howarth R B,Kennedy K. Economic Growth,Inequality,and well-being[J]. Ecological Economics,2016(121):231 – 236.

[25]Hunter,Smith. Capabilities and Well-Being:Evidence Based on the Sen-Nussbaum Approach to Wellfare[J]. Social Indicators Research,2005(74):9 – 55.

[26]Jacobs,Jarry A,Gerson K. The Time Divide:Work,Family,and Gender Inequality[M]. Cambridge,MA:Harvard University Press,2004.

[27]Kalwij A. The Effects of Female Employment Status on the Presence and Number of children[J]. Journal of populationg Economics,2000,13(2):221 – 239.

[28]Kasser T. ,Sheldon K. M. Time Affluence as a Path Toward Personal Happiness and Ethical Business Practice:Empirical Evidence from Four Studies[J]. Journal of Business Ethics,2009,84(2),243 – 255.

[29]Korpi . Faces of Inequality:Gender,Class,and Patterns of Inequalities in Different Types of Welfare States[J]. Social Politics,2000,7(2):127 – 191.

[30] Kuklys W. Amartya Sen's Capability Approach:The Oretical Insights and Empirical Applications[M]. Springer,2005:9 – 30.

[31]Lawn,P. A. A Theoretical Foundation to Support the Index of Sustainable Economic Welfare(ISEW),Genuine Progress Indicator(GPI),and Other Related Indexes [J]. Ecological Economics,2003,44:105 – 118.

[32]Levin A. T. Comment on:Monetary Policy Rules in the Open Economy:Effects on Welfare and Business Cycles [J]. Journal of Monetary Economics, 2002 (5): 1017 – 1023.

[33] Luechinger S,Meier S,Stutzer A. Why does unemployment hurt the employed? Evidence from the life satisfaction gap between the public and the private sector [J]. Journal of Human Resources,2010,45(4):998 – 1045.

[34]Miller I W. Ryan C E et al. The McMaster Approach to Families:theory,assessment,treatment and research[J]. Journal of Family Therapy,2000,22:1680 – 1689.

[35]Mincer J. Labor Force Participation of Married Wome:A Study of Labor Supply [M]. The National Bureau of Economic Research,1962:63 – 106.

[36]Nash J. F. The Bargaining Problem[J]. Econometrica,1950(18):155 – 162.

[37]Neuteboom P,Brounen D. Ageing and Housing Demand:Dutch Cohort Evidence[R]. ERES,European Real Estate Society (ERES),2007.

[38]Ng,T. W. H.,Feldman,D. C. Long work hours:Asocial identity perspective on meta-analysis data[J]. Journal of Organizational Behavior,2008,29(7):853 – 880.

[39]Nick Donovan et al. Life Satisfaction:The State of Knowledge and implications for Government[EB/OL]. United Kingdom Treasury paper 2002. http://tidsverkstaden. se/filarkiv/file/life% zosatisfaction. pdf.

[40]Nomaguchi,Kei M. Change in Work-Family Conflict among Emoloyed Parents between 1977 and 1997[J]. Journal of Marriage and Family,2009(71):15 – 32.

[41]Nussbaum M. Capabilities as Fundamental Entitlements:Sen and Social Justice[J]. Feminist Economics,2003,9(23):33 – 59.

[42]Olson D. Circumplex. Model of Marital and Family Systems[J]. Journal of Family Therapy,2000,22(2):144 – 167.

[43]Rawls J. A Theory of Justice[M]. Harvard University Press,1971.

[44]Robbins L. The Present Position of Economic Science[J]. Economica,1930, 28(3):14 – 24.

[45]Sara. Factor Analysis vs. Fuzzy Sets Theory:Assessing the Influence of Different Techniques Sen's Functioning Approach[R],CES Discussion Paper Series,2001.

[46]Seguino S,Floro M S. Does gender have any effect on aggregate saving? An empirical analysis [J]. International review of applied economics, 2003, 17 (2): 147 – 166.

[47]Shahidur R. Khandker,Determinants of Women's Time Allocation in Rural Bangladesh[J]. Economic Development and Cultural change,1988(37):111 – 126.

[48]Skinner H,Steinhauer P. Family Assessment Measure and Process Model of Family Functioning[J]. Journal of Family Therapy,2000,22(2):190 – 210.

[49]Skinner J. Are You Sure You're Saving Enough for Retirement? [J]. Journal of Economic Perspectives,2007,21(3):59 – 80.

[50]Stefan Bergheim Measure of Well-being There is more to it than GDP[J/OL] http://www. dbresearch. com,2006.

[51]Stock J H. ,Yogo M. Identification and Inference for Econometric Models:Asymptotic Distributions of Instrumental Variables Statistics with Many Instruments[J]. Journal of the American Statistical Association,2005(89):1319 – 1320.

[52]Tommaso M. L. Measuring the Well Being of Children Using a Capability Approach:An Application to Indian Bata[J]. The Journal of Socio-Economics,2007,36(3):436 –450.

[53]United Nations,et al. ,Handbook of National Accounting:Integrated Environment and Economic Accounting[R]United Nations,2003.

[54]Warnock F. E. Exchange Rate Dynamics and the Welfare Effects of Monetary Policy in A Two-country Model with Home-product Bias[J]. Journal of International Money and Finance,2003(3):343 –363.

[55]Wei S J,Zhang X B. The Competitive Saving Motive Evidence From Rising Sex Ratios and Savings Rates in China[J]. Journal of Political Economy,2011(3):511 –564.

[56]Xie,Y. ,Qiu,Z. ,Ping,L. China Family Panel Studies,Sample Design for the 2010 Baseline Survey[R]. Technical Report Series:CFPS,2012.

[57]Zhang Y. P. ,E. Hannum,Wang M. Y. Gender-Based Employment and Income Differences in Urban China:Considering the Considering the Contributions of Marriage and Parenthood[J]. Social Forces,2008(86):1529 –1560.

[58]阿马蒂亚·森.以自由看待发展[M].任赜,于真译,北京:中国人民大学出版社,2012.

[59]阿瑟·塞西尔·庇古.福利经济学(上)[M].朱泆,张胜纪,吴良健译,北京:商务印书馆,2017.

[60]鲍莹莹.健康冲击、劳动参与对农村家庭福利水平的影响——基于中国家庭收入调查(CHIP)2013 年数据的实证分析[J].经济经纬,2020,37(2):44 –51.

[61]畅红琴,董晓媛,Fiona MacPhail.经济发展对中国农村家庭时间分配性别模式的影响[J].中国农村经济,2009(12):77 –89.

[62]陈寿红,李小建.县域尺度下经济发展水平与社会福利水平之间的关系分析——以中部六省为例[J].地域研究与开发,2013,32(2):1-5.

[63]陈治国,李成友,李红,等.农村民间借贷对农户家庭福利的影响效应——基于新疆的经验分析[J].西北人口,2017,38(2):111-119.

[64]程璆,郑逸芳,许佳贤.家庭禀赋、结构制约与已婚女性劳动供给——基于2010年中国综合社会调查数据的分析[J].劳动经济研究,2017,5(2):80-95.

[65]丁冬,王秀华,郑风田.社会资本、农户福利与贫困——基于河南省农户调查数据[J].中国人口·资源与环境,2013,23(7):122-128.

[66]丁冬,郑风田,吴磊,等.经济、社会异质性与农村集体行动水平——基于湖北省S县40村400个农户数据[J].中国人口·资源与环境,2013,23(9):56-61.

[67]董延芳,罗长福,付明辉.加班或不加班:农民工的选择还是别无选择[J].农业经济问题,2018(8):116-127.

[68]杜彦其.煤炭可持续发展基金红利效应及政策评价研究[D].山西财经大学,2016.

[69]段景辉,陈建宝.中国城乡居民生活满意度的统计调查分析[J].统计与信息论坛.2009,24(4):79-84.

[70]范红忠,黄永明,连玉君.就业生命时间、劳动者收入的持久性与我国居民消费率——基于省际职工收入占比和非职工收入占比的面板数据分析[J].经济学(季刊),2013,12(4):1209-1230.

[71]高春雷.供给侧改革背景下的女性就业形式分析[J].北京市工会干部学院学报.2017,32(2):3-12.

[72]高进云,乔荣锋,张安录.农地城市流转前后农户福利变化的模糊评价——基于森的可行能力理论[J].管理世界,2007(6):45-55.

[73]高文书.健康人力资本投资、身高与工资报酬:对12城市住户调查数据的

实证研究[J].中国人口科学,2009(3):76-85+112.

[74]顾思蒋,夏庆杰.中国城镇家庭储蓄行为研究:1995—2013[J].劳动经济研究,2018,6(5):42-81.

[75]关江华,黄朝禧,胡银根.不同生计资产配置的农户宅基地流转家庭福利变化研究[J].中国人口.资源与环境[J].2014,24(10):135-142.

[76]郭士征.社会福利及其国际比较[J].社会学研究,1995(2):67-78.

[77]韩振国.双重职能下汇率确定及稳定机制研究[D].首都经济贸易大学,2007.

[78]杭斌.人情支出与城镇居民家庭消费——基于地位寻求的实证分析[J].统计研究,2015,32(4):68-76.

[79]何强.国民经济核算视角下的福利测度方法审视[J].调研世界,2012(3):24-28.

[80]贺俊,程佳敏,万红燕.人口结构、经济增长与中国社会福利水平[J].东北大学学报(社会科学版).2018,20(1):19-26.

[81]胡枫,陈玉宇.社会网络与农户借贷行为——来自中国家庭动态跟踪调查(CFPS)的证据[J].金融研究,2012(12):178-192.

[82]黄娅娜,宗庆庆.中国城镇居民的消费习惯形成效应[J].经济研究,2014,49(S1):17-28.

[83]金玉国.国民经济福利核算研究[J].统计研究,1995(5):8-15.

[84]李春玲,李实.市场竞争还是性别歧视——收入性别差异扩大趋势及其原因解释[J].社会学研究,2008(2):94-117+244.

[85]李家兴.市场转型与劳动力市场的性别收入不平等——基于20世纪90年代末以来的性别收入差距扩大的判断[J].妇女研究论丛,2017(2):120-128.

[86]李军,袁国敏.工作时间对于居民幸福感的影响:基于CLDS2016数据的实证分析[J].决策与信息,2019(5):116-127.

[87]李礼,陈思月.居住条件对健康的影响研究——基于 CFPS2016 年数据的实证分析[J].经济问题,2018(9):81 - 86.

[88]李雪松,黄彦彦.房价上涨、多套房决策与中国城镇居民储蓄率[J].经济研究,2015,50(9):100 - 113.

[89]李雅宁,何广文.我国小额信贷客户家庭福利水平的模糊评价[J].河南社会科学,2011,19(5):74 - 80.

[90]李长生.房地产税开征预期对家庭住房需求的影响[J].北京社会科学,2019(12):74 - 84.

[91]刘米娜,杜俊荣.住房不平等与中国城市居民的主观幸福感——立足于多层次线性模型的分析[J]经济经纬,2013(5):117 - 121.

[92]刘中一.我国现阶段家庭福利政策的选择——基于提高家庭发展能力的思考[J].党政干部学刊,2011(8):55 - 59.

[93]逯进,陈阳,郭志仪.社会福利、经济增长与区域发展差异——基于中国省域数据的耦合实证分析[J].中国人口科学,2012(3):31 - 43 + 111.

[94]马春华.重构国家和青年家庭之间的契约:儿童养育责任的集体分担[J].青年研究,2015(4):66 - 75 + 96.

[95]马光荣,周广肃.新型农村养老保险对家庭储蓄的影响:基于 CFPS 数据的研究[J].经济研究,2014,49(11):116 - 129.

[96]马克思.工资,价格和利润[M].北京:人民出版社,1972.

[97]马克思.资本论第 1 卷[M].北京:人民出版社,2004.

[98]马克思,恩格斯.马克思恩格斯文集:第 3 卷[M].北京:人民出版社,2009.

[99]马克思,恩格斯.马克思恩格斯文集:第 5 卷[M].北京:人民出版社,2009.

[100]迈克尔·谢若登.资产与穷人:一项新的美国福利政策[M].高鉴国译,

北京:商务印书馆,2005.

[101]毛小平.住房产权、社会和谐与居民幸福感研究[J].统计与决策,2013(3):88－91.

[102]莫玮俏,史晋川.就业稳定性、风险预防与女性工作时间[J].经济理论与经济管理,2020(2):10－23.

[103]尼尔·吉尔伯特,特雷尔.社会福利政策导论[M].黄晨熹,周烨,刘红译,上海:华东理工大学出版社,2003.

[104]倪国华,郑风田.通货膨胀与"中等收入陷阱":家庭福利损失的视角[J].经济理论与经济管理,2012(3):36－47.

[105]聂伟.就业质量、生活控制与农民工的获得感[J].中国人口科学,2019(2):27－39＋126.

[106]潘锦棠.经济转轨中的中国女性就业与社会保障[J].管理世界,2002(07):59－68.

[107]彭大松.农村劳动力流动对家庭福利的影响[J].南京人口管理干部学院学报[J].2012,28(2):31－37＋42.

[108]秦永超.福祉、福利与社会福利的概念内涵及关系辨析[J].河南社会科学,2015,23(9):112－116＋124.

[109]绍兴全,林艳.社会资本的累积效应及其家庭福利改善[J].改革,2011(9):131－136.

[110]沈可,章元,鄢萍.中国女性劳动参与率下降的新解释:家庭结构变迁的视角[J].人口研究,2012,36(5):15－27.

[111]石红梅.已婚女性的时间配置研究[D].厦门大学,2006.

[112]施建淮,朱海婷.中国城市居民预防性储蓄及预防性动机强度:1999—2003[J].经济研究,2004(10):66－74.

[113]施雯.基于人力资本差异视角的农户福利测度与分析——以辽宁省为例

[D].沈阳农业大学,2015.

[114]苏华山,吕文慧,张运峰.未婚家庭成员人数对家庭储蓄率的影响—基于CFPS 面板数据的研究[J].经济科学,2016(6):75 - 88.

[115]苏珊娜·格罗斯巴德·舍特曼.婚姻与经济[M].王涛译,上海:上海财经大学出版社,2005.

[116]孙月平.劳动经济问题研究[M].北京:人民出版社,2004.

[117]唐灿,张建.家庭问题与政府责任:促进家庭发展的国内外比较研究[M].北京:社会科学文献出版社,2013.

[118]佟新,周旅军.就业与家庭照顾间的平衡:基于性别与职业位置的比较[J].学海,2013(2):72 - 77.

[119]王艾青.过度劳动及其就业挤出效应分析[J].当代经济研究,2007(1):45 - 48.

[120]王春超,叶琴.中国农民工多维贫困的演进——基于收入与教育维度的考察[J].经济研究,2014,49(12):159 - 174.

[121]王琪延.中国城市居民生活时间分配分析[J].社会学研究,2000(4):86 - 97.

[122]王珊.公益性和非公益性农地城市流转的农户福利效应研究[D].2013.

[123]王丹.我国知识工作者过度劳动的理论与实证研究[D].首都经济贸易大学,2010.

[124]汪小勤,吴士炜.中国城市的社会福利状况及其影响因素——以289 个地级市为例[J].城市问题,2016(9):11 - 17 + 57.

[125]汪伟.中国高储蓄现象的理论与实证研究[M].上海:上海财经大学,2015.

[126]王志章,韩佳丽.贫困地区多元化精准扶贫政策能够有效减贫吗?[J].中国软科学,2017(12):11 - 20.

[127]魏众.健康对非农就业及其工资决定的影响[J].经济研究,2004(2):
64 - 74.

[128]文洪星,韩青.非农就业如何影响农村居民家庭消费——基于总量与结构视角[J].中国农村观察,2018(3):91 - 109.

[129]文雁兵.政府规模扩张、福利效应与政策矫正——基于门槛效应模型的经验研究[J].经济理论与经济管理,2016(09):25 - 39.

[130]吴愈晓,王鹏,黄超.家庭庇护、体制庇护与工作家庭冲突—中国城镇女性的就业状态与主观幸福感[J].社会学研究,2015,30(6):122 - 144 + 244 - 245.

[131]吴占权,蔡春奎.家庭经济保障研究[M].石家庄:河北教育出版社,2009.

[132]夏艳玲.老年社会福利制度:补缺模式与机制模式的比较——以美国和瑞典为例[J].财经科学,2015(1):119 - 128.

[133]谢琼.福利、福利制度与福利权[J].中国行政管理,2013(4):56 - 59.

[134]徐斌.我国居民消费行为的计量分析及对策选择[M].南昌:江西科学技术出版社,2014.

[135]徐小华,吴恩平,王琪.已婚女性劳动参与对家庭风险资产配置的影响[J].金融论坛,2020,25(6):40 - 50.

[136]徐玮,董婷婷.农民工"可行能力"的贫困[J].中国矿业大学学报(社会科学版),2009,11(1):91 - 95.

[137]许琪.时间都去哪儿了? ——从生命历程的角度看中国男女时间利用方式的差异[J].妇女研究论丛,2018(4):19 - 32.

[138]杨河清.劳动经济学[M].北京:中国人民大学出版社,2018.

[139]杨华磊,沈政,胡浩钰.延迟退休挤占家庭生育水平吗?[J].财经研究,2018,44(10):53 - 66.

[140]杨菊华.时间利用的性别差异——1990~2010 年的变动趋势与特点分

析[J].人口与经济,2014(05):3-12.

[141]杨玉静.城镇已婚女性的工作与家庭冲突研究——基于时间利用的分析[J].山东女子学报,2015(1):40-46.

[142]杨缅昆.社会福利指数构造的理论和方法初探[J].统计研究,2009,26(7):37-42.

[143]姚先国,谭岚.家庭收入与中国城镇已婚妇女劳动参与决策分析[J].经济研究.2005(07):18-27.

[144]叶静怡,王琼.进城务工人员福利水平的一个评价——基于Sen的可行能力理论[J].经济学(季刊),2014,13(4):1323-1344.

[145]易行健,盛威,杨碧云.不同生命周期阶段家庭储蓄率的决定因素—基于城镇住户调查数据的实证检验[J].山西财经大学学报,2015,37(5):25-38.

[146]袁方,史清华.不平等之再检验:可行能力和收入不平等与农民工福利[J].管理世界,2013(10):49-61.

[147]苑茜,周冰,沈士仓,等.现代劳动关系辞典[M].北京:中国劳动社会保障出版社,2000.

[148]曾湘泉,卢亮.标准化和灵活性的双重挑战——转型中的我国企业工作时间研究[J]中国人民大学学报,2006(1):110-116.

[149]张车伟.营养、健康与效率:来自中国贫困农村的证据[J].经济研究,2003(1):3-12+92.

[150]张川川.子女数量对已婚女性劳动供给和工资的影响[J].人口与经济,2011(5):29-35.

[151]张广胜,陈技伟,江金启,等.可行能力与农民工的福利状况评价[J].华南农业大学学报(社会科学版),2016,15(4):65-75.

[152]张海峰.全面二孩政策下中国儿童照料可及性研究——国际经验借鉴[J].人口与经济,2018(3):13-24.

[153]张莉,余登来,周曦斓,等.上海市浦东新区工作场所员工社会资本现状及影响因素研究[J].健康教育与健康促进,2016(8):243-245+264.

[154]张琳.生育对女性劳动力市场表现的惩罚效应研究[D].首都经济贸易大学,2019.

[155]张世伟,周闯.中国城镇居民不同收入群体的劳动参与行为——基于参数模型和半参数模型的经验分析[J].管理世界2010(5):56-64.

[156]张原.中国农村留守妇女的劳动供给模式及其家庭福利效应[J].农业经济问题,2011(5):39-47+110-111.

[157]赵春燕.人口红利、结构红利与区域经济增长差异[J].西北人口,2018,39(6):23-31.

[158]赵聚军,张雪莉.城市基层治理中的居民参与与基层管理体制优化——基于四个异质性小区的调查[J].中国行政管理,2019(3):47-54.

[159]郑杭生.社会学与概论新修[M].北京:中国人民大学出版社,2013.

[160]郑媛.时间贫困对中国农村居民家庭消费支出的影响分析[D].西南财经大学,2013.

[161]周广肃,马光荣.人情支出挤出了正常消费吗? 来自中国家户数据的证据[J].浙江社会科学,2015(3):15-26+156.

[162]周兴,王芳.中国城乡居民的收入流动、收入差距与社会福利[J].管理世界,2010(5):65-74.

[163]周义,李梦玄.失地冲击下农民福利的改变和分化[J].农业技术经济,2014(1):73-80.

[164]周祝平,刘海斌.人口老龄化对劳动力参与率的影响[J].人口研究,2016,40(3):58-70.

[165]朱洪革,付玉竹,张少鹏.重点国有林区劳动力就业及其家庭福利效应研究[J].农林经济管理学报,2020,19(2):190-199.

附　录

附录 A　女性劳动时间投入对家庭经济状况的影响

表 A.1　女性劳动时间投入对家庭经济状况的影响稳健性检验

	更换变量定义		模型替换		
	（1）	（2）	（3）	（4）	（5）
	家庭 储蓄率 b	家庭 储蓄率 c	家庭 储蓄率 a	家庭 储蓄率 b	家庭 储蓄率 c
劳动时间	1. 129 ***	1. 025 ***	1. 389 ***	1. 572 ***	0. 945 ***
	（0. 000）	（0. 000）	（0. 004）	（0. 006）	（0. 005）
年龄	0. 402 ***	0. 230 **	0. 903 ***	1. 122 ***	0. 540 ***
	（0. 000）	（0. 048）	（0. 000）	（0. 000）	（0. 001）
是否城市户籍	－ 8. 908 ***	－ 7. 863 ***	－ 6. 163 *	－ 1. 837	－ 1. 567
	（0. 000）	（0. 000）	（0. 069）	（0. 640）	（0. 482）

	更换变量定义		模型替换		
	（1）	（2）	（3）	（4）	（5）
	家庭储蓄率 b	家庭储蓄率 c	家庭储蓄率 a	家庭储蓄率 b	家庭储蓄率 c
受教育程度	1.756*	1.899*	1.556	1.872	1.529
	(0.081)	(0.076)	(0.460)	(0.441)	(0.278)
健康状况	0.752	1.533**	0.649	−0.922	0.461
	(0.242)	(0.025)	(0.620)	(0.547)	(0.600)
婚姻状况	−7.803***	−3.575	−9.079**	−14.04***	−4.148
	(0.000)	(0.109)	(0.045)	(0.008)	(0.174)
是否为党员	−0.503	−3.283	2.359	0.393	−0.948
	(0.901)	(0.458)	(0.796)	(0.970)	(0.879)
是否参与养老保险	0.658	0.929	−0.334	2.471	−0.222
	(0.654)	(0.551)	(0.912)	(0.480)	(0.913)
是否签订合同	−4.764***	−1.977	−0.0539	−4.863	0.0455
	(0.001)	(0.188)	(0.986)	(0.170)	(0.982)
小时收入	13.85***	13.44***	24.68***	22.67***	14.94***
	(0.000)	(0.000)	(0.000)	(0.000)	(0.000)
家庭规模	3.317***	1.935***	4.285***	5.402***	2.176***
	(0.000)	(0.000)	(0.000)	(0.000)	(0.000)
少儿人口数	−0.226	2.838**	−1.973	−3.544	−0.472
	(0.835)	(0.013)	(0.374)	(0.169)	(0.749)
老年人口数	0.514	−1.414	−3.870*	−1.992	−2.636*
	(0.631)	(0.209)	(0.095)	(0.457)	(0.087)
家务劳动时间	−0.325	−0.195	−0.769	0.784	−0.0655
	(0.595)	(0.769)	(0.535)	(0.590)	(0.938)

	更换变量定义		模型替换		
	（1）	（2）	（3）	（4）	（5）
	家庭 储蓄率 b	家庭 储蓄率 c	家庭 储蓄率 a	家庭 储蓄率 b	家庭 储蓄率 c
医疗保健支出	−0.860***	−2.608***	−4.471***	−1.100*	−2.487***
	（0.000）	（0.000）	（0.000）	（0.071）	（0.000）
是否拥有住房	13.78***	8.030***	16.17***	18.59***	8.600***
	（0.000）	（0.000）	（0.000）	（0.000）	（0.000）
人均 GDP	8.570***	8.358***	7.045	2.271	4.321
	（0.003）	（0.005）	（0.222）	（0.734）	（0.263）
职业、地区和年份固定效应	控制	控制	控制	控制	控制
常数	−209.2***	−183.1***	−199.3***	−163.8*	−135.7***
	（0.000）	（0.000）	（0.009）	（0.064）	（0.009）
N	6610	5564	6610	6610	5564
Underidentification test	66.12	182.73***			
Cragg-Donald Wald F statistic	209.92	187.95			
	［16.38］	［16.38］			
Likelihood			−40143.27	−36165.50	−34783.29
R²	0.039	0.039			
F	19.83	15.78			

注：*、**、***分别表示为 10%、5%、1% 水平显著，括号里报告的是 p 值。方括号内为在 10% 的显著性水平上 Stock-Yogo 弱工具变量识别 F 检验的临界值。

表 A. 2　女性劳动时间投入对家庭收入和家庭消费支出的影响

	家庭收入			家庭消费支出		
	(1)	(2)	(3)	(4)	(5)	(6)
劳动时间	0.00566 **	0.0128 ***		− 0.00798 **	0.00833 ***	
	(0.050)	(0.000)		(0.015)	(0.000)	
劳动时间 平方项		−0.0000610 ***			−0.0000617 ***	
		(0.000)			(0.001)	
劳动时间 (低于 30 小时 = 参照组)						
(30,40]			0.214 ***			0.111 ***
			(0.000)			(0.001)
(40,50]			0.271 ***			0.0984 ***
			(0.000)			(0.004)
(50,60]			0.303 ***			0.160 ***
			(0.000)			(0.000)
(60,max)			0.407 ***			0.159 ***
			(0.000)			(0.000)
年龄	0.00500 ***	0.00531 ***	0.00547 ***	0.00287 **	0.00372 ***	0.00354 ***
	(0.000)	(0.000)	(0.000)	(0.040)	(0.006)	(0.009)
是否城市户籍	0.0279	0.0278	0.0294 *	0.206 ***	0.221 ***	0.224 ***
	(0.119)	(0.107)	(0.090)	(0.000)	(0.000)	(0.000)
受教育程度	0.0839 ***	0.0813 ***	0.0810 ***	0.0707 ***	0.0777 ***	0.0792 ***
	(0.000)	(0.000)	(0.000)	(0.000)	(0.000)	(0.000)
健康状况	− 0.00327	− 0.00319	− 0.00453	− 0.0279 ***	− 0.0229 ***	− 0.0230 ***
	(0.646)	(0.646)	(0.516)	(0.001)	(0.003)	(0.003)
婚姻状况	0.0386 *	0.0365	0.0368	0.193 ***	0.179 ***	0.180 ***
	(0.100)	(0.115)	(0.113)	(0.000)	(0.000)	(0.000)

续表

	家庭收入			家庭消费支出		
	（1）	（2）	（3）	（4）	（5）	（6）
是否为党员	0.0464	0.0447	0.0419	0.0144	− 0.000349	− 0.00150
	（0.305）	（0.322）	（0.354）	（0.780）	（0.994）	（0.976）
是否参与养老保险	0.0473 ***	0.0454 ***	0.0458 ***	0.0774 ***	0.0733 ***	0.0734 ***
	（0.004）	（0.005）	（0.005）	（0.000）	（0.000）	（0.000）
是否签订合同	0.0366 **	0.0294 *	0.0290 *	0.0610 ***	0.0566 ***	0.0580 ***
	（0.021）	（0.065）	（0.072）	（0.001）	（0.001）	（0.001）
小时收入	0.267 ***	0.277 ***	0.270 ***	0.0541 **	0.120 ***	0.119 ***
	（0.000）	（0.000）	（0.000）	（0.017）	（0.000）	（0.000）
家庭规模	− 0.113 ***	− 0.112 ***	− 0.112 ***	0.0908 ***	0.0963 ***	0.0963 ***
	（0.000）	（0.000）	（0.000）	（0.000）	（0.000）	（0.000）
少儿人口数	− 0.0468 ***	− 0.0489 ***	− 0.0492 ***	− 0.0552 ***	− 0.0613 ***	− 0.0610 ***
	（0.000）	（0.000）	（0.000）	（0.000）	（0.000）	（0.000）
老年人口数	− 0.0632 ***	− 0.0641 ***	− 0.0673 ***	− 0.0796 ***	− 0.0796 ***	− 0.0802 ***
	（0.000）	（0.000）	（0.000）	（0.000）	（0.000）	（0.000）
家务劳动时间	− 0.0153 **	− 0.0144 **	− 0.0141 **	− 0.00308	0.00689	0.00766
	（0.025）	（0.020）	（0.024）	（0.691）	（0.317）	（0.267）
是否拥有住房	− 0.0767 ***	− 0.0758 ***	− 0.0762 ***	− 0.0922 ***	− 0.0755 ***	− 0.0761 ***
	（0.000）	（0.000）	（0.000）	（0.000）	（0.000）	（0.000）
人均 GDP	0.394 ***	0.397 ***	0.395 ***	0.331 ***	0.360 ***	0.365 ***
	（0.000）	（0.000）	（0.000）	（0.000）	（0.000）	（0.000）
职业、地区和年份固定效应	控制	控制	控制	控制	控制	控制
常数	4.873 ***	4.625 ***	4.878 ***	7.139 ***	5.904 ***	5.987 ***
	（0.000）	（0.000）	（0.000）	（0.000）	（0.000）	（0.000）

	家庭收入			家庭消费支出		
	(1)	(2)	(3)	(4)	(5)	(6)
Underidentification test	203.99***			203.99***		
Cragg-Donald	209.59			209.59		
Wald F statistic	[16.38]			[16.38]		
N	6610	6610	6610	6610	6610	6610
R^2	0.381	0.382	0.380	0.191	0.229	0.229
F	143.9	145.5	134.6	68.43	69.90	65.24

注: *、**、***分别表示为10%、5%、1%水平显著,括号里报告的是 p 值。方括号内为在10%的显著性水平上 Stock – Yogo 弱工具变量识别 F 检验的临界值。

附录 B　男性劳动时间投入对家庭福利分项的影响

表 B.1　男性劳动时间投入对家庭经济状况、家庭收入和家庭消费支出的影响

	家庭经济状况			家庭收入			家庭消费支出		
	(1)	(2)	(3)	(4)	(5)	(6)	(7)	(8)	(9)
劳动时间	0.750***	0.886***		0.00635*	0.0236***		-0.0230***	0.00863***	
	(0.004)	(0.000)		(0.096)	(0.000)		(0.000)	(0.000)	
劳动时间平方项		-0.00519***			-0.000153***			-0.000731***	
		-0.00519***			-0.000153***			-0.000731***	
劳动时间(低于30小时=参照组)									
(30,40]			9.238***			0.311***			0.194***
			(0.000)			(0.000)			(0.000)
(40,50]			12.64***			0.389***			0.146***
			(0.000)			(0.000)			(0.000)
(50,60]			18.37***			0.442***			0.131***
			(0.000)			(0.000)			(0.000)

	家庭经济状况			家庭收入			家庭消费支出		
	(1)	(2)	(3)	(4)	(5)	(6)	(7)	(8)	(9)
(60,max)			21.29***			0.506***			0.128***
			(0.000)			(0.000)			(0.000)
年龄	0.470***	0.430***	0.428***	0.000735	0.000647	0.000583	-0.00190	-0.00197*	-0.00206*
	(0.000)	(0.000)	(0.000)	(0.484)	(0.727)	(0.754)	(0.144)	(0.092)	(0.077)
是否城市户籍	-6.856***	-8.470***	-8.230***	0.119***	0.123***	0.122***	0.135***	0.210***	0.205***
	(0.000)	(0.000)	(0.000)	(0.000)	(0.000)	(0.000)	(0.000)	(0.000)	(0.000)
受教育程度	1.927**	1.166	1.509**	0.0996***	0.0927***	0.0947***	0.0358***	0.0608***	0.0537***
	(0.014)	(0.105)	(0.038)	(0.000)	(0.000)	(0.000)	(0.005)	(0.000)	(0.000)
健康状况	1.968***	1.745***	1.713***	0.0111*	0.0120	0.0101	-0.0409***	-0.0281***	-0.0286***
	(0.000)	(0.000)	(0.000)	(0.077)	(0.279)	(0.365)	(0.000)	(0.000)	(0.000)
婚姻状况	-11.80***	-10.98***	-10.86***	-0.111***	-0.117***	-0.112***	0.297***	0.258***	0.262***
	(0.000)	(0.000)	(0.000)	(0.000)	(0.004)	(0.006)	(0.000)	(0.000)	(0.000)
是否为党员	-1.644	-2.125	-1.966	0.0799*	0.0910	0.0955	-0.0777	0.0140	0.0119
	(0.583)	(0.472)	(0.530)	(0.080)	(0.185)	(0.172)	(0.168)	(0.772)	(0.806)
是否参与养老保险	0.109	0.222	0.377	0.0615***	0.0580**	0.0600**	0.0779***	0.0615***	0.0599***
	(0.923)	(0.842)	(0.739)	(0.000)	(0.033)	(0.028)	(0.000)	(0.000)	(0.000)

续表

	家庭经济状况			家庭收入			家庭消费支出		
	(1)	(2)	(3)	(4)	(5)	(6)	(7)	(8)	(9)
是否签订合同	0.698	0.393	0.891	0.0792***	0.0592**	0.0671**	0.0963***	0.0617***	0.0596***
	(0.533)	(0.723)	(0.422)	(0.000)	(0.025)	(0.012)	(0.000)	(0.000)	(0.000)
小时收入	16.80***	13.54***	13.26***	0.365***	0.383***	0.373***	-0.0963**	0.0971***	0.0925***
	(0.000)	(0.000)	(0.000)	(0.000)	(0.000)	(0.000)	(0.012)	(0.000)	(0.000)
家庭规模	2.237***	2.040***	2.029***						
	(0.000)	(0.000)	(0.000)						
少儿人口数	-3.193***	-2.511***	-2.480***	-0.157***	-0.158***	-0.156***	-0.00801	-0.0216*	-0.0215*
	(0.000)	(0.002)	(0.002)	(0.000)	(0.000)	(0.000)	(0.549)	(0.067)	(0.067)
老年人口数	-3.252***	-3.370***	-3.353***	-0.0192	-0.0191	-0.0176	-0.100***	-0.0781***	-0.0772***
	(0.000)	(0.000)	(0.000)	(0.112)	(0.369)	(0.409)	(0.000)	(0.000)	(0.000)
家务劳动时间	0.704	0.349	0.337	0.00335	0.00575	0.00424	-0.0413***	-0.0186***	-0.0192***
	(0.163)	(0.425)	(0.473)	(0.640)	(0.579)	(0.685)	(0.000)	(0.008)	(0.006)
医疗保健支出	-3.539***	-3.484***	-3.487***						
	(0.000)	(0.000)	(0.000)						
是否拥有住房	7.504***	6.880***	6.824***	-0.326***	-0.320***	-0.322***	0.0269	0.0872***	0.0854***
	(0.000)	(0.000)	(0.000)	(0.000)	(0.000)	(0.000)	(0.253)	(0.000)	(0.000)

续表

	家庭经济状况			家庭收入			家庭消费支出		
	(1)	(2)	(3)	(4)	(5)	(6)	(7)	(8)	(9)
人均 GDP	1.130	0.208	0.785	0.422***	0.424***	0.417***	0.352***	0.394***	0.385***
	(0.593)	(0.919)	(0.694)	(0.000)	(0.000)	(0.000)	(0.000)	(0.000)	(0.000)
职业、地区、年份固定效应	控制	控制	控制	控制	控制	控制	控制	控制	控制
Underidentification test	184.21***			135.33***			135.33***		
Cragg-Donald Wald F statistic	186.82 [16.38]			136.75 [16.38]			136.75 [16.38]		
常数	−81.57**	−49.83**	−40.23*	3.979***	3.485***	3.977***	8.416***	5.890***	6.113***
	(0.022)	(0.035)	(0.076)	(0.000)	(0.000)	(0.000)	(0.000)	(0.000)	(0.000)
N	11126	11126	11126	10417	10417	10417	10417	10417	10417
R^2	0.074	0.090	0.090	0.366	0.373	0.369	−0.039	0.161	0.162
F	34.54	37.71	35.24	219.7	92.71	86.42	62.01	73.78	69.25

注: *、**、***分别表示为10%、5%、1%水平显著;括号里报告的是 p 值。方括号里为在10%的显著性水平上 Stock-Yogo 弱工具变量识别 F 检验的临界值。

表 B.2　男性劳动时间投入对家庭居住环境的影响

	（1）	（2）	（3）
劳动时间	0.000860	0.00515*	
	(0.256)	(0.051)	
劳动时间平方项		-0.0000399*	
		(0.084)	
劳动时间 （低于30小时=参照组）			
（30,40]			0.0385
			(0.446)
（40,50]			-0.00194
			(0.970)
（50,60]			0.0642
			(0.204)
（60,max)			0.0401
			(0.425)
年龄	0.00208**	0.00211**	0.00206**
	(0.046)	(0.044)	(0.049)
受教育程度	0.101***	0.0978***	0.1000***
	(0.000)	(0.000)	(0.000)
小时收入	0.0995***	0.102***	0.0972***
	(0.000)	(0.000)	(0.000)
工作单位类型	0.0486	0.0466	0.0466
	(0.113)	(0.128)	(0.132)
家庭规模	0.0512***	0.0513***	0.0513***
	(0.000)	(0.000)	(0.000)
少儿人口数	-0.0374**	-0.0378**	-0.0376**
	(0.024)	(0.022)	(0.023)

续表

	（1）	（2）	（3）
家务劳动时间	− 0.0138	− 0.0133	− 0.0138
	(0.140)	(0.155)	(0.138)
金融负债	− 0.00498*	− 0.00484*	− 0.00494*
	(0.089)	(0.099)	(0.092)
家庭储蓄率	− 0.0395*	− 0.0416*	− 0.0393*
	(0.075)	(0.061)	(0.077)
现住房价值	0.122***	0.122***	0.123***
	(0.000)	(0.000)	(0.000)
人均GDP	− 0.134***	− 0.137***	− 0.136***
	(0.010)	(0.009)	(0.009)
职业、地区、年份固定效应	控制	控制	控制
N	9159	9159	9159
Log pseudolikelihood	− 10798.113	− 10796.664	− 10796.81

注：*、**、***分别表示为10%、5%、1%水平显著，括号里报告的是p值。

表 B.3　男性劳动时间投入对家庭社会关系的影响

	（1）	（2）	（3）
劳动时间	0.00196 ***	0.00548 **	
	（0.004）	（0.019）	
劳动时间平方项		−0.0000328	
		（0.116）	
劳动时间 （低于 30 小时 = 参照组）			
（30,40]			0.0383
			（0.387）
（40,50]			0.0763 *
			（0.085）
（50,60]			0.0866 **
			（0.048）
（60,max）			0.0701
			（0.116）
年龄	0.00286 *	0.00291 *	0.00285 *
	（0.074）	（0.070）	（0.075）
是否城市户籍	0.0217	0.0208	0.0189
	（0.397）	（0.417）	（0.462）
受教育程度	0.0195	0.0177	0.0185
	（0.192）	（0.238）	（0.220）
健康状况	0.0201 **	0.0206 **	0.0196 **
	（0.035）	（0.031）	（0.040）
婚姻状况	0.168 ***	0.167 ***	0.170 ***
	（0.000）	（0.000）	（0.000）
是否为党员	0.233 ***	0.235 ***	0.237 ***
	（0.000）	（0.000）	（0.000）

续表

	（1）	（2）	（3）
小时收入	0.144***	0.146***	0.136***
	(0.000)	(0.000)	(0.000)
工作单位类型	0.157***	0.156***	0.156***
	(0.000)	(0.000)	(0.000)
少儿人口数	-0.109***	-0.109***	-0.107***
	(0.000)	(0.000)	(0.000)
老年人口数	-0.0784***	-0.0786***	-0.0789***
	(0.000)	(0.000)	(0.000)
家务劳动时间	0.0141	0.0146	0.0139
	(0.150)	(0.134)	(0.156)
家庭储蓄率	-0.186***	-0.187***	-0.186***
	(0.000)	(0.000)	(0.000)
人均 GDP	0.681***	0.683***	0.683***
	(0.000)	(0.000)	(0.000)
职业、地区和年份固定效应	控制	控制	控制
常数	-0.235	-0.337	-0.186
	(0.637)	(0.502)	(0.708)
N	10104	10104	10104
R^2	0.116	0.116	0.116
F	52.98	51.04	47.15

注：*、**、***分别表示为 10%、5%、1%水平显著，括号里报告的是 p 值。

表 B.4　男性劳动时间投入对主观心理状态的影响

	(1)	(2)	(3)
劳动时间	- 0.00327 **	- 0.0104 *	
	(0.045)	(0.074)	
劳动时间平方项		0.0000662	
		(0.203)	
劳动时间（低于 30 小时 = 参照组）			
(30,40]			- 0.220 **
			(0.036)
(40,50]			- 0.335 ***
			(0.001)
(50,60]			- 0.149
			(0.149)
(60,max)			- 0.122
			(0.246)
年龄	- 0.0146 ***	- 0.0145 ***	- 0.0148 ***
	(0.000)	(0.000)	(0.000)
是否城市户籍	0.120 **	0.124 **	0.133 **
	(0.050)	(0.042)	(0.031)
受教育程度	- 0.0554	- 0.0505	- 0.0348
	(0.135)	(0.176)	(0.354)
健康状况	0.228 ***	0.229 ***	0.230 ***
	(0.000)	(0.000)	(0.000)
婚姻状况	0.535 ***	0.530 ***	0.535 ***
	(0.000)	(0.000)	(0.000)
是否为党员	0.0901	0.113	0.177
	(0.815)	(0.769)	(0.646)

续表

	（1）	（2）	（3）
小时收入	−0.0592*	−0.0621*	−0.0286
	(0.076)	(0.063)	(0.383)
家庭规模	0.0502***	0.0512***	0.0504***
	(0.000)	(0.000)	(0.000)
少儿人口数	−0.142***	−0.143***	−0.152***
	(0.001)	(0.001)	(0.000)
家务劳动时间	−0.0117	−0.0126	−0.0103
	(0.636)	(0.609)	(0.677)
家庭储蓄率	−0.0229	−0.0225	−0.0232
	(0.577)	(0.584)	(0.572)
重大事件支出	0.00844	0.00955	0.0111*
	(0.197)	(0.148)	(0.094)
金融负债	−0.00518	−0.00575	−0.00683
	(0.363)	(0.314)	(0.233)
人均GDP	−0.0789	−0.0796	−0.0492
	(0.509)	(0.505)	(0.683)
职业、地区、年份固定效应	控制	控制	控制
N	1817	1817	1817
Log likelihood	−3292.9452	−3292.1341	−3288.1636

注：*、**、***分别表示为10%、5%、1%水平显著,括号里报告的是 p 值。

附录 C　男性劳动时间投入对家庭福利综合的影响

表 C.1　男性劳动时间投入对家庭福利的影响

	（1）	（2）	（3）
劳动时间	0.0225 **	0.115 ***	
	（0.039）	（0.002）	
劳动时间平方项		− 0.000869 **	
		（0.010）	
劳动时间 （低于 30 小时 = 参照组）			
（30,40]			1.518 **
			（0.030）
（40,50]			1.286 *
			（0.069）
（50,60]			1.150
			（0.102）
（60,max）			1.341 *
			（0.064）
年龄	0.0776 ***	0.0787 ***	0.0765 ***
	（0.003）	（0.002）	（0.003）
是否城市户籍	1.190 ***	1.165 ***	1.094 ***
	（0.003）	（0.003）	（0.006）
受教育程度	0.401 *	0.355	0.314
	（0.093）	（0.138）	（0.196）

续表

	（1）	（2）	（3）
健康状况	−0.0527	−0.0466	−0.0563
	（0.731）	（0.761）	（0.713）
婚姻状况	0.776	0.737	0.807
	（0.171）	（0.193）	（0.154）
是否为党员	15.28***	15.27***	15.28***
	（0.000）	（0.000）	（0.000）
小时收入	1.664***	1.723***	1.582***
	（0.000）	（0.000）	（0.000）
家庭规模	0.725***	0.727***	0.722***
	（0.000）	（0.000）	（0.000）
少儿人口数	−1.302***	−1.287***	−1.273***
	（0.000）	（0.000）	（0.000）
老年人口数	−0.875***	−0.884***	−0.877***
	（0.002）	（0.002）	（0.002）
家务劳动时间	0.428***	0.438***	0.430***
	（0.007）	（0.006）	（0.006）
是否拥有住房	1.643***	1.636***	1.607***
	（0.000）	（0.000）	（0.000）
金融负债	0.231***	0.235***	0.234***
	（0.000）	（0.000）	（0.000）
人均GDP	9.232***	9.277***	9.186***
	（0.000）	（0.000）	（0.000）
职业、地区、年份固定效应	控制	控制	控制
常数	−87.79***	−90.50***	−86.76***
	（0.000）	（0.000）	（0.000）

续表

	（1）	（2）	（3）
N	6805	6805	6805
R^2	0.102	0.103	0.102
F	29.56	28.73	26.52

注：*、**、***分别表示为10%、5%、1%水平显著，括号里报告的是 p 值。

附录 D 不同婚姻状况女性
劳动时间投入对家庭福利的影响

表 D.1　不同婚姻状况女性劳动时间投入对家庭福利的影响

	(1)	(2)	(3)	(4)	(5)	(6)
	未婚	已婚	未婚	已婚	未婚	已婚
劳动时间	−0.0288	0.0505***	−0.217*	0.267***		
	(0.397)	(0.001)	(0.062)	(0.000)		
劳动时间平方项			0.00187*	−0.00208***		
			(0.091)	(0.000)		
劳动时间（低于30小时=参照组）						
(30,40]					−1.582	2.354**
					(0.466)	(0.011)
(40,50]					−5.283**	3.506***
					(0.015)	(0.000)
(50,60]					−3.670	3.346***
					(0.103)	(0.001)
(60,max)					−4.125*	4.460***
					(0.075)	(0.000)
年龄	0.0905	0.0428	0.0860	0.0530	0.0802	0.0481
	(0.409)	(0.262)	(0.432)	(0.164)	(0.463)	(0.207)

	（1）	（2）	（3）	（4）	（5）	（6）
	未婚	已婚	未婚	已婚	未婚	已婚
是否城市户籍	0.245	0.146	0.231	-0.0793	-0.175	0.0898
	（0.827）	（0.790）	（0.836）	（0.886）	（0.877）	（0.871）
受教育程度	1.484 **	0.438	1.681 **	0.314	1.714 **	0.386
	（0.038）	（0.220）	（0.020）	（0.379）	（0.019）	（0.285）
健康状况	-0.0565	0.185	-0.0890	0.184	-0.188	0.198
	（0.912）	（0.410）	（0.862）	（0.410）	（0.714）	（0.378）
是否为党员	4.005	12.85	3.899	12.54	4.205	12.00
	（0.281）	（0.226）	（0.294）	（0.237）	（0.258）	（0.258）
小时收入	2.953 ***	2.143 ***	2.789 ***	2.281 ***	2.667 ***	2.274 ***
	（0.000）	（0.000）	（0.000）	（0.000）	（0.000）	（0.000）
家庭规模	0.911 ***	0.166	0.874 ***	0.225	0.919 ***	0.174
	（0.002）	（0.324）	（0.003）	（0.182）	（0.002）	（0.302）
少儿人口数	-4.086 ***	-2.476 ***	-3.901 **	-2.604 ***	-4.197 ***	-2.531 ***
	（0.009）	（0.000）	（0.012）	（0.000）	（0.007）	（0.000）
老年人口数	-1.085	-1.071 ***	-1.045	-1.105 ***	-1.101	-1.093 ***
	（0.429）	（0.002）	（0.446）	（0.001）	（0.421）	（0.002）
家务劳动时间	0.508	0.139	0.471	0.188	0.520	0.163
	（0.271）	（0.479）	（0.308）	（0.336）	（0.261）	（0.406）
是否拥有住房	1.069	2.603 ***	1.369	2.589 ***	0.764	2.594 ***
	（0.422）	（0.000）	（0.307）	（0.000）	（0.574）	（0.000）
金融负债	0.142	0.0913	0.119	0.102 *	0.108	0.0929
	（0.220）	（0.117）	（0.308）	（0.079）	（0.356）	（0.110）
人均 GDP	14.12 ***	10.19 ***	14.10 ***	10.09 ***	13.76 ***	10.12 ***
	（0.000）	（0.000）	（0.000）	（0.000）	（0.000）	（0.000）

续表

	（1）	（2）	（3）	（4）	（5）	（6）
	未婚	已婚	未婚	已婚	未婚	已婚
职业、地区和年份固定效应	控制	控制	控制	控制	控制	控制
常数	− 148.9***	− 97.89***	− 144.5***	− 101.9***	− 141.5***	− 97.97***
	（0.000）	（0.000）	（0.000）	（0.000）	（0.000）	（0.000）
N	890	3474	890	3474	890	3474
R^2	0.183	0.111	0.186	0.116	0.191	0.114
F	7.740	17.28	7.569	17.37	7.283	15.87

注：*、**、***分别表示为 10%、5%、1% 水平显著，括号里报告的是 p 值。

附录 E 不同家庭规模女性
劳动时间投入对家庭福利的影响

表 E.1 不同家庭规模女性劳动时间投入对家庭福利的影响

	(1)	(2)	(3)	(4)	(5)	(6)
	低于 4 人	多于 4 人	低于 4 人	多于 4 人	低于 4 人	多于 4 人
劳动时间	0.0574 ***	0.00579	0.290 ***	−0.0915		
	(0.001)	(0.791)	(0.000)	(0.209)		
劳动时间平方项			−0.00226 ***	0.000927		
			(0.000)	(0.162)		
劳动时间 (低于 30 小时 = 参照组)						
(30,40]					3.004 ***	−0.979
					(0.006)	(0.486)
(40,50]					2.918 ***	−0.845
					(0.010)	(0.537)
(50,60]					3.313 ***	−0.606
					(0.004)	(0.669)
(60,max)					5.353 ***	−1.325
					(0.000)	(0.348)
年龄	0.168 ***	−0.190 ***	0.182 ***	−0.190 ***	0.176 ***	−0.190 ***
	(0.000)	(0.001)	(0.000)	(0.000)	(0.000)	(0.001)

续表

	(1)	(2)	(3)	(4)	(5)	(6)
	低于4人	多于4人	低于4人	多于4人	低于4人	多于4人
是否城市户籍	0.225	0.306	0.000932	0.369	0.228	0.282
	(0.722)	(0.703)	(0.999)	(0.645)	(0.718)	(0.725)
受教育程度	−0.0886	3.108***	−0.229	3.187***	−0.112	3.143***
	(0.821)	(0.000)	(0.559)	(0.000)	(0.776)	(0.000)
健康状况	0.379	−0.344	0.358	−0.369	0.364	−0.355
	(0.142)	(0.314)	(0.165)	(0.280)	(0.158)	(0.302)
婚姻状况	0.508	2.745**	0.465	2.733**	0.423	2.766**
	(0.545)	(0.021)	(0.578)	(0.021)	(0.615)	(0.020)
是否为党员	5.012	1.391	4.872	1.332	5.118	1.566
	(0.302)	(0.738)	(0.315)	(0.748)	(0.292)	(0.708)
小时收入	2.660***	1.675***	2.815***	1.609***	2.788***	1.480***
	(0.000)	(0.000)	(0.000)	(0.000)	(0.000)	(0.001)
少儿人口数	−3.507***	−1.474***	−3.643***	−1.415***	−3.553***	−1.454***
	(0.000)	(0.003)	(0.000)	(0.004)	(0.000)	(0.004)
老年人口数	−2.137***	0.156	−2.179***	0.176	−2.227***	0.181
	(0.000)	(0.761)	(0.000)	(0.731)	(0.000)	(0.724)
家务劳动时间	0.256	0.294	0.284	0.254	0.264	0.266
	(0.270)	(0.295)	(0.220)	(0.367)	(0.256)	(0.346)
是否拥有住房	2.845***	−0.950	2.804***	−0.836	2.877***	−0.902
	(0.000)	(0.458)	(0.000)	(0.514)	(0.000)	(0.482)
金融负债	0.0767	0.187**	0.0985	0.187**	0.0777	0.193**
	(0.245)	(0.024)	(0.136)	(0.024)	(0.239)	(0.021)
人均GDP	10.25***	13.63***	10.21***	13.70***	10.27***	13.71***
	(0.000)	(0.000)	(0.000)	(0.000)	(0.000)	(0.000)

续表

	（1）	（2）	（3）	（4）	（5）	（6）
	低于4人	多于4人	低于4人	多于4人	低于4人	多于4人
职业、地区和年份固定效应	控制	控制	控制	控制	控制	控制
常数	−104.1***	−126.8***	−108.8***	−125.5***	−105.0***	−126.1***
	（0.000）	（0.000）	（0.000）	（0.000）	（0.000）	（0.000）
N	2795	1569	2795	1569	2795	1569
R²	0.130	0.154	0.134	0.155	0.133	0.154
F	16.51	11.19	16.49	10.84	15.22	10.02

注：*、**、***分别表示为10%、5%、1%水平显著，括号里报告的是 p 值。